21世纪普通高等院校系列教材

四川省精品资源共享课程

项目投资管理学

XIANGMU TOUZI GUANLIXUE

（第三版）

主　编　张旭辉　赵　萍

副主编　陈　虎　伍虹儒　程　敏　杨世睿

西南财经大学出版社

中国·成都

图书在版编目(CIP)数据

项目投资管理学/张旭辉,赵萍主编;陈虎等副主编.—3 版.—成都:西南财经大学出版社,2022.9
ISBN 978-7-5504-5434-7

Ⅰ.①项⋯ Ⅱ.①张⋯②赵⋯③陈⋯ Ⅲ.①基本建设投资—投资管理
Ⅳ.①F283

中国版本图书馆 CIP 数据核字(2022)第 125834 号

项目投资管理学(第三版)

主　编　张旭辉　赵　萍
副主编　陈　虎　伍虹儒　程　敏　杨世睿

策划编辑:李邓超
责任编辑:王青杰
责任校对:高小田
封面设计:杨红鹰　张姗姗
责任印制:朱曼丽

出版发行	西南财经大学出版社(四川省成都市光华村街55号)
网　　址	http://cbs.swufe.edu.cn
电子邮件	bookcj@swufe.edu.cn
邮政编码	610074
电　　话	028-87353785
照　　排	四川胜翔数码印务设计有限公司
印　　刷	郫县犀浦印刷厂
成品尺寸	185mm×260mm
印　　张	18.25
字　　数	428 千字
版　　次	2022 年 9 月第 3 版
印　　次	2022 年 9 月第 1 次印刷
印　　数	1— 2000 册
书　　号	ISBN 978-7-5504-5434-7
定　　价	45.00 元

▶▶ 第三版前言

工程项目投资在国家经济由高速增长阶段向高质量转型发展过程中对经济发展的支撑作用更加凸显，如何利用项目投资管理学的方法和原理指导具体工程项目投资管理工作，确保按进度、高质量、低成本、安全稳定完成工程项目建设意义重大。培养和造就一大批牢固树立科学态度、熟练掌握项目投资管理内在规律和方法的项目投资管理专业人才非常必要，这即本教材编写的指导思想和意义所在。

本教材是在《项目投资管理学》（第二版）的基础上，结合国家出台的相关政策、法规和评价方法修订而成的。教材系统地介绍了项目投资周期与建设程序、项目可行性研究、项目投资评价与决策、项目组织管理、项目采购管理、项目进度管理、项目质量管理、项目成本管理、项目风险管理、项目竣工验收及后评价等内容，每章正义前插入引导性案例，每章后附有思考题和答案，教材最后专门以二维码形式附上工程投资项目可行性研究报告供读者学习，强调理论结合实际，注重趣味性和可读性。

本书可以作为应用型本专科工商管理专业、工程管理专业学生教学用书，也可供企业工程咨询人员、工程项目管理人员学习参考。

全书由攀枝花学院张旭辉教授、赵萍副教授任主编，负责教材编写的总体策划和统稿工作。攀枝花学院张旭辉教授编写第 1 章和第 12 章；陈虎教授编写第 5 章；伍虹儒教授编写第 6 章、第 9 章；赵萍副教授编写第 2 章、第 3 章、第 4 章；程敏副教授编写第 7 章、第 11 章；西昌学院杨世睿讲师编写第 8 章和第 10 章。

在本书的修订过程中，我们借鉴了国内外一些专家学者的学术观点和最新研究成果，在此对相关专家学者表示诚挚的感谢。由于编者水平有限，书中不足之处在所难免，敬请各位读者和专家给予批评指正。

张旭辉

2022 年 8 月

▶▶ 目录

项目投资

管理学

1

项目投资管理学概论

■本章教学要点

知识要点	掌握程度	相关知识
项目	掌握	定义、特性、分类、项目生命周期
投资	理解	定义、特性、分类
项目管理	掌握	定义、特性、发展历程、知识构成
项目投资发展周期	掌握	定义、阶段划分
项目投资建设程序	掌握	定义、阶段划分

■关键词

项目；投资；项目管理；项目投资发展周期；项目投资建设程序

■导入案例

北宋初期，皇帝命令一个大臣在汴京（今开封）修建一座皇城，工期非常紧张。如何在非常短的时间内把皇宫、相应的城市道路和相关设施修建起来呢？指挥这个项目的大臣采用了一个非常绝妙的设计，即连接黄河故道修建水渠，把水直接引到汴京城中，引水通航，把从南北各方运来的木料、涂料等通过黄河和引水渠直接运输到工地上，然后就地取土烧砖建房。当皇宫与房屋等建好之后，又把沙土和土窑废砖瓦全部填埋进水渠里，平渠筑路、废渣利用，最后就成了城市道路。这一非常绝妙的计划使建设皇城的工期大大缩短。

资料来源：卢锐，佟金萍. 项目管理［M］. 成都：西南交通大学出版社，2016.

项目投资是对特定项目进行的一种投资行为。完整的项目投资管理包括投资项目的论证、决策、实施以及竣工验收与后评价等全过程的一系列管理。

1.1　项目

"项目"一词已被越来越广泛地应用于社会经济和文化生活的各个方面。人们经常用"项目"来表示一类事物。项目是人们通过努力，运用各种方法，将人力、材料和财务等资源组织起来，为创造特定的产品或服务而开展的一次性活动，是人类社会独有的一类经济、社会活动形式。

1.1.1　项目的定义

什么是项目？项目的概念比通常意义上的概念更广，如北京奥运会、上海世博会、三峡工程等大型的建设项目，还有很多在日常工作中的小型工作，如一个产品的开发、一个市场的运作活动、企业的并购、组织一次座谈会等，都被看作项目。关于项目的定义很多，可以从不同的角度给出，其中较具有代表性的有：

（1）联合国工业发展组织《工业项目评估手册》对项目的定义是："一个项目是对一项投资的一个提案，用来创建、扩建或发展某些工业企业，以便在一定周期时间内增加货物的生产或社会的服务。"世界银行则认为："所谓项目，一般是指同一性质的投资，或同一部门内一系列有关或相同的投资，或不同部门内的一系列投资。"

（2）我国建筑业对建设项目的定义是："在批准的总体设计范围内进行施工，经济上实行统一核算，行政上有独立组织形式，实行统一管理的建设单位。"

（3）《现代项目管理学》[①] 一书认为："项目是在一定时间内为了达到特定目标而调集到一起的资源组合，是为了取得特定的成果开展的一系列相关活动"，并归纳为"项目是特定目标下的一组任务或活动"。

（4）国际标准化组织（ISO）从项目过程的角度认为，项目是由一系列具有开始和结束日期、相互协调和控制的活动组成的，通过实施活动而达到满足时间、费用和资源等约束条件和实现项目目标的独特过程。ISO 认为：一个大项目中可以包括多个具体的单个项目，某些类型项目的目标和产出物的特性和规定必须随着项目的进展而逐步细化和明确，一个项目的成果可能是一个或几个项目产出物，项目组织都是临时的并且在项目生命周期结束的时候会解散，以及项目活动之间的相互关系可能是简单的也可能是非常复杂的。

从这些定义中可以看出，项目是组织的一项或多项任务所构成的一个整体，它们可以小到只涉及几个人，也可以大到涉及几千人；项目也可以是多个组织的共同努力，它们甚至可以大到涉及成千上万人。项目的时间长短也不同，有的很短时间内就能完成，有的则需要很长时间，甚至很多年才能完成。从项目涉及的领域来看，其实现代项目管理所定义的项目包括各种组织所开展的各式各样的一次性、独特性的任务和活

---

① 郎荣燊，刘荔娟. 现代项目管理学 ［M］. 天津：天津大学出版社，1996.

动，也可以说凡是人类创造特定产品或服务的活动都属于项目的范畴。项目可以是一项新产品的开发、一项科研课题的研究、一种新药的试制，也可以是建造一栋大楼、开发一个油田，或者建设一座水坝，还可以是一项特定的服务、一项特别的活动，或是一项特殊的工作。

1.1.2 项目的特性

从内容上讲，各种不同专业领域内的项目千差万别，不同项目都有各自的特性，如建设项目往往具有固定性以及投资额巨大、建设周期长的特性。但从本质上看，项目是具有共同特性的，这些共同特性可以概括为：

1.1.2.1 目的性

目的性是指任何一个项目都是为实现特定的组织目标服务的，因此项目目标的制定必须以组织目标为依据。项目目标包括两个方面的内容：一方面是针对项目工作本身的目标，如作为一栋建筑物的建设项目而言，项目工作的目标包括项目工期、造价、质量、安全等方面的目标；另一方面是有关项目产出物的目标，如作为建设项目，项目产出物的目标应包括建筑物的功能、特性、使用寿命和使用安全性等方面的目标。

1.1.2.2 独特性

独特性是指项目所生成的产品或服务与其他产品或服务相比具有一定的独特之处。通常一个项目的产出物在一些关键方面与其他的产品和服务是不同的。如科研课题项目，每一个项目的产出都有很大差异，即使是项目中较为常规的建设项目，由于涉及不同的业主、地处不同的位置、气候环境的不同等，都导致每个建设项目都是独特的。

1.1.2.3 一次性

一次性是项目与日常运营活动相区分的关键特性，是指每个项目都有自己明确的起点和终点。项目的起点是项目开始的时间，项目终点是项目目标得以实现，或者项目的目标已经无法实现，从而终止项目的时间。项目在其目标确立后开始，项目在达到目标或失败时终结，没有任何项目是不断地、周而复始地持续下去的。

1.1.2.4 约束性

项目的约束性也是一个项目成败的关键特性之一。任何项目的实施都有一定的限制条件，除了时间上的限制外，还有资源的限制。首先是资金资源的限制，任何项目都不可能没有财力上的限制，通常表现在：必须按投资者（企业、国家、地方等）所具有的或能够提供的财力策划相应范围和规模的项目；必须按项目实施计划安排资金计划，并保障资金供应。此外还有其他资源的限制，如人力资源、物力资源、信息资源、技术资源等各方面。通常情况下，一个项目的资源越宽裕，成功的可能性越高；反之，则项目成功的可能性就会大大降低。

1.1.2.5 其他特性

除了上述特性外，项目还具有一些其他特性，包括：项目的创新性和风险性、项目过程的渐进性、项目成果的不可挽回性、项目组织的临时性和开放性等。这些项目特性是相互关联和相互影响的。

1.1.3 项目的目标

项目是在规定的时间内，满足一定的限制条件下，利用有限的资源，为实现预期目标而进行的一次性活动。其主要包括：

1.1.3.1　宏观目标

宏观目标是指对国家、地区、部门或行业要达到的整体发展目标所产生的积极影响和作用。比如项目的实施能够促进就业，能够带来经济的增长，能够改善交通运输条件，能够提高人民生活质量，等等。

1.1.3.2　具体目标

具体目标是指项目投资建设要达到的直接效果。不同性质项目的具体目标也是不同的，主要有：效益目标、规模目标、功能目标和市场目标。

（1）效益目标是指项目要实现的经济效益、社会效益和环境效益的目标值。比如：对于公共基础设施项目，其效益目标主要是指满足客户需求的程度或提供服务的范围；而对于环境治理项目，其效益目标主要是环境治理的效果。

（2）规模目标是指对项目建设规模确定的目标值。如需要建设一家医院，我们需确定其占地面积，门诊大楼的建筑面积，住院部的建筑面积、楼层、床位数，等等。

（3）功能目标是指对项目功能的定位。而企业在进行项目投资时，应根据企业的总体发展战略、主要经营方向以及国家经济社会发展规划、产业政策和技术政策、资源政策等要求，研究确定建设项目的功能目标。如进行技术改造，调整产品结构，开发适销对路产品，拓宽投资领域，分散经营风险等。

（4）市场目标是指对项目产品（或服务）目标市场及市场占有份额的确定。比如某光缆生产企业扩建光纤拉丝生产线项目的市场目标是95%以上的产品留作企业自用。

1.1.4　项目的分类

以建设项目为例，建设项目按性质分为新建项目、扩建项目、改建项目、迁建项目和恢复项目。

1.1.4.1　新建项目

新建项目，是指原来没有而新建设的项目。或者原来基础很小，经过扩建后，新增固定资产价值超过原有固定资产价值三倍以上的，我们也将它列入新建项目。

1.1.4.2　扩建项目

扩建项目，是指原有企业或事业单位，为了扩大原有产品的生产能力和效益，或增加新的产品生产能力而新建的主要生产车间或其他固定资产。

1.1.4.3　改建项目

改建项目，是指原有企业，为提高生产效率，增加科技含量，采用新技术，改进产品质量，或对原有设备或工程进行改造的项目。而有的企业为了平衡生产能力，增建一些附属的辅助车间或非生产性工程，我们也称其为改建项目。

1.1.4.4　迁建项目

迁建项目，是指原有企业、事业单位，由于各种原因经上级批准搬迁到其他地方建设的项目。但是我们也要注意，在迁建项目中，凡是符合新建、扩建、改建条件的，我们应分别将其作为新建、扩建或改建项目。同时，我们在划分时还要注意，迁建项目不包括留在原址的部分。

1.1.4.5 恢复项目

恢复项目，是指企业、事业单位因自然灾害、战争等原因使原有固定资产全部或部分报废，以后又投资，并且按原有规模重新恢复起来的项目。在恢复项目中，值得我们注意的是：在恢复的同时进行扩建的项目，我们应将其归为扩建项目。

如按用途分，恢复项目可以分为生产性项目和非生产性项目。

按投资来源分，恢复项目可分为政府投资、企业投资、利用外资及其他投资项目。

按经济特征分，恢复项目分为竞争性项目、基础设施项目、公益性项目。

当然，根据不同的分类方法，还有许多的项目类别划分，在这里就不一一介绍了。

1.1.5 项目的生命周期与阶段划分

项目的一次性与唯一性，决定了任何项目都有属于自己的生命周期。在对项目生命周期的定义中，美国项目管理协会的定义最具代表性，其表述如下："项目是分阶段完成的一项独特性的任务，一个组织在完成一个项目时会将项目划分成一系列的项目阶段，以便更好地管理和控制项目，更好地将组织的日常运作与项目管理结合在一起。项目的各个阶段连接在一起就构成了项目的生命周期。"这一定义从项目管理和控制的角度，强调了项目过程的阶段性和由项目阶段所构成的项目生命周期，这对于开展项目管理是非常有利的。因此，项目管理者必须根据项目生命周期及其各个阶段的特点、性质和关键点做好对项目的管理。

项目的生命周期有狭义和广义之分。广义的项目生命周期也称项目全生命周期，是指一个项目从建设、运营到拆除的全过程（见图1-1）。

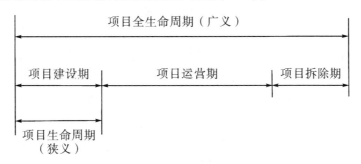

图1-1 项目生命周期

狭义的项目生命周期是指一个项目从概念到完成所经过的所有阶段，而这些阶段，也就是广义生命周期中的项目建设阶段。我们知道，所有项目都可分成若干阶段，且所有项目无论大小，都有一个类似的生命周期结构。其最简单的形式主要由四个阶段构成：定义与决策阶段、计划与设计阶段、执行与控制阶段和完工与交付阶段。

（1）项目的定义与决策阶段。该阶段的主要工作包括：投资机会研究、初步可行性研究、可行性研究、项目评估及决策等。这一阶段的主要任务是提出项目概念，进行项目的界定，成立项目基本组织，对工程项目投资的必要性、可能性、可行性，以及何时投资、在何地建设、如何实施等重大问题进行科学论证和多方案比较，最后做出项目决策。

（2）计划与设计阶段。该阶段的主要工作包括：明确项目的限制条件，编制项目的计划，对项目进行初步设计、技术设计和施工图设计，确定货物采购、招标的相关事宜、最后签订合同等。这一阶段需根据前一阶段提出的项目概念做出具体研究和规划，制定项目的各项目标，是战略决策的具体化，在很大程度上决定了项目实施的成败及能否高效率地达到预期目标。

（3）执行与控制阶段。该阶段也称为项目实施阶段。该阶段是将投入要素进行组合，通过施工、采购等活动，在规定范围、工期、费用、质量内，按设计要求高效地实现项目目标。在此阶段，我们需要定期和不定期地进行度量，并与计划进行比较，发现差距，及时采取纠偏措施，在整个执行和控制阶段，需要不断地实施指挥、组织和协调工作，以保证项目的质量、成本和进度等。本阶段在项目周期中工作量最大，投入的人力、物力和财力最多，项目管理的难度也最大。

（4）完工与交付阶段。该阶段主要是对整个项目进行全面的验收，对验收合格的项目进行项目成果的交付，对项目存在的问题进行善后处理，并总结项目的经验和教训，解散项目组织机构。

在项目的生命周期的各个阶段中，我们需要不断地进行协调与控制，希望能够实现预期目标，但往往会出现周期拖延或费用超支等情况。而造成周期拖延、费用超支的原因有很多，最为关键的，则是没有很好地进行阶段划分和里程碑划分。

如果项目从开始到成果完成，我们追求一步到位，而不进行阶段的划分，则会因为距离目标太远，难免走不少的弯路还不容易察觉，当感觉偏离目标时再进行校正，便走了许多的弯路，校正后可能又偏离到另外一个方向，同样不易察觉。而如果把项目的实施过程分为若干个阶段，则每个阶段都有标志性的里程碑，每个阶段都有明确的目标，虽然每个阶段仍免不了走弯路，但由于目标相对较近，不至于绕很大的圈子。

所以，需要了解项目生命周期中的三个重要概念：

（1）检查点。

检查点是指在规定的时间间隔内对项目进行检查，比较实际与计划之间的差异，并根据差异进行调整。我们可将检查点看作一个固定的"采样"时点，而这个时间间隔应根据项目周期长短不同而不同，一般采用的是间隔一周一次。

（2）里程碑。

里程碑是完成阶段性工作的标志，里程碑产出的"交付物"也就是我们控制的对象。如果没有里程碑，想知道项目实施的情况，将会很困难。所以，里程碑的确定不仅可以对项目实施情况进行有效的控制，还能降低项目风险，使得实施人员合理分配工作，细化管理。比如按项目阶段进行划分时，其定义与决策阶段的里程碑事件是项目可行性研究报告的提交与获得批准；而计划与设计阶段的里程碑事件是全部设计完成，设计文件的交出；实施阶段的里程碑事件则是整个项目全部完工。

（3）基线。

基线是指一个配置在项目生命周期的不同时间点上，通过正式评审而进入正式受控的一种状态。我们说，基线也是一些重要的里程碑，但它的相关交付物要通过正式评审并作为后续工作的基准和出发点。

1.1.6 项目与运营的区别

人类的社会经济活动可分为两大类：一类是在相对封闭和确定的环境下所开展的

重复性的、周而复始的、持续性的活动或工作，通常人们将这种活动或工作称为日常"运营或运行"（operation）。另一类活动是在相对开放和不确定的环境下开展的独特性、一次性活动或工作，这就是"项目"。"项目"与"运营"的不同主要包括下述几个方面：

1.1.6.1　工作性质与内容不同

一般在日常"运营"中存在着大量的常规性、不断重复的工作或活动，而在"项目"中则存在较多创新性、一次性的工作或活动。因为运营工作通常是不断重复、周而复始的，所以运营中的工作基本上是重复进行的常规作业，但是每个项目都是独具特色的，其中的许多工作是开创性的，所以二者的工作性质与内容是不同的。例如，企业日常生产经营一种产品或服务的工作内容多数时间是相同的，很少有创新的成分；而企业新产品的研究与开发项目的工作多数是不同的，基本上都是创新性的工作。因为没有创新就不会有这种项目，也就不会有新产品。

1.1.6.2　工作环境与方式不同

一般日常"运营"工作的环境是相对封闭和相对确定的，而"项目"的环境是相对开放和相对不确定的。因为运营工作的很大一部分是在组织内部开展的，所以它的运营环境是相对封闭的，譬如企业的生产活动主要是在企业内部完成的。同时，运营中涉及的外部环境也是一种相对确定的外部环境，比如，企业一种产品的销售多数是在一个相对确定性的环境中开展的，虽然企业的外部环境会有一些变化和竞争，但是从相对的角度而言，还是比较确定的。由于工作环境的这种相对封闭性，加上运营工作的重复性，所以运营中的不确定性较低，而且在不断重复的作业过程中还可以使许多不确定性因素逐步得以消除。然而，项目工作基本上是在组织外部环境下开展的，所以它的工作环境是相对开放的，譬如工程建设项目只能在外部环境中完成，而新产品研制项目主要是针对外部市场新的需求开发的。项目所处环境的这种相对开放性，再加上项目工作的一次性和独特性，就使得项目的不确定性较高，因为人们对新项目的尝试是很难全面预先认识和预测事物的未来和发展的。

1.1.6.3　组织与管理不同

由于"运营"工作是重复性的和相对确定的，所以一般运营工作的组织是相对不变的，运营的组织形式基本上是分部门成体系的。由于项目是一次性的和相对不确定的，所以一般项目的组织是相对变化的和临时性的，项目的组织形式多数是团队性的。同时，运营工作的组织管理模式以基于部门的职能性和直线指挥管理系统为主；而项目的组织管理模式主要是基于过程和活动的管理系统为主。例如，一项产品的生产经营管理基本上是按照供应、生产、销售部门的供产销计划、组织和领导与人、财、物、信息的控制展开的，而一个工程项目的管理基本上是按照项目建议书、可行性分析、工程设计、工程施工、完工交付的过程以及其中的各项具体活动展开的。

1.1.6.4　项目与运营结果不同

项目的结果是获得创新性的成果，这种成果是一次性形成的，也可以供日后日常运营使用。例如，每个新产品的研发都能获得独一无二的成果，而对这一新产品进行大规模生产的成果都会是一样的。

1.2 投资

在市场经济环境下，人们的投资活动日益频繁，"投资"成为人们耳熟能详的概念。作为一个客观经济范畴，投资具有数量上的集合性、机遇上的选择性、空间上的流动性、时间上的延续性、产业上的转让性、收益上的风险性和资金的长期性。

1.2.1 投资的含义

投资形式的多样化使得人们对投资概念的理解多种多样，实际上，各类投资活动和投资本身蕴藏着一般的共同规律，这就是投资的本质特性。从已有的研究来看，目前对"投资"一词有着以下不同的表述：

（1）从投资和消费的关系来界定投资。对投资的解释，一般与投资者的消费动机相联系，投资者通过投资使自己的财富保值增值，从而使自己的消费安排不受影响，使自己的消费效用得到提高。如威廉·夏普将投资定义为："为了（可能不确定的）将来的消费（价值）而牺牲现在一定的消费（价值）。"

（2）从资本的形成过程来界定投资。萨缪尔森在其出版的《经济学》一书中认为："对于经济学家而言，投资的意义总是实际的资本形成－增加存货的生产，或新工厂、房屋和工具的生产……只有当物质资本形成生产时，才有投资。"西方经济学家编写的《现代经济学辞典》对投资概念的解释为："该术语最常用来指能增加或保持实际资本存量的支出流量。"

（3）将投资区分为广义投资和狭义投资。如 G. M. Dowrie 和 D. R. Fuller 在其出版的《投资学》一书中定义："广义的投资是指以获利为目的的资本使用，包括购买股票和债券，也包括运用资金以建筑厂房、购置设备、原材料等从事扩大生产流通事业；狭义的投资指投资人购买各种证券，包括政府公债、公司股票、公司债券、金融债券等。"

投资是指经济主体（法人或自然人）为了获得预期收益而在现时投入生产要素（资金或资源），从而形成资产并实现其增值的经济活动的总称。预期收益主要是指经济收益，也包括社会效益。投入的资金（资源）可以是货币资本，也可以是实物资金或其他资源。

在对投资含义的理解中，需注意以下几点：

（1）投资总是一定主体的经济行为。

（2）投资的目的是获取一定的效益。

（3）投资所获取的预期收益具有风险性。

（4）投资必须花费现期的一定收入。

1.2.2 投资的特点

投资具有以下方面的特点：

（1）投资资金使用的长期性。从资金的投入到最终效益的产出一般需要经历相当长的时间，投资存在明显的时滞。现时投入资金的活动要持续很长时间，而且投入的资金在一段时期内不能为社会提供有效的产出。因此，为了使投资能够发挥正常的扩大再生产能力，保证经济运行的连续性，需要合理安排每一个时期的投资活动。

（2）投资的风险性与收益性均衡。投资必定有风险，而投资者希望获取预期的收益。只有在效益和风险相统一的条件下，投资行为才能得到有效调节。

（3）投资影响的不可逆性。投资的过程是组合各种资源形成新的生产能力的过程，它主要是资金的物化过程。投入的资金一旦得到了物化，就被固化在某一场所，具有显著的固定性和不可分割性。投资产生的效果无论好坏都将对国民经济产生持续影响，如果某项投资行为被证明是错误的，在短期内将难以消除其不良影响；同时，扭转错误的投资行为，也需要付出巨大的代价。这意味着，在相当长的一段时期来说，投资影响通常是不可逆的。投资的这一特点要求人们在投资活动中应保持谨慎的态度，尽力提高投资的质量。

1.2.3 投资的分类

1.2.3.1 按投资的方向划分，可分为实物投资和金融投资

实物投资是指投资者将资金用于建造、购置固定资产和流动资产，直接用于生产经营，并以此获得未来收益的投资行为。

金融投资，也叫证券投资，是指投资者以获得未来收益为目的，预先垫付一定的资金并获得金融资产。

实物投资与金融投资的根本区别在于实物投资是社会积累的直接实现者，即通过实物投资最终完成和实现社会的积累；而金融投资是一种间接的过程，是投资者以最终获得金融资产为目的，而资金如何转化为实物形态则与证券投资者没有关系。

1.2.3.2 按投资的地域划分，可分为国际投资和国内投资

国际投资又称"对外投资"或"海外投资"，是指一个国家向国外进行经营资本的输出。这种输出可以是私人资本也可以是国家资本但不包括政府及其所属机构对外的赠予、赔偿，以及纯属接待资本输出范围的各种贷款活动。

国内投资，是指国家、企业单位、个人在本国境内所进行的国内投资的总量，代表一个国家经济发展水平的高低、积累能力的大小和经济实力的强弱。

1.2.3.3 按是否参与投资企业的经营管理划分，可分为直接投资和间接投资

直接投资是投资者直接将资本用于购买生产资料、劳动力或其他企业一定比例的股份，通过一定的经营组织形式进行生产、管理、销售活动以实现预期收益。

间接投资是指投资者以购买他国或本国债券、股票等方式进行的投资。

1.2.3.4 按资金周转方式的不同，可分为固定资产投资和流动资产投资

固定资产投资包括基本建设投资和更新改造投资两部分。基本建设投资是指以扩大生产能力或工程效益为主要目的的新建、扩建、改建工程及相关投资，其经济实质是进行固定资产的外延扩大再生产。更新改造投资是指以设备更新、企业技术改造为主要形式的固定资产投资，其经济实质是进行内含扩大再生产。

流动资产是对企业生产经营中所需劳动对象、工资和其他费用方面的货币的预先支付。

1.2.3.5 按投资在扩大再生产中所起作用的方式的不同，可分为外延性投资和内含性投资

外延性投资是指用于扩大生产经营场所，增加生产要素数量的投资，它代表投入生产的资本不断增长，其实质是从投资要素量的增加上来扩大投资规模以促进社会扩大再生产的进行。

内含性投资是指用于提高生产要素的质量，改善劳动经营组织的投资，其实质是从提高投资要素的使用效率、加强劳动过程的组织管理、提高劳动效率上来促进社会扩大再生产的进行。

1.2.3.6 按经营目标的不同，可分为经营性投资和政策性投资

经营性投资即营利性投资，是为了获取盈利而进行的投资，项目建成后，以经营方式使用。

政策性投资又称非营利性投资，指用于保证社会发展和群众生活需要而不能或允许不能带来经济盈利的投资。

1.2.3.7 按投资的经济用途不同，可分为生产性投资和非生产性投资

生产性投资是直接用于物质生产或直接为物质生产服务的投资。它能直接增加国民经济各部门的生产能力，加快商品流通速度，提高国民经济技术水平。

非生产性投资是指在一定时期内用于满足人民物质和文化生活需要以及其他非物质生产的投资。

1.2.3.8 按是否纳入国家财政预算，可分为预算内投资和预算外投资

预算内投资是指纳入国家预算安排的投资，包括预算内基本建设投资和预算内更新改造投资。

预算外投资是指各地区、各部门和企事业单位，运用自行支配的财力物力、各种专项资金和其他自由资金以及向国内外金融机构借款所安排的投资。

1.2.3.9 其他分类

（1）按投资主体不同可分为国家投资、企业单位投资、个人投资。

（2）按资金来源不同可分为财政投资、银行信贷投资、企业自筹投资、证券投资。

（3）按企业性质不同可分为全民所有制单位投资、集体所有制单位投资、乡镇企业投资、中外合资、外商独资。

（4）按项目是否纳入国家计划可分为计划内投资、计划外投资。

（5）投资按不同所有制形式或经济类型，可分为国民经济投资、集体经济投资、私营经济投资、个体经济投资、联营经济投资、股份制经济投资、外商投资、港澳台投资以及其他经济投资。

1.2.4 项目投资发展周期

项目投资周期也称项目投资发展周期，是指一个投资项目从提出项目设想、立项、决策、开发、建设、施工直到竣工投产、进行生产活动和总结评价的全过程。虽然每个项目所处的社会、经济、技术、体制和政治等外部环境和内部结构各不相同，但大多数项目都必须经历一个由产生、发展和终结的循序发展的生命周期。

一个典型项目投资发展周期从项目着手规划到完成，一般需要经过项目设想、项目初选、项目准备、项目评估决策、项目实施与监督、项目投产与经营和项目评价与总结七个工作阶段，如示意图1-2所示。这些阶段是相互联系并遵循一定的逻辑程序不断发展的渐进过程，每个阶段的工作又都是相互衔接、相互制约的，上一个阶段的工作是下一个阶段工作的先导和基础，下一个阶段的工作又是上一个阶段工作的延续、深入和发展，项目最后阶段工作的结束又导致产生新的项目设想和选定的开始，从而使项目周期的内容不断更新。

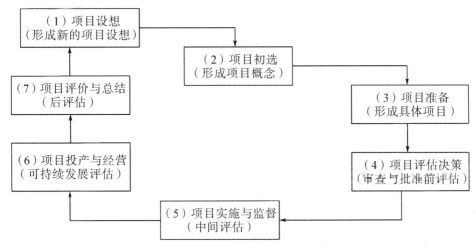

图1-2　项目投资发展周期示意图

项目投资发展周期从投资的角度大致可以分为三个时期：投资前时期、投资执行时期和生产运营时期。每个时期又包括若干个工作活动，如投资前时期包括机会研究、初步可行性研究、可行性研究、项目评估、投资决策；投资执行时期就是项目实施阶段，包括合同谈判签约、工程设计、施工安装、试运行、竣工验收；生产运营时期包括项目生产经营和项目后评价。每个时期的工作活动，形成了一个循序渐进的工作过程，在这一过程中项目逐渐形成。

1.2.5　项目投资建设程序

项目投资建设程序，又称项目建设程序，是指国家按照项目建设的客观规律制定的，从设想、选择、评估、决策、设计、施工、投入生产或交付使用整个建设过程中，各项工作必须遵循的先后次序。项目建设程序是项目建设过程客观规律的反映，是项目科学决策和顺利进行的重要保证。

尽管世界上各个国家和国际组织在项目建设程序上可能存在某些差异，如世界银行对任何一个国家的贷款项目，都要经过项目选定、项目准备、项目评估、项目谈判、项目实施和项目总结评价等阶段的项目周期，从而保证世界银行在各国的投资保持较高的成功率。但一般来说，按照项目发展的内在规律，投资建设任何一个项目都要经过投资决策、建设实施和交付使用三个发展时期，这三个发展时期又分为若干个阶段，它们之间存在着严格的先后次序，可以合理交叉，但不能任意颠倒次序。

按照我国规定，一般大中型及限额以上项目的基本建设程序可以分为以下几个阶段，如图1-3所示。

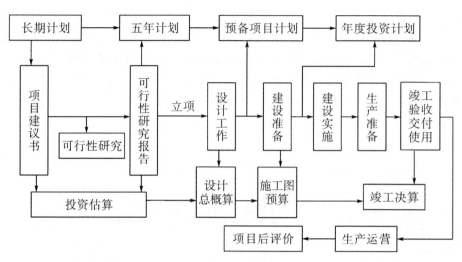

 图 1-3 项目基本建设程序图

（1）根据国民经济和社会发展长远规划，结合行业和地区发展规划的要求，提出项目建议书。

（2）在勘察、试验、调查研究及详细技术经济论证的基础上编制可行性研究报告。

（3）根据咨询评估情况，对建设项目进行决策。

（4）根据可行性研究报告，编制设计文件。

（5）初步设计经批准后，做好施工前的各项准备工作。

（6）组织施工，并根据施工进度，做好生产或动工前的准备工作。

（7）项目按批准的设计内容建完，经投料试车验收合格后正式投产交付使用。

（8）生产运营一段时间（一般为1年）后，进行项目后评价。

1.3　项目管理

项目作为一项复杂的系统工程活动，往往需要耗费大量的人力、物力和财力。为了在预定的时间内实现特定的目标，必须推行项目的科学管理。

1.3.1　项目管理的定义

项目管理，从字面上理解应是对项目进行管理，即项目管理属于管理的大范畴，同时也指明了项目管理的对象应是项目。

然而，随着项目及其管理实践的发展，项目管理的内涵得到了很大的充实和发展，当今的项目管理已是一种新的管理方式、一门新的管理学科。

可见，"项目管理"一词有两种不同的含义，其一是指一种管理活动，即有意识地按照项目的特点和规律，对项目进行组织管理的活动；其二是指一种管理学科，即以项目管理活动为研究对象的一门学科，它是探求项目活动科学组织管理的理论和方法。前者是一种客观实践活动，后者是前者的理论总结；前者以后者为指导，后者以前者为基础。

现代项目管理认为：项目管理是运用各种知识、技能、方法与工具，为超越项目有关各方对项目的要求与期望所开展的各种管理活动。在项目管理的定义中，包括两层含义。首先，项目管理的根本目的是满足或超越项目有关各方对项目的需求与期望。项目有关各方是指一个项目的所有相关利益者，包括项目的业主/客户、项目的承包商或实施者、项目的供应商、项目的设计者或研制者、项目所在的社区、项目的政府管辖部门等。这些项目的项目利益者对项目的要求与期望既有一致的方面，又有冲突的方面，可表述为：

（1）项目有关各方对项目的共同要求和期望。

（2）项目有关各方不同的需求和期望。

（3）项目已识别的需求和期望。

（4）项目尚未识别的要求和期望。

其次，项目管理的根本手段是运用各种知识、技能、方法和工具开展各种管理活动。为使项目能够最大限度地满足或超越项目所有相关利益者的要求和期望，就必须开展各种各样的管理活动。项目管理活动与一般的运营管理活动的原理和方法有所不同，因为二者管理的对象不同。前者管理的是具有一次性、独特性和相对不确定性的项目工作，后者管理的是重复性、常规性和相对确定性的日常运营工作。因此项目管理不仅需要运用各种知识、技能、方法和工具，还需要平衡项目范围、时间、成本、风险和质量等多种相互矛盾的要求，满足项目干系人的各种需要和期望，满足其他特定的要求；为此，需要采用科学的方法和有效的管理手段。

1.3.2 项目管理的特点

项目管理具有如下基本特性：

1.3.2.1 普遍性

项目作为一种创新活动普遍存在于社会、经济和生产活动之中。现有各种运营活动都是各种项目的延伸和延续，人们的各种创新的想法、建议或提案或迟或早都会转化成项目，并通过项目的方式得以验证或实现。由于项目的这种普遍性，项目管理也具有了普遍性。

1.3.2.2 创新性

项目管理的创新性包括两层含义，其一是指项目管理是对于创新（项目所包含的创新之处）的管理，其二是指任何一个项目的管理都没有一成不变的模式和方法，都需要通过管理创新去实现对于具体项目的有效管理。

1.3.2.3 目的性

一切项目管理活动都是为实现"满足或超越项目有关各方对项目的要求与期望"这一目的服务的。项目管理的目的性不但表现在要通过项目管理活动去保证满足或超越那些项目有关各方已经明确提出并清楚地规定出的项目目标，而且要通过项目管理去识别和满足、超越那些尚未识别和明确的潜在需要。

1.3.2.4 独特性

项目管理的独特性是指项目管理既不同于一般的生产、服务的运营管理，也不同于常规的行政管理，它有自己独特的管理对象、自己独特的管理活动和自己独特的管理方法与工具，是一种完全不同的管理活动。

1.3.2.5 集成性

项目管理的集成性是相对于一般运营管理的专门性而言的。在一般运营管理之中，分别有生产管理、质量管理、成本管理、供应管理、市场营销管理等各种各样的专业管理，这种专业管理是由于一般运营的重复性和相对确定性，运营管理的详细分工而形成的。项目管理要求的主要是管理的集成性，虽然也有一定的分工要求，但是项目管理要求充分强调管理的集成特性。

1.3.3 项目管理的发展历程

项目和项目管理的发展是工程和工程管理实践的结果。传统项目和项目管理的概念，主要起源于建筑业，这是由于传统的实践中建筑项目相对于其他项目来说，组织实施过程表现得更为复杂。随着社会进步和现代科技的发展，项目管理也不断得以完善，其应用领域也不断得以扩充，现代项目与项目管理的真正发展是大型国防工业发展的结果。

现代项目管理通常被认为是第二次世界大战的产物（如美国研制原子弹的曼哈顿计划），从整个项目管理的发展历程来看，大致可以分为以下阶段：

1.3.3.1 潜意识的项目管理阶段

这一阶段从远古到20世纪30年代以前，人们无意识地按照项目的形式运作。其代表作如我国的长城、埃及的金字塔、古罗马的供水渠这样不朽的伟大工程。西方人提出，人类最早的项目管理是埃及的金字塔和中国的长城。但是，这个阶段的项目管理还没有形成有效的计划和方法，没有科学的管理手段和明确的操作技术标准，因此对项目的管理凭借的仅仅是个人的经验、智慧和直觉，谈不上科学性。

1.3.3.2 传统项目管理的形成阶段

这一阶段从20世纪30年代初期到50年代初期，人们开始使用横道图进行项目的规划和控制。20世纪初期，人们就已经开始了对项目进行科学管理的探索。第二次世界大战前夕，横道图成为计划和控制军事工程与建设项目的重要工具。横道图又称为甘特图，于1900年左右由亨利·L.甘特发明。甘特图简单直观，便于监督和控制项目的进展状况。但是甘特图难以表现工作环节之间的逻辑关系，在大型项目中存在应用的局限性。1931年，卡洛尔·阿丹密基研制出协调图，但没有引起足够的重视。与此同时，里程碑系统开始在规模较大的工程项目和军事项目中得以广泛采用。在这一阶段，人们对如何管理项目开展了广泛的研究和实践，但还没有明确提出项目管理的概念，项目管理概念是在第二次世界大战后期实施曼哈顿计划时提出的。

1.3.3.3 项目管理的传播和现代化

这一阶段从20世纪50年代初期到70年代末期，其重要特征是网络计划技术的开发和应用，网络计划技术的开端是关键路线法和计划评审技术的产生和推广应用。

进入20世纪50年代，美国军界和各大企业的管理人员纷纷为管理各类项目寻求更为有效的计划和控制技术。20世纪50年代后期，美国出现了关键路径法（CPM）和计划评审技术（PERT）。1957年，美国的路易斯维尔化工厂，由于生产过程的要求，必须昼夜连续运行。因此，每年都不得不安排一定的时间，停下生产线进行全面检修。

过去的检修时间一般为 125 小时。后来，他们把检修流程精细分解，竟然发现，在整个检修过程中所经过的不同路线上的总时间是不一样的。缩短最长路线上工序的工期，就能够缩短整个检修的时间。他们经过反复优化，最后只用了 78 个小时就完成了检修，时间节省达到 38%，当年产生效益达 100 多万美元。这就是至今项目管理工作者还在应用的著名的时间管理技术"关键路径法"（critical path method，CPM）。计划评审技术（program evaluation & review technique，PERT）出现于 1958 年，是美国海军研究开发"北极星"号潜水艇所用的导弹 F. B. M 的项目中开发出来的。当时的项目组织者想出了一个方法：为每个任务估计一个悲观的、一个乐观的和一个最可能情况下的工期，在关键路径法技术的基础上，用"三值加权"方法进行计划编排，最后只用了6 年的时间就完成了预定 8 年完成的项目，时间节省近 25%。PERT 的应用，使美国海军部门顺利解决了组织、协调问题，节约了投资，缩短了工期。此后，美国三军和航空航天局在各自的管辖范围内全面推广了这一技术。美国国防部甚至在 1962 年发文规定，凡承包有关工程的单位都要采用这种方法来安排计划。美国政府也明文规定，所有承包商若要获得政府合同，必须提交详尽的 PERT 网络计划以保证工程的进度和质量。随后这一技术很快就在世界范围内得到重视，成为管理项目的一种先进手段。20 世纪 60 年代，耗资 400 亿美元、涉及两万多个企业的阿波罗载人登月计划，也是采用 PERT 进行计划和管理的。

PERT 考虑了项目各项工作在完成时间上的不确定性，但实际上还要明确其他不确定因素，如网络中是否每个活动都要完成、网络中是否应有回路等。1966 年，出现了图示评审技术 GERT（graphical evaluation & review technique），增强了随机适应性。

随后，又出现了风险评审技术 VERT（venture evaluation & review technique）。

在这一阶段，项目管理有了科学的系统方法，但当时主要应用于国防和建筑业，项目管理的任务主要是强调项目的执行。

1.3.3.4 现代项目管理的发展

这一阶段是从 20 世纪 80 年代至今，这一阶段的特点表现为项目管理范围的扩大以及与其他学科专业的交叉渗透和相互促进。

1987 年美国项目管理协会 PMI 推出了项目管理知识体系指南（project management body of knowledge），简称 PMBOK。这是项目管理领域的又一个里程碑。因此，项目管理专家们把 20 世纪 80 年代以前称为"传统的项目管理"阶段，把 20 世纪 80 年代以后称为"现代项目管理"阶段。这个知识体系把项目管理归纳为范围管理、时间管理、费用管理、质量管理、人力资源管理、风险管理、采购管理、沟通管理和集成管理九大知识领域。随后，PMBOK 又进行了多次修订，使该体系更加成熟和完整。

在这一阶段，项目管理应用领域进一步扩大，尤其在新兴行业中得到迅速发展，如电信、软件、信息、金融、医药等。现代项目管理的任务也不再仅仅是执行任务，而且还要开发项目、经营项目和项目完成后形成的其他设施或成果。

项目管理的理论来自管理项目的工作实践。时至今日，项目管理已经成为一门学科，但是当前大多数的项目管理人员拥有的项目管理专业知识不是通过系统教育培训得到的，而是在实践中逐步积累的。并且还有许多项目管理人员仍在不断地重新发现并积累这些专业知识。通常，他们要在相当长的时间内（5~10 年），付出昂贵的代价后，才能成为合格的项目管理专业人员。正因为如此，近年来，随着项目管理的重要性为越来越多的组织（包括各类企业、社会团体，甚至政府机关）所认识，组织的决策者开始认识到项目管理知识、工具和技术可以为他们提供帮助，以减少项目的盲目性。于是这些组织开始要求他们的雇员系统地学习项目管理知识，以减少项目过程的偶发性。在多种需求的促进下，项目管理迅速得到推广普及。在西方发达国家高等学院中陆续开设了项目管理硕士、博士学位教育，其毕业生常常比 MBA 毕业生更受到各大公司的欢迎。

项目管理是一种特别适用于那些责任重大、关系复杂、时间紧迫、资源有限的一次性任务的管理方法。近几年来，随着国际、国内形势的发展，这类任务越来越多，人们对项目管理的呼声越来越强烈，专业界的活动也日益频繁。国际项目管理发展的现状和特点是什么，我国应该如何发展项目管理，已成为政府部门和各行各业共同关注的问题。

目前，在欧美发达国家，项目管理不仅普遍应用于建筑、航天、国防等传统领域，而且已经在电子、通信、计算机、软件开发、制造业、金融业、保险业甚至政府机关和国际组织中成为其运作的中心模式，比如 AT&T、Bell、US West、IBM、EDS、ABB、NCR、Citybank、Morgan Stanley、美国白宫行政办公室、美国能源部、世界银行等在其运营的核心部门都采用项目管理。

1.3.4　项目管理与日常运营管理的不同

项目与日常运营存在很大的差异，因此项目管理与日常运营管理也有很大的不同，其不同主要表现如下：

1.3.4.1　**管理的对象不同**

项目管理的对象是一个或多个一次性、独特性的项目，针对有关项目的评估、决策、实施和控制过程；而日常运营管理的对象是周而复始经常性的日常运营作业。

1.3.4.2　**管理的方法不同**

项目管理是面向任务和过程的，因此其方法中有许多是针对具体任务的管理技术和方法；而日常运营中有更多的部门协调、指挥命令等针对日常运行的管理方法和工具。

1.3.4.3　**管理的周期不同**

项目管理的周期是一个项目的生命周期，从项目的定义和决策一直到项目的完工交付，相对比较短暂；而日常运营管理在计划管理周期上，可以是一年、三年、五年甚至更长，是整个企业的存续时间，因此日常运营管理周期相对较长。

虽然，由于项目和日常运营的差异性，在项目管理和日常运营管理上有很多不同之处，但是它们在管理原理上也有很多相同之处，如管理的科学性和艺术性，管理过程的经济性和效率等。

1.3.5　项目管理知识构成

项目管理所需的知识既包括专门知识，也包括一般管理知识。具体内容可归纳如下：

1.3.5.1 一般管理知识

一般管理知识体系的主要内容包括：

（1）对于企业运营过程的管理知识。这包括：企业运营的计划管理、组织管理、决策、领导和管理控制等方面的内容。

（2）对于企业资源的管理知识。这包括：企业人力资源管理、财务管理、设备与固定资产管理、信息资源管理、供应与存货管理等方面的内容。

（3）一般管理中的专业性管理知识。这包括：企业信息系统的管理、产品与服务质量的管理、企业物流管理、企业形象管理等方面的内容。

1.3.5.2 项目所属专业领域的专业知识

（1）专业技术知识。这是指项目所涉及的具体专业领域中的专业技术知识。例如，软件开发项目中的计算机编程技术、新药研制项目中的药物毒理和病理知识、建筑工程项目中的结构设计和施工技术知识等。

（2）专业管理知识。这是指项目所涉及的具体专业领域中的专业管理知识。例如，政府性项目中涉及的政府财政拨款等行政管理方面的知识、科技开发项目中的国家或企业的科技政策方面的知识等。

（3）专门行业知识。这是指项目所涉及的具体产业领域中的一些专门的知识。例如，汽车行业项目中的相关行业知识（相关的能源消耗、环境保护知识等）、化工行业项目中的相关行业知识（相关的流程工业和上、下游行业的知识等）、金融行业项目中的相关行业知识（相关的保险、信托、证券行业知识等）等。

本章小结

1. 项目投资是对特定项目进行的一种投资行为。完整的项目投资管理包括投资项目的论证、决策、实施以及竣工验收与后评价等全过程的一系列管理。

2. 项目的特性包括目的性、独特性、一次性、约束性、项目的创新性和风险性、项目过程的渐进性、项目成果的不可挽回性、项目组织的临时性和开放性等。

3. 项目由始到终的整个过程构成了一个项目的生命周期。

4. 项目与运营主要的不同之处包括工作性质与内容的不同、工作环境与方式的不同、组织与管理上的不同等。

5. 投资是指经济主体（法人或自然人）为了获得预期收益而在现时投入生产要素（资金或资源），从而形成资产并实现其增值的经济活动的总称。

6. 投资的特点包括投资资金使用的长期性、投资的风险性与收益性均衡、投资影响的不可逆性等。

7. 项目管理是运用各种知识、技能、方法与工具，为超越项目有关各方对项目的要求与期望所开展的各种管理活动。

8. 项目管理的基本特性包括普遍性、创新性、目的性、独特性、集成性等。

9. 项目管理与日常运营管理的不同主要表现为管理的对象不同、管理的方法不同、管理的周期不同等。

10. 项目管理所需的知识既包括专门知识，也包括一般管理知识。

11. 项目投资周期也称项目投资发展周期，是指一个投资项目从提出项目设想、立项、决策、开发、建设、施工直到竣工投产、进行生产活动和总结评价的全过程。

12. 一个典型项目投资发展周期从项目着手规划到完成，一般需要经过项目设想、项目初选、项目准备、项目评估、项目实施、项目投产经营和项目评价总结七个工作阶段。

13. 项目投资建设程序，又称项目建设程序，是指国家按照项目建设的客观规律制定的项目从设想、选择、评估、决策、设计、施工、投入生产或交付使用整个建设过程中，各项工作必须遵循的先后次序。

14. 我国规定一般大中型及限额以上项目的基本建设程序可以分为项目建议书阶段、可行性研究阶段、设计工作阶段、建设准备阶段、建设实施阶段以及竣工验收阶段。

习题

一、选择题

1. ( ) 是项目最基本、最主要的特征。

    A. 一次性   B. 目标明确   C. 整体性   D. 制约性

2. 不属于项目的选项 ( )。

    A. 一个酒店的建设 B. 科研课题   C. 生产啤酒   D. 写一篇论文

3. 计划、组织、指挥、协调、控制是项目管理的 ( )。

    A. 基本作用   B. 基本性质   C. 基本职能   D. 基本内容

4. 项目实施阶段的项目管理的主要任务是 ( )。

    A. 确定项目的定义   B. 通过管理使项目的目标得以实现

    C. 确定项目的范围   D. 通过经营使项目的目标得以实现

5. 各类项目管理中，( ) 项目管理是核心。

    A. 业主方   B. 设计方   C. 施工方   D. 供货方

6. 建设程序，是指建设项目从设想、选择、评估、决策、设计、施工到竣工验收过程中，各项工作必须遵循的先后次序的 ( )。

    A. 原则   B. 法则   C. 原理   D. 规则

二、问答题

1. 什么是项目？项目的特性有哪些？

2. 根据不同的分类方式，可将项目分为哪些类别？

3. 项目与运营的区别是什么？项目管理与运营管理的区别是什么？

4. 什么是投资？投资的特点有哪些？可以如何分类？

5. 什么是项目管理？项目管理的特点有哪些？如何分类？

6. 项目管理的知识体系如何构成？

7. 什么是项目投资周期？

8. 项目投资周期可划分为哪几个阶段？

9. 什么是项目投资建设程序？

10. 我国规定一般大中型及限额以上项目的基本建设程序可以分为哪几个阶段？

2 | 项目建议书

■本章教学要点

知识要点	掌握程度	相关知识
初步可行性研究	了解	目的、作用、与项目建议书的区别
项目建议书	掌握	内容，与可行性研究的关系、区别

■关键词

项目建议书；可行性研究

■导入案例

双东镇生态旅游养老项目建议书

一、总论

1. 项目名称：双东镇生态旅游养老项目

2. 项目单位概括：旌阳区双东镇，辖区面积 79.53 平方千米，人口 2.66 万人，美丽的旌城后花园，城市的绿肺，天然的氧吧，森林覆盖率 47%以上，景内青山绿水，鸟语花香，触手可及的乐活小镇。青山、绿水，沿山生态旅游带，八十平方千米天然氧吧任您驰骋；美丽的凯江河畔让您美不胜收；一年一度的民俗文化赏花节更是热闹非凡。

3. 项目拟建地点：旌阳区双东镇

4. 项目建设内容与闺蜜：以双东的优良生态条件和区位优势以及政策规划打造一个旅游休闲区、文化古迹观光、城郊休闲养老的生态乐活小镇。

5. 项目年限：1~3 年

一、项目建设的必要性和条件

1. 双东镇地处德阳市旌阳区东北部深丘，东接中江县瓦店乡，南靠旌阳区新中镇，西临旌阳区东湖乡，北同旌阳区黄许镇、罗江县蟠龙镇相连。该镇是农村综合改革由原双东镇与通江镇整体合并而成的丘陵农业大镇，龙凤村8组200多亩的杏花，龙凤村8组、翻身村4组、东美村5组100多亩的李花，翻身村3、4、8、12、13组的700多亩梨花，大柏村6、8、9组200多亩的桃花，已初步形成了沿德（阳）通（江）公路呈梯次的果林观光带，一到春天，百花争妍，与其他镇相比，双东镇具备了独特的生态资源。

2. 双东镇位于德阳城区东北面，这里是整个德阳森林覆盖率最高的区域，根据德阳市新一轮规划，东山沿线以及其东部地区，是城市生态居住的最佳地点，城市生态居住的旅游资源开发的要地。德阳市正在规划和待建的华强沟水库，拟投资10亿元，容量4700立方米，引进人民渠的优质水源，不仅为经济高速发展和快速城市化扩张德阳市提供应用水源，也为德阳特别是水库所在地双东提高了空气质量，优化了自然生态环境。双东作为德阳城区二十分钟车程的近郊生态小镇，与其他镇相比，双东镇具备了独特的生态资源、具有丰富的生态景观资源，具有城区所不能比拟的宜居条件和休闲条件。

3. 双东镇虽然远离了108国道以及成绵高速公路，但与规划中的二环相邻，远期发展前景可观。现有交通条件十分通畅，随着城市交通环线的不断扩张，双东就是德阳的后花园。

4. 双东有丰富的地文景观，美女裸晒山有上百年历史，有山体像乌龟的乌龟山，还有绵延300多米的蛮人洞；有川祖庙、神圣庵、美女庙、玉佛寺（经佛教协会批准的佛教圣地，规划占地150亩）、东汉崖墓、古津渡、古驿道、古寺庙及张献忠屯兵遗址等历史遗址遗迹。一年一度为期两周的民俗文化赏花节、民歌对唱吸引无数游客参观。

三、建设规模与产品方案

1. 在双东镇建设集种植生产、包装、交易于一体的现代生态农业产业化示范基地；集生态农业观光、自然养生休闲、生态游乐、旅游度假为一体的旅游度假基地；集生态居住、精致生活为一体的郊区化养老居家基地；集产业交易、商贸投资、商务活动为一体的和谐财富基地。

2. 旌阳区逍遥谷沿山旅游经济带基础设施：依靠沿山路、凯江河、交通干线"工"字形生态旅游产业带继续打造50里生态长廊。引进天然水源，用于灌溉、养殖水源。

3. 社区氛围养老居住区、生活服务区、健康活动区和养老院四个部分，其中养老居住区分期田园型养老区、陪护型养老区、家居型养老区、自助型养老区和集中型养老区五种，户型分为60~150平方米不等，充分满足各类目标顾客群的需求。除此之外，生活服务区还设有生态种植基地、康乐中心、小型超市等商业设施满足老年人日常生活需求。

4. 打造凯江旅游生态园区：主要依山而建，修建农家乐 10 余个，附带休闲场所数个。能接待假日闲暇，友人相约，家人团聚；在休憩中，或品一杯绿茶，或小酌畅饮，体会着田园风光，蓦然回首，欣赏屏山绿障，其中妙处自然不可言喻。扩大鱼塘，设休闲垂钓区。完善景点建设和农家乐休闲娱乐区，为景点导入文化内涵，使项目区提档升级。

四、投资估算及资金筹措

（一）投资估算

1. 生态旅游观光区共计 1 830 万元，其中：山场整治、道路、开梯、护坡 1 000 万元；水上栈桥 2 座 10 万元；凉亭 5 个 20 万元；餐饮食宿用房 500 万元；餐饮食宿设施 100 万元；景观和建筑小品 100 万元；照明、绿化、给排水、停车场、消防等 100 万元。

其中：土地成本 4 000 万元；建安工程成本 2 000 万元；老年公寓建设 2 200 万元；生活服务区建设 1 800 万元；健康活动区建设 400 万元；辅助及公用工程项目 300 万元。

3. 项目总投资：12 530 万元

（二）资金筹措

1. 自筹资金为主

2. 独资

3. 合资

六、效益分析

（一）经济效益

1. 本项目的销售收入情况详见表 2-1。

表 2-1　销售收入情况

项目	面积/平方米	销售单价/元·平方米	租用/元·月
养老居住区	×××	3 000	600
田园养老区（100 户）	×××	4 000	1 000
陪护型养老区（220 户）	×××	4 000	1 000
家居型养老区（800 户）	×××	3 500	800
自助型养老区（660 户）	×××	4 200	1 100
集中型养老区（5 700 户）	×××	2 500	500

2. 生态旅游项目收入

（1）固定收入：每年接待 5 万人，按人均消费 200 元计算，共计收入 100 万元。

（2）间接经济效益：通过项目建设，不仅优化了旅游产业结构，带动第三产业发展，而且使人们休闲、养老有了一个好去处，在促进人民身心健康等方面都发挥着积极的作用，由此而产生的间接经济效益更是难以估算。

（二）社会效益

1. 对国家产业的促进。发展生态旅游业的养老产业对促进经济发展和社会和谐有着十分重要的现实意义和深远的历史意义。通过政企联动对产业链进行强力整合，将会为我国老年产业带来一个全新的发展模式。

2. 对区域经济的利好。将会为地方政府创造高额税收，提升区域经济发展。多种业态的进驻，将会消化剩余劳动力，优化区域产业结构发展。加速区域特色产业的集聚，延长产业链条，推进区域整体建设和产业发展。

3. 项目的实施对当地老龄化社会福利事业的影响。围绕老龄事业与全面建设小康社会协调发展要求，切实加强老龄工作，不断完善老年人社会保障制度，发展老年服务业，建立健全社区管理和服务体系，增加老年福利设施，开展老年文化体育活动，维护老年人合法权益。

4. 对区域经济的影响。

（1）直接影响。本项目建设所需的大部分建筑材料和设备将由本地区供应，这将给建筑业和设备制造业带来一定的发展机遇，这将直接促进地区经济的发展。

（2）间接影响。项目建成后，将对德阳市乃至四川省老年人社会福利事业产生积极而又深远的影响，地方也可从与其相关的诸多产业中的潜在消费中获取一定的收入，以此增加地方财政收入。

七、结论

通过以上分析可以看出：

1. 该项目符合我市规划的要求，结合"50里生态走廊，倾力打造城市后花园"的城镇建设方向，推广运动休闲绿色环保理念，提供一种全新的生活方式，是造福子孙后代的利好事业。

2. 可极大满足老年人对社会福利设施的需要。在某种意义上使城市的社会化养老服务体系建设更加完善，能够在更高层次、更高水平上为广大市民提供全方位的服务，将极大推动老年福利事业的发展。本项目的实施可以促进双东镇乃至整个德阳市内老年福利事业的长足发展，与所在地有较强的互适性，社会可行性良好。

资料来源：http://doc.mbalib.com/view/3345b854ccc7d89f5c5465de83ca60d4.html.

项目建议书是项目投资发展周期中的最初阶段，是对投资项目的初步选择阶段，它要对拟建项目提出一个轮廓设想，主要是从宏观上考察项目建设的必要性、建设条件的可行性和获利的可能性，并做出项目的投资建议和初步设想，作为选择投资项目的初步决策依据和进行可行性研究的基础。因此，项目建议书是要求建设某一具体投资项目的建议性文件。对于政府投资项目，项目建议书是立项的必要程序。对于企业投资项目，在核准和备案过程中各级政府投资主管部门根据需要对项目建议书采取一些灵活要求；企业自主决策过程中，根据自身需要自主选择前期不同阶段的研究成果作为立项依据。

2.1 项目建议书概述

项目建议书又称项目立项申请书或立项申请报告，是由项目投资方向其主管部门上报的文件，目前广泛应用于项目的国家立项审批工作中。项目建议书受项目所在细分行业、资金规模、建设地区、投资方式等不同影响，项目建议书均有不同侧重。为了保证项目顺利通过地区或者国家发改委批准完成立项备案，项目建议书的编制必须由专业有经验的咨询机构协助完成，一些大型项目立项所提交的项目建议书及可行性研究报告必须附带相应等级的咨询机构的公章。

政府投资项目按照程序和要求编制和报批项目建议书，企业投资项目可以根据需要自行决定是否编制项目建议书（初步可行性研究报告）。

2.1.1 项目建议书的作用

项目建议书，对于政府投资项目是决策程序上的要求。同时，对于投资者也是通过初步的研究，判断项目是否有生命力，是否值得投入更多的人力和资金进行可行性研究，避免造成浪费。其主要作用是对拟建项目进行初步说明，论述其建设的必要性、条件的可行性和获利的可能性，供基本建设管理部门选择并确定是否进行下一步工作。

（1）在宏观上考察拟建项目是否符合国家（或地区或企业）长远规划、宏观经济政策和国民经济发展的要求，初步说明项目建设的必要性；初步分析人力、物力和财力投入等建设条件的可能性与具备程度。

（2）经审批后的项目建议书是编制可行性研究报告和作为拟建项目立项的依据。

（3）对于涉及利用外资的项目，项目建议书还应从宏观上论述合资、独资项目设立的必要性和可能性；在项目批准立项后，项目建设单位方可正式对外开展工作，编写可行性研究报告。

2.1.2 项目建议书的编制要求

2.1.2.1 内容真实

项目建议书涉及的内容以及反映情况的数据，应该尽量真实可靠，减少偏差及失误。其中所运用的资料、数据，都要经过反复核实，以确保内容的真实性。

2.1.2.2 预测准确

项目建议书是投资决策前的活动，具有预测性及前瞻性。它是在事件没有发生之前的研究，也是对事件未来发展的情况、可能遇到的问题和结果的估计。因此，必须进行深入的调查研究，充分地占有资料，运用切合实际的预测方法，科学地预测未来前景。

2.1.2.3 论证严密

论证性是项目建议书的一个显著特点。要使其有论证性，必须做到运用系统的分析方法，围绕影响项目的各种因素进行全面、系统的分析，包括宏观分析和微观分析两方面。

2.1.3　项目建议书与可行性研究报告的区别

我国项目前期工作中的项目建议书和可行性研究报告，在研究范围和内容结构上基本相同，但因二者所处工作阶段的作用和要求不同，研究的目的和工作条件也不同，因而在研究的重点、深度和计算精度上也有所不同。它们之间的区别主要有以下五点：

2.1.3.1　研究任务不同

项目建议书阶段的任务属于初步可行性研究，其目的只是初步选择项目以决定是否需要进行下一步工作，所以主要是论证项目的必要性、是否符合国家长远规划、地区和行业发展规划、产业政策和生产力布局的合理性，建设条件的可能性；而在可行性研究阶段，则必须进行全面深入的技术经济论证，做多方案比较，推荐最佳方案，或者提出充分理由否定该项目，为最终的项目决策提供可靠的依据。

2.1.3.2　基础资料和依据不同

在项目建议书阶段，由于缺乏详细的设计资料和论证材料作为研究工作的基础，其基本依据是国家的长远规划、行业及地区规划、产业政策，与拟建项目有关的自然资源条件和生产布局状况，项目主管部门的有关批准文件，以及初步的市场预测资料等；而在可行性研究阶段，除了已批准的项目建议书和初步可行性研究作为依据外，还需有详细的设计资料和经过深入调查研究后掌握的比较翔实确凿的数据与资料作为依据。

2.1.3.3　内容繁简和深浅程度不同

项目建议书阶段所做工作不要求也不可能做得很详细，只要求有大致的轮廓，因此其内容较为概略和简洁。如对项目的生产工艺技术方面的研究，在项目建议书阶段只做出初步设想方案和基本的规定；而在可行性研究阶段，则要求尽可能详细，从工艺流程到主要设备选型等都要涉及。在进行项目的经济评价时，项目建议书阶段只做一般的、静态的初步分析，而在可行性研究阶段要做出详细的动态分析评价。

2.1.3.4　投资估算精度要求不同

在项目建议书阶段所做的项目总投资，一般都是根据国内外类似已建工程的相关数据和生产能力进行测算或对比推算得出的，因此与实际发生的投资额有较大的差距（允许误差控制在±20%以内）；而在可行性研究阶段，则必须对项目所需的各项投资费用，包括固定资产投资、流动资金、建设期贷款利息、物价因素影响的投资等分别进行详细的精确计算，其误差控制在±10%以内，资金筹措应有具体方案，项目效益测算以动态为主。

2.1.3.5　研究成果内容不同

项目建议书阶段的研究成果为项目建议书，并附上市场初步调查报告、建设地点初选报告、初步勘察报告等文件；而可行性研究阶段的成果应包括可行性研究报告，并附上市场调查报告、厂址选择报告、地质勘察报告、水资源及资源调查报告、环境影响评价报告和自然灾害预测资料等文件。

随着《国务院关于投资体制改革的决定》的出台和落实，我国投资体制改革不断深入，非政府投资类项目一律改为核准制和备案制，取消审批制。项目建议书和可行性研究报告可以合并。企业只需依法办理土地使用、城市规划、环境保护、安全生产、资源利用等许可手续和减免税确认手续，按照属地原则向当地发改委进行项目备案即可。

2.2 项目建议书的内容

投资项目建议书主要内容包括：

2.2.1 总论

总论包括项目名称、主办单位基本情况、项目概况、编制依据、主要结论及存在的主要问题和建议。

2.2.2 投资项目建设的必要性和依据

（1）项目背景。阐明拟建项目投资建设的理由，概述项目酝酿和策划的过程，说明项目建设的主要目的和目标。对改扩建项目要说明现有企业概况；对于引进技术和设备的项目，还要说明国内外技术的差距和概况以及进口的理由、工艺流程和生产条件的概要等。

（2）宏观战略分析。从宏观层面上提出（或出具）与项目有关的长远规划或行业、地区规划资料，说明项目建设的必要性，阐述拟建项目对相关规划、产业政策、行业准入条件和政府投资项目相关规定的符合性。

（3）社会需求和市场需求分析。从社会需求角度，阐述对拟建项目的需求愿望和迫切程度。从社会、经济、技术条件等方面阐述拟建项目建设时机的适当性。对于经营性投资项目，需要阐述国内外同内服务（产品）的供需基本状况及市场发展前景。

（4）项目建设的作用及意义。阐述拟建项目对合理利用资源、保护生态环境、促进社会公平、推动技术进步等方面的必要性和意义。阐述拟建项目对促进经济社会协调发展和可持续性等方面的重要作用。

2.2.3 项目建设内容与建设条件

（1）建设目标与功能定位。阐述拟建项目的功能定位、建设目标和建成后满足需求的程度等。

（2）建设内容与规模。通过对国内外同类产品的生产能力、销售情况分析和预测、产品销售方向和销售价格的初步分析等，进行拟建项目的市场预测，根据需求分析的结果，确定建设内容，结合有关规范要求及内外部约束条件，综合确定项目的合理建设规模和服务（产品）方案。

（3）建设条件。阐述拟建项目所在区域的自然地理、水系概况、气候特征、地形地貌、地质构造以及拟建项目所在地和附近相关地区的生态、社会、人文环境等条件，初步确定拟建区域地震基本烈度，并对工程地质环境及主要工程地质问题，提出初步评价意见。

2.2.4 场（厂）址选择

（1）场（厂）址选择原则。按照土地管理、自然资源和环境保护等法律法规的规定，从区域规划、地区规划、节约用地、少占耕地、减少拆迁移民、保护自然环境和生态平衡、场（厂）区合理布置和安全运行灯方面出发，结合项目所处行业及项目自身特点，科学合理地提出项目选址原则。

（2）场（厂）址方案与场（厂）址选择。分析项目拟建地点的自然条件和社会经济条件，论证建设地点是否符合地区布局的要求。通过拟建项目所在位置及周边环境等，提出两个或两个以上备选方案，通过科学比较，给出推荐方案和推荐理由。

（3）征地拆迁和移民安置。对涉及征地拆迁的项目，依法提出拆迁补偿的主要原则、标准、范围和方式，初步确定移民安置数量，拟定移民安置原则和初步设想。

（4）地质灾害危险性评估。对于不同性质和类型的项目，应充分考虑行业特点和项目具体情况，结合国家地质灾害防治要求等一系列法规，进行地质灾害危险性评估，避免和减轻地质灾害造成的损失。

2.2.5 技术与配套方案

（1）主要生产技术与工艺。如拟引进国外技术，要说明引进的国别以及国内技术与之相比存在的差距，技术来源、技术鉴定及转让等概况。

（2）主要专用设备来源。如拟采用国外设备，要说明引进的理由以及拟引进国外厂商的概况。

（3）配套建设方案。分析为满足拟建项目主体建设目标与功能，除主体建设方案之外的必要配套工程建设方案和运营服务方式及方案。

2.2.6 资源利用与节约

（1）资源利用种类与数量。阐述拟建项目建设期和运营期需要消耗的能源、水、土地及其他资源的种类，初步估算实际用量。

（2）资源综合利用方案。按照发展循环经济、建设节约型社会的要求，从绿色、循环、清洁、低碳的角度，分析资源供应的可能性和可靠性，项目对当地资源承载能力影响等。

（3）节约措施。阐述拟建项目节能、节水、节地、节才等主要措施。

2.2.7 环境和生态影响

（1）环境和生态现状。阐述拟建项目建设地点及周边的自然条件、生态环境、环境质量和容量情况。

（2）主要污染物。阐述污染物种类，测算其排放量与强度，说明危害物的性质。

（3）影响分析和防治措施。分析拟建项目对自然、社会、生态可能造成的影响，并提出防治目标和相应措施。

2.2.8 项目组织与管理

（1）建设期及进度安排。根据拟建项目的内外部条件，结合项目特点，分析项目从决策到建成投产、交付使用所需时间，初步提出合理的建设工期和进度安排方案。建设前期工作的安排，应包括涉外项目的询价、考察、谈判、设计等。

（2）建设期管理组织方案。说明拟建项目管理模式，明确建设单位，提出必要的人员培训尤其是境外培训安排和设想等。对于代建制项目，应说明代建制方案。

（3）项目运营管理设想。分析拟建项目运营期的管理模式、组织机构、定员数量、人员构成和来源、必要的培训特别是境外培训安排、运营资金来源等。

2.2.9 投资估算和资金筹措设想

（1）编制依据与说明。根据行业特点，确定投资估算的编制方法及依据，说明投资估算的范围及费用构成。

（2）投资估算。投资估算既可根据掌握数据的情况进行详细估算，也可按单位生产能力或类似企业情况进行估算或匡算。

（3）资金筹措。资金筹措计划中应说明资金来源，利用贷款的需要附上贷款意向书，分析贷款条件及利率，说明偿还方式，测算偿还能力。

（4）资金使用计划。初步提出资金分期使用计划。

2.2.10 财务与经济影响和社会影响分析

（1）财务与费用效果分析。计算项目全部投资的内部收益率、贷款偿还期等指标及其他必要的指标，进行盈利能力、清偿能力初步分析。对于运营期盈利不足或亏损的项目，应提出财务可持续性的措施和建议。

（2）经济影响和社会影响分析。分析拟建项目对地区或区域经济发展的影响，当地社会环境对拟建项目的适应性和可接受程度，明确可能出现的风险，估计风险可能导致的后果以及提出规避风险的建议。

2.2.11 有关的初步结论和建议

初步结论和建议包括项目概论提出的相关结论，明确是否可以进行下一步工作。对于技术引进和设备进口项目建议书，还应具备邀请外国厂商来华进行技术交流的计划、出国考察计划，以及可行性研究工作的计划（如聘请外国专家指导或委托咨询的计划）等附件。

本章小结

1. 我国投资项目决策可以分为投资机会研究阶段、项目建议书阶段、可行性研究阶段、项目评估阶段和项目决策审批阶段。

2. 项目建议书是项目发起人向权力部门提出的要求建设某一项目的建议文件，是对建设项目的轮廓设想，是从拟建项目建设的必要性及大方向的可能性加以考虑的。

3. 项目建议书是项目投资发展周期中的最初阶段，是对投资项目的初步选择阶段，它要对拟建项目提出一个轮廓设想，主要是从宏观上考察项目建设的必要性、建设条件的可行性和获利的可能性，并做出项目的投资建议和初步设想，作为选择投资项目的初步决策依据和进行可行性研究的基础。

4. 项目建议书和可行性研究报告，在研究范围和内容结构上基本相同，但因二者所处工作阶段的作用和要求不同，研究的目的和工作条件也不同，因而在研究的重点、深度和计算精度上也有所不同。

习 题

一、选择题

1. 关于项目建议书的正确说法是（　　）。
    A. 项目建议书被批准，则项目立项
    B. 项目建议书被批准是可行性研究的前提
    C. 项目建议书由建设主管部门批准
    D. 各类项目的建议书内容必须相同

2. 我国投资项目决策程序中，提出项目后，应该（　　）。
    A. 编制可行性研究报告　　　　　　B. 决策部门提出审批意见
    C. 提出项目建议书　　　　　　　　D. 编制项目申请报告

3. 项目建议书是可行性研究的依据，（　　）一般不属于项目建议书的内容。
    A. 设备选型　　　　　　　　　　　B. 建设背景和必需的条件
    C. 市场规模　　　　　　　　　　　D. 产品方案

4. 项目建设的必要性论证中需注意的问题（　　）。
    A. 对项目区存在的问题要进行深入调查和分析，了解问题的症结所在，尽量采用翔实具体的数据资料，客观真实地反映问题和影响
    B. 分析地区国民经济和社会发展规模及预测指标，以及论证对水利建设的需求时，要有可靠充分的依据，避免预测指标扩大化、盲目化
    C. 应尽可能量化计算拟建项目对促进经济社会发展、减少灾害损失等方面的作用和直接、间接效益，确实无法准确、可靠地计算量化效益时，应进行效果分析，并注意对问题、需求与作用三者关系的协调
    D. 针对满足流域和区域治理、开发、保护要求而确定的水利水电工程兴利除害等方面的功能性任务

5. 项目建议书阶段，要基本选定和基本确定的主要内容包括（　　）。
    A. 工程登记标准和总体布局
    B. 工程任务和工程规模
    C. 施工导流方式和施工总布置
    D. 建设征地范围
    E. 机电及金属结构主要设备选型

二、问答题

1. 项目建议书的作用与编制要求是什么？
2. 项目建议书的内容包括什么？
3. 项目建议书与可研报告的区别与联系是什么？

3 项目投资可行性研究

■**本章教学要点**

知识要点	掌握程度	相关知识
可行性研究	掌握	概念、作用、工作阶段、工作程序及可行性研究报告
项目评估	理解	概念、作用、内容、工作程序及与可行性研究报告的关系

■**关键词**

项目建议书；可行性研究；项目评估

■**导入案例**

山阳县法官镇干部周转性住房建设项目可行性研究报告（略）

资料来源：https://wenku.baidu.com/view/56647123cd1755270722192e453610661ed95a90.html?

项目可行性研究是项目投资管理的一个主要环节，作为一种决策技术，是技术经济学的重要组成部分。在项目投资发展周期中，可行性研究处于项目决策前期工作的关键阶段，其结论是项目投资决策的重要依据。可行性研究主要采用动态和静态相结合、定量分析与定性分析相结合、宏观效益分析与微观效益分析相结合的方法，对项目建设的必要性和可行性进行全面的论证和评价。

3.1 项目投资可行性研究概论

可行性研究是项目前期工作的最重要内容,它是在项目投资决策前,对项目进行全面的技术经济分析论证的科学方法和工作阶段。

3.1.1 可行性研究的概念

可行性研究是在投资决策前,对与拟建项目有关的社会、经济、技术等各方面进行深入细致的调查研究,对各种可能拟订的技术方案和建设方案进行认真的技术经济分析和比较论证,对项目建成后的经济效益进行科学的预测和评价。在此基础上,对拟建项目的技术先进性和适用性、经济合理性和有效性,以及建设必要性和可行性进行全面分析、系统论证、多方案比较和综合评价,由此得出该项目是否应该投资和如何投资等结论性意见,为项目投资决策提供可靠的科学依据。

可行性研究的任务主要是根据国民经济长期规划和地区规划、行业规划的要求,对拟建项目进行投资方案规划、工程技术论证、社会与经济效果预测和组织机构分析,经过多方面的计算、分析、论证和评价,为项目决策提供可靠的依据和建议。因此,项目可行性研究是保证建设项目以最少的投资耗费取得最佳经济效果的科学手段,也是实现建设项目在技术上先进、经济上合理和建设上可行的科学方法。

3.1.2 可行性研究的作用

作为建设项目决策期工作的核心和重点的可行性研究工作,在整个项目周期中,发挥着非常重要的作用。可行性研究的最终成果是可行性研究报告,它是投资者在前期准备工作阶段的纲领性文件,是进行其他各项投资准备工作的主要依据。对于投资者而言,可行性研究有如下作用:

(1)为投资者进行投资决策提供依据。进行可行性研究是投资者在投资前期的重要工作。项目的成功与否受到自然的、技术的、经济的、社会的诸多不确定因素的影响,投资者需要委托有资质、有信誉的投资咨询机构或通过多方论证,在充分调研和分析论证的基础上,提出可靠的或合理的建议,并编制可行性研究报告,其结论将作为投资决策的主要依据。

(2)为项目融资提供依据。金融机构在受理项目贷款申请时,首先要求申请者提供可行性研究报告,然后对其进行全面细致的审查和分析论证,在此基础上编制项目评估报告,评估报告的结论是银行确定贷款与否的重要依据。

(3)为与其他单位进行商务谈判和签订合同、协议提供依据。根据可行性研究报告的内容,可以与有关单位签订项目设备订货合同、原材料供应合同、销售合同,与供水、供电、供气、通信和原材料等单位或部门签订协作配套协议。

(4)为工程进行设计、实施提供依据。在可行性研究报告中,对项目的建设规模、场址选择、生产工艺、设备选型等都做了比较详细的说明。可行性研究报告在获得批准后,即可以作为项目编制设计和进行建设工作的依据。

（5）作为环保部门、规划部门审批项目的依据。

（6）作为施工组织、工程进度安排及竣工验收的依据。

（7）作为项目后评价的依据。

（8）作为企业组织管理、机构设置、劳动定员、职工培训等企业管理工作的依据。

3.1.3　可行性研究的依据

一个拟建项目的可行性研究，必须在国家有关的规划、政策、法规的指导下完成，同时，还必须要有相应的各种技术资料。进行可行性研究工作的主要依据包括：

（1）国家经济和社会发展的长期规划，部门与地区规划，经济建设的指导方针、任务、产业政策、投资政策和技术经济政策以及国家和地方法规等。

（2）经过批准的项目建议书和在项目建议书批准后签订的意向性协议等。

（3）由国家批准的资源报告，国土开发整治规划、区域规划和工业基地规划，与交通运输项目建设有关的江河流域规划与路网规划等。

（4）国家进出口贸易政策和关税政策。

（5）当地的拟建厂址的自然、经济、社会等基础资料。

（6）有关国家、地区和行业的工程技术、经济方面的法令、法规、标准定额资料等。

（7）由国家颁布的建设项目可行性研究及经济评价的有关规定。

（8）包含各种市场信息的市场调研报告。

3.1.4　可行性研究的工作阶段

联合国工业发展组织编写的《工业项目可行性研究手册》把投资前期的可行性研究工作分为机会研究、初步可行性研究、可行性研究和项目评估决策四个阶段。由于基础资料的占有程度和研究深度与可靠程度各不相同，建设前期的各个工作阶段的研究性质、工作目标、工作要求及作用、工作时间与费用各不相同，如表3-1所示。一般说来，各阶段研究的内容由浅入深，项目投资和成本估算的精度要求由粗到细，研究工作量由小到大，研究的目标和作用逐步提高，因而研究工作时间和费用也逐渐增加。

表3-1　可行性研究各阶段工作的区别

研究阶段	研究性质	研究目的和内容	研究要求	研究作用	估算精度	研究费用（％）	工作时间（月）
机会研究	项目设想	鉴别投资方向，寻找投资机会，选择项目，提出项目建议书	编制项目建议书	为初步选择投资项目提供依据	±30%	0.2~1.0	1~3
初步可行性研究	项目初选	对项目做初步评价，进行专题辅助研究，广泛分析、筛选方案，确定项目的初步可行性	编制初步可行性研究报告	判断是否有必要进行下一步详细可行性研究，进一步判明建设项目的生命力	±20%	0.25~1.25	4~6

表3-1(续)

研究阶段	研究性质	研究目的和内容	研究要求	研究作用	估算精度	研究费用（%）	工作时间（月）
可行性研究	项目准备	对项目进行深入的技术经济论证，重点针对项目的技术方案和经济效益进行分析评价，多方案比选，给出结论性意见	编制可行性研究报告	作为项目投资决策的基础和重要依据	±10%	0.8~1.0 1.0~3.0	8~12
项目评估	项目评估	综合分析各种效益，对可研报告进行全面审核和评估，分析判断可研报告的可靠性和真实性	提出项目评估报告	为投资决策者提供最后决策依据，决定项目取舍和选择最佳投资方案	±10%	—	—

3.1.4.1 机会研究阶段

机会研究阶段是可行性研究的起点。机会研究的目的是为建设项目的投资方向和设想提出建议。在我国，应根据国民经济发展的长远规划，行业、地区规划，经济建设方针，建设任务和技术经济政策，在一个确定的地区或部门内，结合自然资源、市场预测和建设布局等条件，通过调查、预测和分析研究，选择建设项目，寻找投资的有利机会。

机会研究可分为一般机会研究（如地区、行业或部门、资源的机会研究）和项目的机会研究。一般机会研究是指对某个指定的地区、行业或部门鉴别各种投资机会，或是识别利用某种自然资源或工农业产品为基础的投资机会研究。这项研究一般是由国家机构或公共机构进行，作为制定经济发展计划的基础。在对这些投资机会做出最初鉴别之后，再进行项目的机会研究，将项目设想转变为概略的项目投资建议，以引起投资者的注意，使其做出投资响应，并从几个有投资机会的项目中迅速而经济地做出抉择。然后编制项目建议书，为初步选择投资项目提供依据。经批准后，列入项目建设前期工作计划，作为国家对投资项目的初步决策。

由于这一阶段的研究工作比较粗略，一般是根据相类似条件和背景的项目来估算投资额与生产成本，初步分析建设投资效果，提供一个或一个以上可能进行建设的投资项目和投资方案。这个阶段所估算的投资额和生产成本的精确程度控制在±30%，大中型项目的机会研究所需时间在1~3个月，所需费用约占投资总额的0.2%~1.0%。如果投资者对这个项目感兴趣，则可再进行下一步的可行性研究工作。

机会研究要解决两个方面的问题：①机会是否需要；②有没有可以开展项目的基本条件。

3.1.4.2 初步可行性研究阶段

初步可行性研究也称预可行性研究，是正式的详细可行性研究前的预备性研究阶段。初步可行性研究是投资项目机会研究阶段和详细可行性研究的中间性或过渡性研究阶段。项目建议书经国家相关部门审定同意后，对于投资规模较大、工艺技术复杂的大中型骨干建设项目，仅靠机会研究还不能决定取舍，在开展全面研究工作之前，往往需要先进行初步可行性研究，进一步判明建设项目的生命力。这一阶段的主要工作目标是：

（1）分析机会研究的结论，并在占有详细资料的基础上做出初步投资估价。需要深入研究项目的规模、原材料资源、工艺技术、厂址、组织结构和建设进度等情况，进行经济效果评价，以判定是否有可能和必要进行下一步的详细可行性研究。

（2）确定对某些关键性问题进行专题的辅助研究。例如，市场需求预测和竞争能力研究，原料辅助材料和燃料动力等供应和价格预测研究，工厂中间试验、厂址选择、合理经济规模，以及主要设备选型等研究。在广泛的方案分析比较论证后，对各类技术方案进行筛选，选择效益最佳方案，排除一些不利方案，缩小下一阶段的工作范围和工作量，尽量节省时间和费用。

（3）鉴定项目的选择依据和标准，确定项目的初步可行性。根据初步可行性研究结果编制初步可行性研究报告，判定是否有必要继续进行研究，如通过所获资料的研究确定该项目设想不可行，则立即停止工作。本阶段是项目初选阶段，研究结果应做出是否投资的初步决定。

（4）初步可行性研究是介于机会研究和可行性研究的中间阶段，其研究内容和结构基本相同，主要区别是所获资料的详尽程度不同及研究的深度不同。对建设投资和生产成本的估算精度一般要求控制在±20%，研究所需时间为4~6个月，所需费用约占投资总额的0.25%~1.25%。

3.1.4.3 可行性研究阶段

可行性研究也称详细可行性研究。这是建设项目投资的基础，它为项目决策提供技术、经济、社会和财务方面的评价依据，为项目的具体实施提供科学依据。因此，这个阶段是进行详细深入的技术经济分析的论证阶段，其主要目标有：

（1）必须深入研究有关产品方案、生产纲领、资源供应、厂址选择、工艺技术、设备选型、工程实施进度计划、投资筹措计划，以及组织管理机构和定员等各种可能选择的技术方案，进行全面深入的技术经济分析和比选工作，并推荐一个可行的投资建设方案。

（2）着重对投资总体建设方案进行企业财务评价、国民经济效益和社会效益的分析与评价，对投资方案进行多方案比选，确定一个能使项目投资费用和生产成本降到最低限度，以取得显著经济效益和社会效益的最佳建设方案。

（3）确定项目投资的最终可行性和选择依据标准。对拟建项目提出结论性意见。可以推荐一个认为最好的建设方案，也可以提出可供选择的方案，说明各自的利弊和可能采取的措施，或者也可提出不可行的结论。按照可行性研究结论编制出可行性研究报告，作为项目投资决策的基础和重要依据。

（4）可行性研究是项目的定性阶段，也是项目决策研究的关键环节，并为下一步工程设计提供基础资料和决策依据。因此，在此阶段，要求建设投资和生产成本计算精度控制在±10%以内，研究工作所花费的时间为8~12个月，所需费用对于中小型项目约占总投资的1.0%~3.0%，对于大中型项目约占总投资的0.8%~1.0%。

3.1.4.4 项目评估阶段

项目评估是由投资决策部门组织和授权国家开发银行、建设银行、投资银行、国防工程咨询公司或有关专家，代表国家对上报的建设项目可行性研究报告进行的全面审核和再评价。其主要任务是对拟建项目的可行性研究报告提出评价意见，最终决策该项目投资是否可行，确定最佳投资方案。项目评估是在可行性研究报告的基础上进行的，其内容包括：

（1）全面审核可行性研究报告中反映的各项情况是否属实。

（2）分析项目可行性研究中各项指标计算是否都正确，包括各种参数、基础数据、定额费率的选择。

（3）从企业、国家、社会等方面综合分析和判断项目的经济效益和社会效益。

（4）分析和判断项目可行性研究的可靠性、真实性和客观性，对项目做出取舍的最终投资决策。

（5）写出项目评估报告。

3.2 项目投资可行性研究的工作程序与研究内容

项目可行性研究是一项涉及多学科、多领域的系统分析工作，其内容涵盖社会政治生活和社会经济生活的各个方面，具有极强的综合性、逻辑性与科学性。

3.2.1 可行性研究的工作程序

根据我国现行的项目建设程序和国家颁布有关可行性研究的管理办法，可行性研究的工作程序如下：

3.2.1.1 建设单位提出项目建议书和初步可行性研究报告

各部、省、自治区、直辖市和全国性工业公司以及现有的企事业单位，根据国家经济发展的长远规划、经济建设的方针任务和技术经济政策、结合资源情况、建设布局等条件，在广泛调查研究、搜集资料、踏勘建设地点、初步分析投资效果的基础上，提出需要进行可行性研究的项目建议书和策划可行性研究报告。跨地区、跨行业的建设项目以及对国计民生有重大影响的大型项目，由有关部门和地区联合提出项目建议书和初步可行性研究报告。

3.2.1.2 项目业主、承办单位委托有资格的单位进行可行性研究工作

各级计划部门汇总和平衡项目建议书，当项目建议书经相关部门评估同意，并经审定批准后，该项目即可立项。项目业主或承办单位可委托经过资格审定的工程咨询公司（或设计单位）着手编制拟建项目的可行性研究报告。在委托合同中，应规定研究工作的依据、研究的范围和内容、前提条件、研究工作的质量和进度安排、费用支付办法以及合同双方的责任、协作方式和关于违约处理的办法等。

3.2.1.3 咨询或设计单位进行可行性研究工作

合同签订后，咨询或设计单位即可根据合同开展可行性研究工作，一般按照以下步骤展开工作：

（1）组织人员与制订计划。

承担可行性研究的单位在承接任务后，需获得项目建议书和有关项目背景与指示文件，摸清委托者的目标、意见和要求，明确研究内容，即可组成可行性研究工作小

组或项目组，确定项目负责人和专业负责人。项目组根据书面任务书，研究工作范围和要求，制订项目工作计划和安排具体实施进度。

（2）调查研究与搜集资料。

项目组在摸清了委托单位对项目建设的意图和要求后，即应组织搜集和查阅与项目有关的自然环境、经济与社会等基础资料和文件资料，并拟定调研提纲，组织人员赴现场进行实地踏勘与抽样调查，收集整理所得的设计基础资料。必要时还需进行专题调查、试验和研究。

这个阶段主要是通过实际调查和技术经济研究，进一步明确拟建项目的必要性和现实性。调查研究主要从市场调查和资源调查两方面入手。市场调查要查明和预测社会对产品需求量、产品价格和竞争能力，以便确定项目产品方案和经济规模；资源调查包括原材料、能源、厂址、工艺技术、劳动力、建材、运输条件、外围基础设施、环境保护、组织管理和人员培训等自然、社会、经济的调查。为选定建设地点、生产工艺、技术方案、设备选型、组织机构和定员等提供确切的技术经济分析资料。通过论证分析，研究项目建设的必要性。

（3）方案设计和优选。

根据项目建议书要求，结合市场和资源调查，在搜集到一定的基础资料和基准数据的基础上，建立几种可供选择的技术方案和建设方案，结合实际条件进行多次反复的方案论证比较，合同委托部门明确选择方案的重大原则问题和优选标准，从若干方案中选择或推荐最优或次优方案，研究论证项目在技术上的可行性。进一步确定产品方案、生产经济规模、工艺流程、设备选型、车间组成、组织机构和人员配备等总体建设方案，以备做进一步的综合经济评价。在方案设计和优选中，对重大问题或有争论的问题，要会同委托部门共同讨论确定。

（4）经济分析和评价。

项目经济分析人员根据调查资料和领导机关有关规定，选定与本项目有关的经济评价基础数据和定额指标参数，列表并指明数据来源。

应对所选择确定的最佳建设总体方案进行详细的财务预测、财务效益分析、国民经济评价和社会效益评价。从测算项目建设投资、生产成本和销售利润入手，进行项目营利性分析、费用效益分析和社会效益与影响分析，研究论证项目在经济上和社会上的营利性和合理性，进一步提出资金筹集建议和制订项目实施总进度计划。当项目的经济评价结论不能满足国家要求时，可对建设方案进行调整或重新设计。

（5）编写可行性研究报告。

对建设项目进行了认真的技术经济分析论证，证明了项目建设上的必要性、技术上的可行性和经济上与社会上的合理性后，即可编制详尽的可行性研究报告，推荐一个以上项目建设可行性方案和实施计划，提出结论性意见和重大措施建议，为决策部门的最终决策提供科学依据。也可提出项目不可行的结论意见或项目改进的建议。

3.2.2　可行性研究报告的内容

不同的项目，其具体研究内容不同。根据《投资项目可行性研究指南》，其内容包括：

3.2.2.1　项目兴建理由与目标

项目兴建理由与目标的研究，是根据已确定的初步可行性研究报告（或者项目建议书），从总体上进一步论证项目提出的依据、背景、理由和预期目标，即进行项目建设必要性分析；与此同时，分析论证项目建设和生产运营必备的基本条件及其获得的可能性，即进行项目建设可能性分析。对于确实必要又有可能建设的项目，继续进行可行性研究，开展技术、工程、经济、环境等方案的论证、比选和优化工作。

（1）项目兴建理由。

对项目兴建理由的分析，一般应从项目本身和国民经济两个层次上进行。

项目层次：项目业主或投资人兴建项目的理由，或者是为了向社会提供产品、服务的同时获取合法利润或投资回报，或者是为了促进国家、地区经济和社会发展。项目层次的分析，应侧重从项目产品和投资效益角度论证兴建理由是否充分合理。

国民经济层次：有些项目兴建的理由从项目层次看可能是合理的、可行的，但从国民经济全局看就不一定合理、可行。因此，对那些受宏观经济条件制约较大的项目，应进行国民经济层次分析。例如，分析拟建项目是否符合合理配置和有效利用资源的要求；是否符合区域规划、行业发展规划、城市规划、水利流域开发规划、交通路网规划的要求；是否符合国家技术政策和产业政策的要求；是否符合保护环境、可持续发展的要求等。

通过以上两个层次的分析，判别项目建设的理由是否充分、合理，以确定项目建设的必要性。

（2）项目预期目标。

根据项目兴建的理由，对初步可行性研究研究报告提出的拟建项目的轮廓和预期达到的目标进行总体分析论证。分析论证的内容主要有：项目建设内容和建设规模，技术装备水平，产品性能和档次，成本、收益等经济目标，项目建成后在国内外同行业中所处的位置或者在经济和社会发展中的作用等。

通过分析论证，判别项目预期目标与项目兴建理由是否吻合，预期目标是否具有合理性与现实性。

（3）项目建设基本条件。

对于确需建设且目标合理的项目，应分析论证其是否具备建设的基本条件。一般应分析市场条件、资源条件、技术条件、资金条件、环境条件、社会条件、施工条件、法律条件以及外部协作配套条件等对拟建项目支持和满足的程度，考察项目建设和运营的可能性。

3.2.2.2　市场预测

市场预测是对项目产出品和所需的主要投入品的市场容量、价格、竞争力以及市场风险进行分析预测。市场预测的结果为确定项目建设规模和产品方案提供依据。

（1）市场预测内容。

市场预测主要围绕与项目产品相关的市场条件展开。由于项目产品的多样性，既包括为特定使用人提供的有形产品、无形产品，还包括为社会公众提供使用或服务的公共产品，如铁路、公路、城市基础设施，因此市场预测的具体内容有很大差异，但就其基本内容和方法而言又是相通的。

市场预测的时间跨度应根据产品的生命周期、市场变化规律以及占有数据资料的时效性等情况综合确定。竞争性项目的产品，预测时段一般为 10 年左右；更新换代快、生命周期短的产品，预测时段可适当缩短；大型交通运输、水利水电等基础设施项目，预测时段可适当延长。市场预测范围应包括国内外两个市场，并应进行区域市场分析。市场预测深度应满足确定项目建设规模与产品方案的要求。

（2）市场现状调查。

市场现状调查主要是调查拟建项目同类产品的市场容量、价格以及市场竞争力现状。

市场容量现状调查主要是调查项目产品在近期和预测时段的市场供需总量及其地区分布情况，为项目产品供需预测提供条件。调查内容应包括国内外市场供应现状和项目产品的进出口现状。

价格现状调查主要是调查项目产品的国内外市场价格、价格变化过程及变化规律，分析价格形成机制。

市场竞争力现状调查主要是分析项目产品目前国内外市场竞争程度，市场竞争的主要对手的生产、营销及其竞争力情况等。

（3）产品供需预测。

产品供需预测是利用市场调查和所获得的信息资料，对项目产品未来市场供应和需求的数量、品种、质量、服务进行定性与定量分析。

产品供需预测应考虑以下因素：国民经济与社会发展对项目产品供需的影响；相关产业产品和上下游产品的情况及其变化，对项目产品供需的影响；产品结构变化，产品升级换代情况；项目产品在其生命周期中所处阶段对供需的影响；不同地区和不同消费群体的消费水平、消费习惯、消费方式及其变化，对项目产品供需的影响；涉及进出口的项目产品，应考虑国际政治经济条件及贸易政策变化对供需的影响。

（4）价格预测。

项目产品价格是测算项目投产后的销售收入、生产成本和经济效益的基础，也是考察项目产品竞争力的重要方面。预测价格时，应对影响价格形成与导致价格变化的各种因素进行分析，初步设定项目产品的销售价格和投入品的采购价格。进行价格预测时应考虑以下因素：项目产品国际市场的供需情况、价格水平和变化趋势；项目产品和主要投入品国内市场的供需情况，价格水平和变化趋势；项目产品和主要投入品的运输方式、运输距离、各种费用对价格的影响；新技术、新材料产品和新的替代品对价格的影响；国内外税费、利率、汇率等变化，以及非贸易壁垒对价格的影响；项目产品的成本对价格的影响；价格政策变化对项目产品价格的影响。

进行价格预测时，不应低估投入品的价格和高估产出品的价格，避免预测的项目经济效益失真。

在价格预测方法上，一般可采用回归法和比较法。

（5）竞争力分析。

竞争力分析是研究拟建项目在国内外市场竞争中获胜的可能性和获胜能力。进行竞争能力分析，既要研究项目自身竞争能力，又要研究竞争对手的竞争力，并进行对比。在竞争力优势和劣势的分析中，应从以下几方面进行分析：自然资源占有的优势、劣势；工艺技术和装备的优势、劣势；规模效益的优势、劣势；新产品开发能力的优势、劣势；产品质量性能的优势、劣势；价格的优势、劣势；商标、品牌、商誉的优势、劣势；项目区位的优势、劣势；人力资源的优势、劣势。

选择项目目标市场范围内，占市场份额较大、实力较强的几家竞争对手，将项目自身条件与竞争对手条件的优势、劣势对比并排序，编制竞争力对比分析表。

对市场竞争比较激烈的项目产品，应进行营销策略分析，研究项目产品进入市场和扩大销售份额在营销方面应采取的策略。

（6）市场风险分析。

在可行性研究中，市场风险分析是在产品供需、价格变动趋势和竞争能力等常规分析已达到一定深度要求的情况下，对未来国内外市场某些重大不确定因素发生的可能性及其可能对项目造成的损失程度进行分析。市场风险分析可以定性描述，估计风险程度，也可定量计算风险发生的概略，分析对项目的影响程度。

3.2.2.3　资源条件评价

矿产资源、水利水能资源和森林资源等是资源开发项目的物质基础，直接关系到项目开发方案和建设规模的确定。资源开发项目包括：金属矿、煤矿、石油天然气矿、建材矿、化学矿、水利水电和森林采伐等项目。在可行性研究阶段，应对资源开发利用的可能性、合理性和资源的可靠性进行研究和评价，为确定项目的开发方案和建设规模提供依据。

3.2.2.4　建设规模与产品方案

建设规模与产品方案是在市场预测和资源评价（指资源开发项目）的基础上，论证比选拟建项目的建设规模和产品方案，作为确定项目技术方案、设备方案、工程方案、原材料供应方案及投资估算的依据。

（1）建设规模方案选择。

建设规模也称为生产规模，是指项目设定的正常生产运营年份可能达到的生产能力或者使用效率。不同类型项目建设规模的表述不同，工业项目通常以年产量、年加工量、装机容量等表示，农林水利项目以年产量、种植面积、灌溉面积、防洪防涝面积、水库容量、供水能力等表示，交通运输项目以运算能力、吞吐能力等表示，城市基础设施项目和服务行业项目以年处理量、建筑面积、服务能力等表示，生产多种产品的项目一般以主要产品的生产能力表示该项目的建设规模。

确定建设规模一般应考虑以下因素：合理经济规模；市场容量对项目规模的影响；环境容量对项目规模的影响；资金、原材料以及主要外部协作条件等对项目规模的满足程度。此外，不同行业、不同类型的项目还应考虑相关因素。

（2）产品方案选择。

产品方案是研究拟建项目生产的产品品种及其组合的方案。生产多种产品的拟建项目，应研究其主要产品、辅助产品、副产品的种类及其生产能力的合理组合。

确定产品方案一般应研究以下主要因素和内容：市场需求；产业政策；专业化协作；资源综合利用；环境条件；原材料燃料供应；技术设备条件；生产储运条件。

（3）建设规模与产品方案比选。

经过对建设规模与产品方案的论证，提出两个或两个以上方案进行比选，分别说明各方案的优缺点，并提出推荐方案。比选内容主要有：单位产品生产能力（或者使用效益）投资；投资效益（投入产出比、劳动生产率等）；多产品项目资源综合利用方案与效益等。

3.2.2.5 场址选择

可行性研究阶段的场址选择，是在初步可行性研究或项目建议书规划选择已确定的建设地区和地点范围内，进行具体坐落位置选择。

（1）场址选择的基本要求。

①节约用地，少占耕地。建设用地应因地制宜，优先考虑利用荒地、劣地、山地和空地，尽可能不占或少占耕地，并力求节约用地。

②减少拆迁移民。工程选址、选线应着眼于少拆迁、少移民，尽可能不靠近、不穿越人口密集的城镇或居民区。

③有利于场区合理布置和安全运行。场址选址应满足生产工艺要求，场区布置紧凑合理，有利于安全生产运行。

④有利于保护环境和生态，有利于保护风景区和文物古迹。

交通运输项目选线应有利于沿线地区的经济和社会发展，技术改造项目应充分利用原有场地。

（2）场址选择内容。

不同行业项目选址场址需要研究的具体内容、方法和遵循的规程规范不同，其称谓也不同，如工业项目称厂址选择，水利水电项目称场址选择，铁路、公路、城市轨道交通项目称线路选择，输油气管道、输电和通信线路项目称路径选择。场址选择应研究的主要内容包括：场址位置；占地面积；地形地貌气象条件；地震情况；工程地质水文地质条件；征地拆迁移民安置条件；交通运输条件；水电等供应条件；环境保护条件；法律支持条件；施工条件等。

（3）场址方案比选。

通过上述研究，对多个场址方案进行工程条件和经济性条件的比较。其中，经济性条件比选的内容，一是建设投资比较，二是运营费用比较。通过工程条件和经济性条件比较，提出推荐场址方案，并绘制场址地理位置图。在地形图上，标明场址的四周界址、场址内生产区、办公区、场外工程、取水点、排污点、堆场、运输线等位置以及与周边建筑物、设施的相互位置。

3.2.2.6 技术方案、设备方案和工程方案

项目的建设规模与产品方案确定后，应进行技术方案、设备方案和工程方案的具体研究论证工作。技术、设备与工程方案构成项目的主体，体现项目的技术和工艺水平，也是决定项目是否经济合理的重要基础。

（1）技术方案选择。

技术方案，主要指生产方法、工艺流程等。

其中，生产方法选择的内容主要包括：

①研究与项目产品相关的国内外各种生产方法，分析其优缺点及发展趋势，采用先进适用的生产方法。

②研究拟采用的生产方法是否与采用的原材料相适应。

③研究拟采用生产方法的技术来源的可得性，若采用引进技术或专利，应比较购买技术或者专利所需的费用。

④研究拟采用生产方法是否符合节能和清洁生产要求，力求能耗低、物耗低、废物少。

工艺流程选择的内容主要包括：

①研究工艺流程对产品质量的保证程度。

②研究工艺流程各工序之间的合理衔接，工艺流程应通畅、简捷。

③研究选择先进合理的物料消耗定额。

④研究选择主要工艺参数，如压力、温度、真空度等。

⑤研究工艺流程的柔性安排，既能保证主要工序生产的稳定性，又能根据市场需要的变化，使生产的产品在品种规格上保持一定的灵活性。

在对技术方案的比选论证上，比选内容应包括：技术的先进程度，技术的可靠程度，技术对产品质量性能的保证程度，技术对原材料的适应性，工艺流程的合理性，自动化控制水平，技术获得的难易程度，对环境的影响程度以及购买技术或者专利费用等技术经济指标。

对于技术改造项目技术方案的比选论证，还要与企业原有技术方案进行比较。

（2）主要设备方案选择。

设备方案选择是在研究和初步确定技术方案的基础上，对所需主要设备的规格、型号、数量、来源、价格等进行研究比选。

在调查研究国内外设备制造、供应以及运行状况的基础上，对拟选的主要设备做多方案比选，提出推荐方案。比选内容主要是各设备方案对建设规模的满足程度，对产品质量和生产工艺要求的保证程度，设备使用寿命，物料消耗指标，备品备料保证程度，安装试车技术服务以及所需设备投资等。采用的比选方法主要以定性分析为主，辅之以定量分析方法。定性分析是将各设备方案的内容进行分析对比，定量分析一般包括计算运营成本、寿命周期费用和差额投资回收期等指标。

（3）工程方案选择。

工程方案是在已选定项目建设规模、技术方案和设备方案的基础上，研究论证主要建筑物、构筑物的建造方案。

在研究内容上，一般工业项目的厂房、工业窑炉、生产装置等建筑物、构筑物的工程方案，主要研究其建筑特征（面积、层数、高度、跨度），建筑物构筑物的结构形式以及特殊建筑要求，基础工程方案，抗震设防等。

矿产开采项目的工程方案主要研究开采方式。根据矿体分布、形态、产状、埋藏深度、地质构造等条件，结合矿产品位、可采资源量，确定井下开采或者露天开采的工程方案。这类工程方案将直接转化为生产方案。

铁路项目工程方案，主要包括线路、路基、轨道、桥涵、隧道、站场以及通信信号等方案。

水利水电项目工程方案，主要包括防洪、治涝、灌溉、供水、发电等工程方案。

（4）节能措施。

在研究技术方案、设备方案和工程方案时，能源消耗量大的项目，应提出节约能源措施，并对能耗指标进行分析。

（5）节水措施。

在研究技术方案、设备方案和工程方案时，水资源消耗量大的项目，应提出节水措施，并对水耗指标进行分析。

3.2.2.7 原材料燃料供应

在可行性研究中，应对项目所需的原材料、辅助材料和燃料的品种、规格、成分、数量、价格、来源和供应方式，进行研究论证，以确保项目建成后正常生产运营，并为计算生产运营成本提供依据。

（1）主要原材料供应方案。

主要原材料是项目建成后生产运营所需的主要投入物，该部分的主要研究内容应包括：

①研究确定所需各种物料的品种、质量和数量。为了保证正常生产，根据生产周期、生产批量、采购运输条件等计算物料的经常储备量，同时还要考虑保险储备量和季节储备量。为确保采购的原材料、辅助材料的质量符合生产工艺要求，应研究提出建立必要的检验、化验和试验设施。

②研究确定供应来源和供应方式。

③研究确定运输方式。

④研究选取原材料价格。

（2）燃料供应方案。

项目所需燃料包括生产工艺用燃料、公用和辅助设施用燃料、其他设施用燃料。主要研究内容包括：

①燃料品种、质量和数量。

②燃料运输方式和来源。

③燃料价格。

（3）主要原材料燃料供应方案比选。

主要原材料燃料供应方案应进行多方案比选。比选的主要内容包括：

①满足生产要求的程度。

②采购来源的可靠程度。

③价格和运输费用是否经济合理。

3.2.2.8 总图运输与公用辅助工程

总图运输与公用辅助工程是在已选定的场址范围内，研究生产系统、公用工程、辅助工程及运输设施的平面和竖向布置以及工程方案。

（1）总图布置方案。

项目总图布置应根据项目的生产工艺流程或者使用功能的需要及其相互关系，结合场地和外部环境条件，对项目各个组成部分的位置进行合成，使整个项目形成布置紧凑、流程顺畅、经济合理、使用方便的格局。

总图布置的研究内容主要有：

①研究项目的建设内容，确定各个单项工程建筑物、构筑物的平面尺寸和占地面积。

②研究功能区的合理划分。

③研究各功能区和各单项工程的总图布置。

④合理布置场内外运输、消防道路、火车专用线走向以及码头和堆场的位置。

⑤合理确定土地利用系数、建筑系数和绿化系数。

总图布置方案应从技术经济指标和功能方面来进行比选，择优确定推荐方案。技术经济指标比选主要包括场区占地面积、建筑物构筑物占地面积、道路和铁路占地面积、土地利用系数、建筑系数、绿化系数、土石方挖填工程量、地上和地下管线工程量、防洪治涝措施工程量、不良地质处理工程量以及总图布置费用等。功能比选主要是从生产流程的短捷、流畅、连续程度，内部运输的便捷程度以及满足安全生产程度等方面评判。

（2）场内外运输方案。

运输方案研究主要是计算运输量，选择运输方式，合理布置运输线路，选择运输设备和建设运输设施。

（3）公用工程与辅助工程方案。

公用工程与辅助工程是为项目主体工程正常运转服务的配套工程。公用工程主要有给水、排水、供电、通信、供热、通风等工程，辅助工程包括维修、化验、检测、仓储等工程。在可行性研究阶段，公用工程和辅助工程应同时进行研究。公用工程与辅助工程的设置应尽可能依托社会进行专业化协作。技术改造项目则应充分利用企业现有的公用和辅助设施。

①给水：主要是确定用水量和水质要求，研究水源、取水、输水、净水、场内给水方案等。

②排水：主要是确定排水量，研究排水方案，计算生产、生活污水和自然降水的年平均排水量和日最大排水量，分析排水污染物成分。

③供电：主要是研究确定电源方案、用电负荷、负荷等级、供电方式以及是否需要建设自备电厂。

④通信设施：主要是研究项目生产运营所需的各种通信设施，提出通信设施采用租用、建造或购置的方案。

⑤供热设施：研究计算项目的热负荷，选择热源和供热方案。

⑥空分空压制冷设施：研究计算项目生产所需的氧气、氮气、压缩空气用量以及制冷负荷，分别提出供应参数，并提出依托社会供应方案或自建方案。

⑦维修设施：应立足于依托社会专业化设施，一般项目只应配备小修设备，需要自建大修、中修设施的，应提出建设方案。

⑧仓储设施：根据生产需要和合理周转次数，计算主要原材料、燃料、中间产品和最终产品的仓储量和仓储面积。研究仓储设施方案时，应尽可能立足依托社会设施解决。

3.2.2.9 环境影响评价

建设项目一般会引起项目所在地自然环境、社会环境和生态环境的变化，对环境状况、环境质量产生不同程度的影响。环境影响评价是指调查研究环境条件，识别和分析拟建项目影响环境的因素，研究提出治理和保护环境的措施，比选和优化环境保护方案。

对环境条件的调查主要是调查自然环境、生态环境和社会环境。

识别和分析拟建项目影响环境的因素主要是分析项目建设过程中破坏环境，生产运营过程中污染环境，导致环境恶化的主要因素。污染环境的因素一般包括以下方面：

①废气：分析气体排放点，计算污染物产生量和排放量、有害成分和浓度，研究排放特征及其对环境危害程度，编制废气排放一览表。

②废水：分析工业废水（废液）和生活污水的排放点，计算污染物产生量和排放量、有害成分和浓度，研究排放特征、排放去向及其对环境危害程度，编制废水排放一览表。

③固体废弃物：分析计算固体废弃物产生量和排放量、有害成分和浓度及其对环境危害程度，编制固体废弃物排放一览表。

④噪声：分析噪声源位置，计算声压等级，研究噪声特征及其对环境造成的危害程度，编制噪声源一览表。

⑤粉尘：分析粉尘排放点，计算产生量与排放量，研究成分与特征、排放方式及其对环境造成的危害程度，编制粉尘排放一览表。

⑥其他污染物：分析生产过程中产生的电磁波、放射性物质等污染物发生的位置、特征、计算强度值及其对周围环境的危害程度。

分析项目建设施工和生产运营对环境可能造成的破坏因素，预期其破坏程度，主要包括对地形、地貌等自然环境的破坏，对森林草地植被的破坏，对社会环境、文物古迹、风景名胜区、水源保护区的破坏等。

在分析环境影响因素及其影响程度的基础上，按照国家有关环境保护法律、法规的要求，研究提出治理方案，并从技术水平、治理效果、管理及监测方式、环境效益对比等方面进行多方案的比选，推荐最优方案，并编制环境保护治理设施和设备表。

3.2.2.10 劳动安全卫生与消防

主要是分析论证在项目建设和生产过程中存在对劳动者和财产可能产生的不安全因素，并提出相应的防范措施。

（1）劳动安全卫生。

主要从危害因素和危害程度分析以及安全措施方案两个方面进行研究。

①危害因素和危害程度分析。

分析在生产或者作业过程中可能对劳动者身体健康和生产安全造成危害的物品、部位、场所以及危害范围和程度。

②安全措施方案。

针对不同危害和危险性因素的场所、范围以及危害程度，研究提出相应的安全措施方案，主要有：在选择工艺技术方案时，应尽可能选用安全生产和无危害的生产工艺和设备；对危险部位和危险作业应提出安全防护措施方案；对危险场所，按劳动安全规范提出合理的生产工艺方案和设置安全间距；对易产生职业病的场所，应提出防护和卫生保健措施方案。

（2）消防设施。

消防设施研究，主要是分析项目在生产运营过程中可能存在的火灾隐患和重点消防部位，根据消防安全规范确定消防等级，并结合当地公安消防设施状况，提出消防监控报警系统和消防设施配置方案。

3.2.2.11 组织机构与人力资源配置

在可行性研究阶段，应对项目的组织机构设置、人力资源配置、员工培训等内容进行研究，比选和优化方案。

（1）组织机构设置及其适应性分析。

根据拟建项目的特点和生产运营的需要，应研究提出项目组织机构的设置方案，并对其适应性进行分析。根据拟建项目出资者特点，研究确定相适应的组织机构模式，根据拟建项目规模的大小，确定项目的管理层次，根据建设和生产运营特点和需要，设置相应的管理职能部门。

技术改造项目，应分析企业现有组织机构，管理层次、人员构成情况，结合改造项目的需要，制订组织机构设置方案。

经过比选提出推荐方案，并应进行适应性分析。

（2）人力资源配置。

其内容主要应包括：

①研究制定合理的工作制度与运转班次，根据行业类型和生产过程特点，提出工作时间、工作制度和工作班次方案。

②研究员工配置数量，根据精简、高效的原则和劳动定额，提出配备各职能部门、各工作岗位所需人员数量。技术改造项目，应根据改造后技术水平和自动化水平提高的情况，优化人员配置，所需人员首先从企业内部调剂解决。

③研究确定各类人员应具备的劳动技能和文化素质。

④研究测算职工工资和福利费用。

⑤研究测算劳动生产率。

⑥研究提出员工选聘方案，特别是高层次管理人员和技术人员的来源和选聘方案。

（3）员工培训。

可行性研究阶段应提出员工培训计划，包括培训岗位、人数、培训内容、目标、方法、地点和培训费用等。

3.2.2.12 项目实施进度

（1）建设工期。

项目建设工期可参考有关部门或专门机构制定的建设项目工期定额和单位工程工期定额，结合项目建设内容、工程量大小、建设难易程度以及施工条件等具体情况综合研究确定。

（2）实施进度安排。

项目工期确定后，应根据工程实施各阶段工作量和所需时间，对时序做出大体安排，编制项目实施进度表。

3.2.2.13 投资估算

估算项目投入总资金（包括建设投资和流动资金）并测算建设期内分年资金需要量。

（1）建设投资估算。

建设投资由建筑工程费、设备及工器具购置费、安装工程费、工程建设其他费、基本预备费、涨价预备费、建设期利息构成。

建设投资估算步骤为：分别估算各单项工程所需的建筑工程费、设备及工器具购置费、安装工程费；在汇总各单项工程费用基础上，估算工程建设其他费用和基本预备费；估算涨价预备费和建设期利息。

应编制建筑工程费用估算表，估算方法如下：

①建筑工程费估算。

建筑工程费是指为建造永久性建筑物和构筑物所需要的费用，如场地平整、厂房、仓库、电站、设备基础、工业窑炉、矿井开拓、露天剥离、桥梁、码头、堤坝、隧道、涵洞、铁路、公路、管线敷设、水库、灌区等工程的费用。建筑工程费投资估算一般采用以下方法：

单位建筑工程投资估算法：以单位建筑工程量投资乘以建筑工程总量。一般工业与民用建筑以单位建筑面积（平方米）的投资，工业窑炉砌筑以单位容积（立方米）的投资，水库以水坝单位长度（米）的投资，铁路路基以单位长度（千米）的投资，矿山掘进以单位长度（米）的投资，乘以相应的建筑工程总量计算建筑工程费。

单位实物工程量投资估算法：以单位实物工程量的投资乘以实物工程总量计算。土石方工程按每立方米投资，矿井巷道衬砌工程按每延米投资，路面铺设工程按每平方米投资，乘以相应的实物工程总量计算建筑工程费。

概算指标投资估算法：对于没有上述估算指标且建筑工程占总投资比例较大的项目，可采用概算指标估算法。

②设备及工器具购置费估算。

设备购置费估算应根据项目主要设备表及价格、费用资料编制，工器具购置费一般按设备费的一定比例计取。

设备及工器具购置费，包括设备的购置费、工器具费、现场制作非标准设备费、生产用家具购置费和相应的运杂费。对于价值高的设备应按单台（套）估算购置费，价值较小的设备可按类估算。国内设备和进口设备的设备购置费应分别估算。

国内设备购置费为设备出厂价加运杂费。设备运杂费主要包括运输费、装卸费和仓库保管费等，运杂费可按设备出厂价的一定百分比计算，应编制国内设备购置费估算表。

进口设备购置费由进口设备货价、进口从属费用及国内运杂费组成。进口设备货价按交货地点和方式不同，分为离岸价（FOB）与到岸价（CIF）两种价格。进口从属费用包括国外运费、国外运输保险费、进口关税、进口环节增值税、外贸手续费、银行财务费和海关监管手续费、国内运杂费包括运输费、装卸费、运输保险费等。

进口设备按离岸价计价时，应计算设备运抵我国口岸的国外运费和国外保险费，得出到岸价。计算公式为

$$进口设备到岸价 = 离岸价 + 国外运费 + 国外运输保险费$$

其中：

$$国外运费 = 离岸价 \times 运费费率 \quad 或 \quad 国外运费 = 单位运价 \times 运量$$

$$国外运输保险费 = （离岸价 + 国外运费） \times 国外保险费费率$$

进口设备的其他几项从属费用通常按以下公式估算：

进口关税＝进口设备到岸价×人民币外汇牌价×进口关税税率

消费税＝(进口设备到岸价×人民币外汇牌价+关税)×消费税税率÷(1-消费税税率)

进口环节增值税＝(进口设备到岸价×人民币外汇牌价+进口关税+消费税)×增值税税率

外贸手续费＝进口设备到岸价×人民币外汇牌价×银行财务费费率

银行财务费＝进口设备货价×人民币外汇牌价×银行财务费费率

海关监管手续费＝进口设备到岸价×人民币外汇牌价×海关监管手续费费率

国内运费按运输方式，根据运量或设备费金额估算。

③安装工程费估算。

需要安装设备的应估算安装工程费，包括各种机电设备装配和安装工程费用，与设备相连的工作台、梯子及其装设工程费用，附属于被安装设备的管线敷设工程费用；安装设备的绝缘、保温、防腐等工程费用；单体试运转和联动无负荷试运转费用等。

安装工程费通常按行业或专门机构发布的安装工程定额、取费标准和指标估算投资。具体计算可按安装费费率、每顿设备安装费或者每单位安装实物工程量的费用估算，即

$$安装工程费＝设备原价×安装费费率$$
$$安装工程费＝设备吨位×每吨安装费$$
$$安装工程费＝安装工程实物量×安装费用指标$$

编制出安装工程费估算表。

④工程建设其他费用估算。

按各项费用科目的费率或者取费标准估算，编制出工程建设其他费用估算表。

⑤基本预备费估算。

基本预备费估算又称工程建设不可预见费，是指在项目实施中可能发生难以预料的支出，需要预先预留的费用，主要是指设计变更以及施工过程中可能增加的工程量的费用。

基本预备费以建筑工程费、设备及工器具购置费、安装工程费及工程建设其他费用之和为计算基数，乘以基本预备费率。

⑥涨价预备费估算。

涨价预备费是对建设工期较长的项目，由于在建设期内可能发生材料、设备、人工价格上涨引起投资增加，需要事先预留的费用，也称价格变动不可预见费。计算公式为

$$PC = \sum_{t=1}^{n} I_t \left[(1 + f)^t - 1 \right]$$

式中：

PC——涨价预备费；

I_t——第 t 年的建筑工程费、设备及工器具购置费、安装工程费之和；

f——建设期价格上涨指数；

n——建设期。

建设期价格上涨指数，政府有关部门有规定的按规定执行，没有规定的由可行性研究人员预测。

⑦建设期利息估算。

建设期利息是指项目借款在建设期内发生并计入固定资产的利息。计算建设期利息时，为了简化计算，通常假定借款均在每年的年中支用，借款第一年按半年计息，其余年份按全年计息，计算公式为

$$各年应计利息＝（年初借款本息累计＋本年借款额÷2）×年利率$$

（2）流动资金估算。

流动资金是指生产经营性项目投产后，为进行正常生产运营，用于购买原材料、燃料、支付工资及其他经营费用等所需的周转资金。流动资金估算一般采用分项详细估算法，个别情况或小型项目可采用扩大指标法。其中，扩大指标估算法是一种简化的流动资金估算方法，一般可参照同类企业流动资金占销售收入、经营成本的比例，或者单位产量占用流动资金的数额估算。

一般情况下，对构成流动资金的各项流动资产和流动负债应分别估算。在可行性研究中，为简化计算，仅对存货、现金、应收账款和应付账款四项内容进行估算。计算公式为

$$流动资金＝流动资产－流动负债$$

$$流动资产＝应收账款＋存货＋现金$$

$$流动负债＝应付账款$$

$$流动资金本年增加额＝本年流动资金－上年流动资金$$

估算的具体步骤，首先应计算各类流动资产和流动负债的年周转次数，然后再分项估算占用资金额。

①周转次数计算：周转次数等于360天除以最低周转天数。存货、现金、应收账款和应付账款的最低周转天数，可参照同类企业的平均周转天数并结合项目特点确定。

②应收账款估算：应收账款是指企业已对外销售商品、提供劳务尚未收回的资金，包括若干科目，在可行性研究中，只计算应收销售款。计算公式为

$$应收账款＝年销售收入÷应收账款周转次数$$

③存货估算：存货是企业为销售或生产耗用而储备的各种货物，主要有原材料、辅助材料、燃料、低值易耗品、维修备品、包装物、在产品、自制半成品和产成品等。为简化计算，仅考虑外购原材料、外购燃料、在产品和产成品，并分项进行计算。计算公式为：

$$存货＝外购原材料＋外购燃料＋在产品＋产成品$$

$$外购原材料＝年外购原材料÷按种类分项周转次数$$

$$外购燃料＝年外购燃料÷按种类分项周转次数$$

$$在产品＝（年外购原材料＋年外购燃料＋年工资及福利费＋年修理费＋年其他制造费用）÷在产品周转次数$$

$$产成品＝年经营成本÷产成品周转次数$$

④现金需要量估算：项目流动资金中的现金包括企业库存现金和银行存款。计算公式为

$$现金需要量＝（年工资及福利费＋年其他费用）÷现金周转次数$$

年其他费用=制造费用+管理费用+销售费用-(以上三项费用中所含的工资及福利费、折旧费、维简费、摊销费、修理费)

⑤流动负债估算:流动负债是指在一年或超过一年的一个营业周期内,需要偿还的各种债务。在可行性研究中,流动负债的估算只考虑应付账款一项。计算公式为

应付账款=(年外购原材料+年外购燃料)÷应付账款周转次数

根据流动资金各项估算的结果,编制流动资金估算表。

(3)项目投入总资金及分年投入计划。

按投资估算内容和估算方法估算各项投资并汇总,分别编制项目投入总资金估算汇总表、主要单项工程投资估算表,并对项目投入总资金构成和各单项工程投资比例的合理性,单位生产能力(使用效益)投资指标的先进性分析。

估算出项目投入总资金后,应根据项目实施进度的安排,编制分年资金投入计划表。

3.2.2.14 融资方案

融资方案是在投资估算的基础上,研究拟建项目的资金渠道、融资形式、融资结构、融资成本、融资风险,比选推荐项目的融资方案,并以此研究资金筹措方案和进行财务评价。

3.2.2.15 财务评价

财务评价是在国家现行财税制度和市场价格体系下,分析预测项目的财务效益与费用,计算财务评价指标,考察拟建项目的盈利能力、偿债能力,据以判断项目的财务可行性。

3.2.2.16 国民经济评价

国民经济评价是按合理配置资源的原则,采用影子价格等国民经济评价参数,从国民经济的角度考察投资项目所耗费的社会资源和对社会的贡献,评价投资项目的经济合理性。

3.2.2.17 社会评价

社会评价是分析拟建项目对当地社会的影响和当地社会条件对项目的适应性和可接受程度,评价项目的社会可行性。对于由于征地拆迁等可能产生重要社会影响的项目,以及扶贫、区域综合开发、文化教育、公共卫生等具有明显社会发展目标的项目,应从维护公共利益、构建和谐社会、落实以人为本的科学发展观等角度,进行社会评价,包括社会影响分析、互适性分析以及社会风险分析。

3.2.2.18 风险分析

项目风险分析是在市场预测、技术方案、工程方案、融资方案和社会评价论证中已进行的初步风险分析的基础上,进一步综合分析识别拟建项目在建设和运营中潜在的主要风险因素,揭示风险来源,判别风险程度,提出规避风险对策,降低风险损失。

3.2.2.19 研究结论与建议

通过对推荐方案的详细分析论证,说明所推荐方案的优点,指出可能存在的问题和可能遇到的风险,明确提出项目和方案是否可行的结论意见,并对下一步工作提出建议。建议主要包括两方面内容:

（1）对项目下一步工作的重要意见和建议。例如在技术谈判、初步设计、建设实施中需要引起重视的问题和工作安排的意见、建议。

（2）项目实施中需要协调解决的问题和相应的意见、建议。

3.3　可行性研究报告的附文、附表与附图

3.3.1　附文

（1）编制可行性研究报告依据的有关文件（项目建议书及其批复文件；初步可行性研究报告及其批复文件或评估意见；编制单位与委托单位签订的协议书或合同；国内科研单位或技术开发单位开发的新技术鉴定书；联营及合营各方签署的合作协议书等）。

（2）建设单位与有关协作单位或有关部门签订的主要原材料、燃料、动力供应以及交通运输、土地使用、设备维修等合作配套协议书、意向性文件或意见。

（3）国土资源部正式批准的资源储量、品位、成分的审批意见（使用资源量较大的项目）。

（4）资金筹措意向性文件或有关证明文件。

（5）作为出资的资产的有关资产评估文件。

（6）投资项目环境影响报告书或环境影响报告表、批复的环境影响报告书或环境影响报告表的审批文件。

（7）其他有关文件。

3.3.2　附表

（1）主要设备一览表。

（2）投资估算表。

（3）财务分析报表。

（4）其他附表。

3.3.3　附图

（1）区域位置图。

（2）总平面布置图。

（3）工艺流程图。

（4）蒸汽平衡图。

（5）水平衡图。

（6）供电系统图。

（7）其他附图。

3.4 项目评估

项目评估是投资决策部门或贷款机构（主要是银行、非银行性金融机构）对上报的建设项目可行性研究报告进行再分析、再评价，即对拟建项目的必要性、可行性、合理性及效益、费用进行的审核和评价。

3.4.1 项目评估的作用

项目评估的作用主要表现为：

3.4.1.1 项目评估是实施项目管理的基础保证

进行项目评估需要搜集拟建项目所在地区的自然、社会、经济等方面的大量资料，这些资料是实施项目管理的基本依据和基础保证。在项目实施过程中，管理人员可以把实际发生的情况和数据与评估时所掌握的资料进行对比分析，及时发现设计施工、项目进展、资金使用、物资供应等方面的问题，以便采取措施，纠正偏差，促进项目顺利完成。

3.4.1.2 项目评估可使项目的微观效益与宏观效益两者之间得到统一

项目的微观效益和宏观效益之间常常会产生矛盾，其根源在于投资结构的不合理。项目评估工作既要评估企业效益，也要重视国民经济效益，而且两者都要满足才是合乎要求的项目。

3.4.1.3 项目评估的结果是项目投资最终审批决策的重要依据

项目评估的目的是审查和判断项目可行性研究报告的可靠性、真实性和客观性，对拟建项目投资是否可行以及最佳投资方案的确定是否合理提出评估意见，编写评估报告，作为项目投资最终审批决策的重要依据。

3.4.2 项目评估的内容

项目评估的内容是由评估的要求所决定的，不同的评估部门有不同的要求，其评估内容也就不尽相同，但是，一个完整的评估报告应包括如下几个方面的内容：

3.4.2.1 项目的概况评估

项目的概况评估着重研究项目提出的背景、项目设想、项目的进展概况以及项目评估文件审查。其中包括：评估项目是否符合国民经济平衡发展需要及国家的产业政策、技术政策和区域经济发展的需要；评估项目发起人单位状况和项目提出的理由、项目的投资环境；评估项目的建设地址、市场条件、生产建设条件；评估项目的生产能力和产销、总投资和资金来源；评估项目投产后的销售收入、销售税金、成本和利润，项目的进度和实施计划，项目方案选择和风险等。

3.4.2.2 项目建设必要性评估

项目建设必要性，受各种因素和条件的制约与影响，主要从宏观与微观两个方面对项目建设必要性进行评估。宏观必要性评估涉及项目建设是否符合国民经济发展与社会发展长远规划的需要、区域经济发展的需要和国家的产业政策。微观必要性评估涉及项目产品市场供求和竞争能力的评估；项目建设是否符合企业自身发展的需要；项目是否有利于科技进步的评估；对项目建设规模的评估；对项目经济效益、社会效益和环境效益的评估。

3.4.2.3　市场的评估

市场的评估包括产品市场概况、产品需求方面的分析，产品供给方面的分析及产品市场供求的综合分析，其目的是明确项目产品市场是否适应市场的需求，是否有竞争能力和足够的销售市场。

3.4.2.4　技术、工艺与设备评估

技术、工艺与设备评估包括技术的来源及水平分析，工艺流程的合理化程度及可行性分析，引进技术、工艺、设备是否合格以及是否与国内配套设备和操作技术水平相适应，新工艺、新技术、新设备是否经过科学实验和鉴定等，从而确定拟建项目能否正常投产或交付使用。

3.4.2.5　项目实施计划评估

项目实施计划评估包括：分析项目从提出、批准一直到竣工投产全过程的时间安排以及分段实施计划；分析可行性研究的承办单位、负责人、工作起止时间、项目实施计划安排的主要依据；具体说明项目前期准备工作、安装调试工作以及正式投产的时间安排，并对其进行科学分析，以考察其是否符合实际。

3.4.2.6　组织及管理评估与人力资源分析

组织及管理评估与人力资源分析是指分析组织结构与企业内部的人力资源管理定位是否相适应，项目的管理者及其工作人员的优劣情况。

3.4.2.7　投资估算与资金筹措

投资估算与资金筹措主要涉及项目总投资额的估算，资金筹措方式的选择，资金成本的分析以及资金流量的测算等。

3.4.2.8　财务数据预测分析

财务数据预测分析涉及产品成本的估算、销售收入和税金估算。

3.4.2.9　财务数据的评估

财务数据的评估是指根据预测的财务报表计算相关经济指标，并就项目的盈利能力、偿债能力和外汇平衡能力做出说明。

3.4.2.10　国民经济效益的评估

国民经济效益的评估是指从国民经济全局出发，分析比较国民经济为项目建设和经营付出的全部代价和项目为国民经济做出的全部贡献，以判断项目建设对国民经济的合理性。

3.4.2.11　不确定性分析

不确定性分析包括盈亏平衡分析、敏感性分析和概率分析。

3.4.2.12　总评估

总评估是指归纳分析结果和评估意见，对拟建项目必要性以及技术上、财务上、经济上的可行性进行总的评价，并最终确定该项目的最优方案。

3.4.3　项目评估与可行性研究的关系

项目评估与可行性研究是投资决策过程中的两项重要的工作步骤，它们之间相辅

相成，缺一不可，其联系主要表现在如下方面：

（1）两者同处于项目投资的前期阶段。可行性研究是继项目建议书批准后，对投资项目在技术、工程、外部协作配套条件和财务、经济和社会上的合理性及可行性所进行的全面、系统的分析和论证工作；而项目评估则是在项目决策之前对项目的可行性研究报告及其所选方案所进行的系统评估。它们都是项目前期工作的重要准备，都是对项目是否可行及投资决策的咨询论证工作。

（2）二者的出发点一致。项目评估与可行性研究都以市场研究为出发点，遵循市场配置资源的原则，按照国家有关的方针政策，将资源条件同产业政策与行业规划结合起来进行方案选择。

（3）考察的内容及方法基本一致。

（4）目的和要求基本相同。二者的目的均是要提高项目投资科学决策的水平，提高投资效益，避免决策失误，都要求进行深入、细致的调查研究，进行科学的预测与分析，实事求是地进行方案评价，力求资料来源可靠，数据准确，结论客观而公正。

（5）可行性研究是项目评估的对象和基础，没有项目的可行性研究，就没有项目评估。

（6）项目评估是使可行性研究的结果得以实现的前提，不经过项目评估，项目的可行性研究就不能最后成立。

（7）项目评估是可行性研究的延伸和再评价，是对可行性研究报告的各方面情况做出的进一步的论证和审核。

项目评估和可行性研究既有共性，又各有特点。它们的区别主要表现在以下方面：

（1）二者的承担主体不同。为了保证项目决策前的调查研究和审查评价活动相对独立，应由不同的机构分别承担这两项工作。在我国，可行性研究通常由项目的投资者或项目的主管部门来主持，投资者既可以独自承担该项工作，也可委托给专业设计或咨询机构进行，受托单位只对项目的投资者负责；项目评估一般由项目投资决策机构或项目贷款决策机构（如贷款银行）主持和负责。主持评估的机构既可自行组织评估，也可委托专门咨询机构进行。

（2）评价的角度不同。可行性研究一般要从企业（微观）角度去考察项目的营利能力，决定项目的取舍，因此它着重于讲求投资项目的微观效益；而国家投资决策部门主持的项目评估，主要从宏观经济和社会的角度去评价项目的经济和社会效益，侧重于项目的宏观评价。贷款银行对项目进行的评估，则主要从项目还贷能力的角度，评价项目的融资主体（借款企业）的信用状况及还贷能力。

（3）二者在项目投资决策过程中的目的和任务不同。可行性研究除了对项目的合理性、可行性、必要性进行分析、论证外，还必须为建设项目规划多种方案，并从工程、技术经济方面对这些方案进行比较和选择，从中选出最佳方案作为投资决策方案。因此，它是一项较为复杂的工程咨询工作，需要较多人力进行较长时间的论证；而项目评估一般则可以借助于可行性研究的成果，并且不必为项目设计多个实施方案，其主要任务是对项目的可行性研究报告的全部内容，包括所选择的各种方案，进行系统的审查、核实，并提出评估结论和建议。

（4）二者在项目投资决策过程中所处的时序和作用不同。在项目建设程序中，可行性研究在先，评估在后，其作用也不相同。可行性研究是项目投资决策的基础，是项目评估的重要前提，但它不能为项目投资决策提供最终依据。项目评估则是投资决策的必备条件，是可行性研究的延续、深化和再研究，通过更为客观地对项目及其实施方案进行评估，独立地为决策者提供直接的、最终的依据，比可行性研究更具有权威性。

本章小结

1. 项目可行性研究是项目投资管理的一个主要环节，作为一种决策技术，是技术经济学的重要组成部分。在项目投资发展周期中，可行性研究处于项目决策前期工作的关键阶段，其结论是项目投资决策的重要依据。

2. 可行性研究是在投资决策前，对与拟建项目有关的社会、经济、技术等各方面进行深入细致的调查研究，对各种可能拟订的技术方案和建设方案进行认真的技术经济分析和比较论证，对项目建成后的经济效益进行科学的预测和评价。在此基础上，对拟建项目的技术先进性和适用性、经济合理性和有效性，以及建设必要性和可行性进行全面分析、系统论证、多方案比较和综合评价，由此得出该项目是否应该投资和如何投资等结论性意见，为项目投资决策提供可靠的科学依据。

3. 可行性研究工作分为机会研究、初步可行性研究、可行性研究和项目评估决策四个阶段。

4. 项目评估是投资决策部门或贷款机构（主要是银行、非银行性金融机构）对上报的建设项目可行性研究报告进行再分析、再评价，即对拟建项目的必要性、可行性、合理性及效益、费用进行的审核和评价。

习题

一、选择题

1. 如果初步设计提出的总概算超过总体投资估算的（　　）以上时，重新报批可行性研究报告。

    A. 5%　　　　　　B. 10%　　　　　　C. 20%　　　　　　D. 25%

2. 项目可行性研究是在工程项目（　　）时进行的。

    A. 决策　　　　　B. 设计　　　　　C. 施工　　　　　D. 竣工验收

3. 可行性研究的第一个阶段是（　　）。

    A. 初步可行性研究阶段　　　　　B. 机会可行性研究阶段

    C. 详细可行性研究阶段　　　　　D. 项目评估与决策阶段

4. 下面哪项不是对可行性研究作用的描述（　　）。

    A. 作为工程项目投资决策的依据

    B. 作为编制设计文件的依据

C. 作为筹集资金和银行申请贷款的依据

D. 作为施工单位编制投标文件的依据

5. 可行性研究一般要回答的问题不包括（　　　）。

    A. 市场及资源情况如何   B. 项目立项时间

    C. 融资分析   D. 建成后的经济效益

6. 初步可行性研究的任务不包括（　　　）。

    A. 确定该项目是否需要进行详细可行性研究

    B. 确定哪些关键性问题需要进行辅助性专题研究

    C. 确定下一阶段研究的重点和难点，并排除一些明显不可行方案

    D. 进行综合效益分析和全面技术经济论证

7. 在详细可行性研究阶段，投资估算的计算精度应控制在（　　　）。

    A. ±30%   B. ±20%   C. ±10%   D. ±5%

8. 下面哪项不是可行性研究报告的内容（　　　）。

    A. 市场需求预测   B. 建设条件与选址

    C. 施工进度计划   D. 投资估算与资金规划

9. 下面不是作为可行性研究工作的依据性文件的是（　　　）。

    A. 项目建议书   B. 初步设计文件   C. 各类批文   D. 市场调查报告

10. 项目评估报告一般是由（　　　）编制的。

    A. 投资决策部门   B. 设计单位   C. 施工单位   D. 监理单位

11. （　　　）是从社会整体角度出发，分析和考察投资项目对实现国家和地方各项社会发展目标所做的贡献与影响。

    A. 财务评价   B. 国民经济评价   C. 社会评价   D. 环境评价

二、问答题

1. 可行性研究的概念及其作用是什么？

2. 可行性研究的依据和要求是什么？

3. 可行性研究可分为哪几个工作阶段？

4. 项目投资可行性研究的工作程序与研究内容是什么？

5. 可行性研究报告的内容应包括哪些方面？

6. 项目评估的概念及其作用是什么？

7. 项目评估与可行性研究有什么样的关系？

4 | 项目投资评价与决策

--- ■本章教学要点 ---

知识要点	掌握程度	相关知识
财务评价	掌握	概念、内容、步骤、基础数据和参数选取、成本费用估算、指标、报表
国民经济评价	掌握	概念，费用与效益识别、估算，指标，报表，参数
不确定性分析	掌握	盈亏平衡分析、敏感性分析
环境影响评价	理解	工作程序、编制要点

--- ■关键词 ---

财务评价；国民经济评价；不确定性分析；环境影响评价

--- ■导入案例 ---

1891年，可口可乐公司正式成立，并且在三年内推销到整个美国。这种神奇的饮料以它不可抗拒的魅力征服了全世界数以亿计的消费者，成为"世界饮料之王"，甚至享有"饮料日不落帝国的赞誉"。但是，就在可口可乐如日中天之时，百事可乐以一则广告效益，向可口可乐发起了挑战，使得百事可乐的销量猛增，与可口可乐的差距缩小为2：3。面对百事可乐的调整，可口可乐董事会接收了奥斯丁和伍德拉夫的推荐，任命戈伊祖艾塔为总经理。戈伊祖艾塔认为，已经使用了99年的配方，已经合不上消费者的口感要求，需要对可口可乐的原有口味进行改

一个建设项目从投资意向开始到投资终结的全过程，大体分为四个阶段，即项目投资评价与决策阶段、项目实施前的准备工作阶段、项目实施阶段以及项目建成和总结阶段。项目投资评价与决策阶段要决定项目的具体建设规模、产品方案、建设地址，决定采取什么工艺技术、购置什么样的设备以及建设哪些主体工程和配套工程、建设进度安排、资金筹措等事项，其中任何一项决策的失误，都有可能导致投资项目的失败。因此，项目投资评价与决策阶段的工作是投资项目的首要环节和重要方面，对投资项目能否取得预期的经济、社会效益起着关键作用。

4.1 财务评价

财务评价是在国家现行财税制度和市场价格体系下，分析、预测项目的财务效益与费用，编制财务报表、计算评价指标，进行财务盈利能力分析和偿债能力分析，考察拟建项目的盈利能力、偿债能力和财务生存能力等，据以判别项目的财务可行性。财务评价应在初步确定的建设方案、投资估算和融资方案的基础上进行，其结果可以反馈到方案设计中，用于方案比选，优化方案设计。

4.1.1 财务评价的内容和步骤

进行财务评价，首先要在明确项目评价范围的基础上，根据项目性质和融资方式选择合适的方法，然后通过研究和预测选取必要的基础数据进行成本费用估算、销售收入和相关税费估算，同时编制相关辅助性报表，即财务评价基础数据与参数的确定、估算与分析。在此基础上才能进入财务评价的实质性工作阶段，即编制主要财务报表和计算财务评价指标进行财务分析。财务分析主要包括盈利能力分析和偿债能力分析。必要时，对既有项目法人项目还需要进行主体企业的盈利能力和财务状况进行分析。

财务评价的主要内容和步骤如下：

（1）选取财务评价基础数据与参数，包括主要投入品和产出物财务价格、税率、利率、汇率、计算期、固定资产折旧率、无形资产和递延资产摊销年限、生产负荷及基准收益率等基础数据和参数。

（2）计算销售收入、估算成本费用。

（3）编制财务评价报表，主要有财务现金流量表、损益和利润分配表、资金来源与运用表、借款偿还计划表。

（4）计算财务评价指标，进行盈利能力分析和偿债能力分析。

（5）进行不确定性分析，包括敏感性分析和盈亏平衡分析。

（6）编写财务评价报告。

财务评价的具体内容以及各部分的关系如图4-1所示。

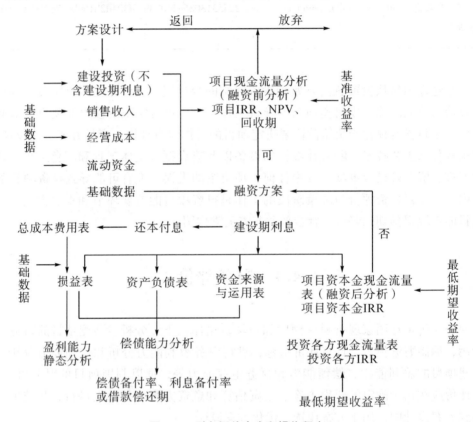

图4-1 财务评价内容和操作程序

4.1.2 财务评价的基本原则

财务评价应遵循以下基本原则：

4.1.2.1 费用与效益计算范围的一致性原则

为了正确评价项目的获利能力，必须遵循费用与效益计算范围的一致性原则。如果在投资估算中包括了某项工程，那么因建设该工程而增加的效益就应该考虑，否则就会低估项目的收益；相反，如果考虑了该工程对项目效益的贡献，但投资却未计算进去，那么项目的效益就会被高估。只有将投入和产出的估算限定在同一范围内，计算的净效益才是真实的投资回报。

4.1.2.2　费用和效益识别的有无对比原则

有无对比是国际上项目评价中通用的费用与效益识别的基本原则，项目评价的许多方面都需要遵循这条原则，财务评价也不例外。所谓"有"是指实施项目后的将来状况，"无"是指不实施项目时的将来状况。识别项目的效益和费用时，须注意只有"有无对比"的差额部分才是由于项目的建设增加的效益和费用，即增量效益和费用。有些项目即使不实施，现状效益也会由于各种原因发生变化。例如交通运输项目效益的基础-车流量，在无该项目时，也会由于地域经济的变化而改变。采用有无对比的方法，就是为了识别那些真正应该算作项目效益的部分，排除由于其他原因产生的效益，同时找出与增量效益相对应的增量费用，只有这样才能真正体现项目投资的净效益。

有无对比直接适用于改扩建与技术改造项目、停缓建后又恢复建设项目的增量效益分析。对于从无到有进行建设的新项目，也同样适用该原则，只是通常认为无项目与现状相同，其效益与费用均为零。

4.1.2.3　动态分析与静态分析相结合，以动态分析为主的原则

国际上通行的财务评价都是以动态分析方法为主，即根据资金时间价值原理，考虑项目整个计算期内各年的效益和费用，采用现金流量分析的方法，计算内部收益率和净现值等评价指标。

4.1.2.4　基础数据确定中的稳健性原则

财务数据结果的准确性取决于基础数据的可靠性。财务评价中需要大量基础数据都来自预测和估计，难免存在不确定性。为了使财务评价结果能够提供较为可靠的信息，避免人为的乐观估计所带来的风险，更好地满足投资决策的需要，在基础数据的确定和选取中遵循稳健性原则是十分必要的。

4.1.3　财务评价基础数据与参数选取

财务评价的基础数据与参数选取是否合理，直接影响到财务评价的结论，在进行财务分析计算之前，应做好这项基础工作。

4.1.3.1　财务价格

财务价格是对拟建项目未来的效益与费用进行分析，应采用预测价格。预测价格应考虑价格变动因素，即各种产品相对价格变动和价格总水平变动（通货膨胀或者通货紧缩）。由于建设期和生产运营期的投入产出情况不同，应区别对待。基于在投资估算时已经预留了建设期涨价预备费，因此建筑材料和设备等投入品，可采用一个固定的价格计算投资费用。生产运营期的投入品和产出品，应根据具体情况选用固定价格或变动价格进行财务评价。

（1）固定价格。

这是指在项目生产运营期内不考虑价格相对变动和通货膨胀影响的不变价格，即在整个生产运营期内都采用预测的固定价格，计算产品销售收入和原材料、燃料动力费用。

（2）变动价格。

这是指在项目生产运营期内考虑价格变动的预测价格。变动价格又分为两种情况，一是只考虑价格相对变动引起的变动价格；二是既考虑价格相对变动，又考虑通货膨胀引起的变动价格。采用变动价格预测在生产运营期内每年的价格都是变动的。为简

化起见，有些年份也可采用同一价格。

进行盈利能力分析，一般只考虑相对价格变动因素的预测价格，计算不含通货膨胀因素的财务内部收益率等营利性指标，不反映通货膨胀对盈利能力的影响。

进行偿债能力分析，预测计算期内可能存在较为严重的通货膨胀时，应采用包括通货膨胀影响的变动价格计算偿债能力指标，反映通货膨胀因素对偿债能力的影响。

在财务评价中计算销售收入及生产成本所采用的价格，可以是含增值税的价格，也可以是不含增值税的价格，应在评价时说明采用何种计价方法。

4.1.3.2 项目计算期

项目计算期是财务评价的重要参数，是指对项目进行经济评价应延续的年限，包括建设期和生产运营期。评价用的建设期是指项目资金正式投入到项目建成投产所需时间。建设期的确定应综合考虑项目的建设规模、建设性质（新建、扩建和技术改造）、项目复杂程度、当地建设条件、管理水平与人员素质等因素，并与项目进度计划中的建设工期相协调。项目进度计划中的建设工期是指项目从现场破土动工起到项目建成投产所需要的时间，对于既有项目法人融资的项目，评价用建设期与建设工期一般相同，但新设项目法人项目需要先注册企业，因此需要投资者投入资金，项目再开工建设。

评价用生产期的确定应根据多种因素综合确定，包括行业特点、主要装置（或设备）的经济寿命期等。当行业有规定时，从其规定。

对于中外合资项目还要考虑合资双方商定的合资年限，当按上述原则确定评价用生产期后，还要与该合资生产年限相比较，按两者孰短的原则确定。

4.1.3.3 营销计划与运营负荷

运营负荷是指项目运营过程中负荷达到设计能力的百分数，它的高低与项目复杂程度、技术成熟程度、市场开发程度、原材料供应、配套条件、管理因素等都有关系。在市场经济条件下，若其他方面没有大的问题，运营负荷的高低应主要取决于市场。

运营负荷的确定一般有两种方式：一是经验设定法，即根据以往项目的经验，结合该项目的实际情况，粗估各年的运营负荷，以设计能力的百分数表示，据此估算分年成本费用和销售（营业）收入；二是营销计划法，通过制订详细的分年营销计划，确定出各种产出物各年的生产量和商品量，再据此估算分年成本费用和销售（营业）收入。国内项目评价一般采用第一种方式。但有些项目产出物市场尚待开发，需逐步推广应用，或者某种产品只生产一段时间就改换更新品种，此时最好按实际的分年营销计划，确定各年的生产量和商品量。

4.1.3.4 税费

财务评价中涉及多种税费的计算，不同项目涉及的税费种类和税率可能各不相同。税费计取得当是正确计算项目效益的重要因素，要根据项目的具体情况选用适宜的税种和税率。

财务评价涉及的税费主要包括关税、增值税、资源税、消费税、所得税、城市维护建设税和教育费附加等，有些行业还涉及土地增值税。财务评价时应说明税种、征税方式、计税依据、税率等，如有减免税优惠，应说明依据及减免方式。在会计处理上，资源税、消费税、土地增值税、城市维护建设税和教育费附加包含在"税金及附加"中。

（1）增值税：财务评价中应按税法规定计算增值税。应注意，当采用含增值税价格计算销售收入和原材料、燃料动力成本时，损益表中应单列增值税科目。应明确说明采用何种计价方式。

（2）消费税：我国对部分货物征收消费税，项目评价中涉及适用消费税的产品或进口货物时，应按规定计算消费税。

（3）土地增值税：土地增值税是按转让房地产取得的增值额征收的税种，房地产项目应按规定计算土地增值税。

（4）资源税：资源税是国家对开采特定矿产品或者生产盐的单位或个人征收的税种，通常按矿产的产量计征。

（5）企业所得税：企业所得税是针对企业应纳税所得额征收的税种，应注意按有关规定对所得税前扣除项目的要求正确计算应纳税所得额，并采用适宜的税率计算企业所得税，正确使用有关的所得税优惠政策。

（6）城市维护建设税和教育费附加：该税种以流转税额（增值税、消费税）为基数进行计算，属于地方税种，应注意当地的规定。

（7）关税：关税是对进出口的应税货物为纳税对象的税种，注意引进技术、设备材料的关税体现在投资估算中，进口原材料的关税则体现在成本中。

4.1.3.5　基准参数

财务评价中最重要的基准参数是判别内部收益率是否满足要求的基准参数，也可称财务基准收益率或最低可接受收益率，同时它也是计算净现值的折现率。采用财务基准收益率或最低可接受收益率作为折现率，用于计算财务净现值，可使财务净现值大于或等于零与财务内部收益率大于财务基准收益率或最低可接受收益率两者对项目可行性的判断一致。

从不同角度进行的现金流量分析所选取的判别基准可能是不同的，在选取中应注意：

（1）判别基准的确定要与指标的内涵相对应。

所谓判别基准，即要设定一个投资的截至率，收益低于这个水平不予投资，这也是最低可接受投资率的概念。判别基准的设定应明确对象，不同的人或者从不同的角度去考虑，对投资收益会有不同的最低期望，因此，判别基准的设定应有针对性，项目的财务评价中不予应该总是用同一个最低可接受收益率作为各种内部收益率的判别基准。《投资项目可行性研究指南》规定了二个层次的内部收益率指标，即项目财务内部收益率、项目资本金内部收益率以及投资各方内部收益率。这些指标从不同的角度考察项目的盈利能力，用于判别项目盈利能力可接受性的最低可接受收益率也可能有所不同。

（2）判别基准的确定要与所采用的价格体系相协调。

判别基准的确定要与所采用的价格体系相协调，即采用价格是否包含通货膨胀因素的问题。如果计算期内考虑通货膨胀，财务价格的确定也考虑了通货膨胀，则判别基准的设立也应考虑通货膨胀，反之亦然。

（3）项目财务内部收益率的判别基准。

对于项目财务内部收益率，其判别基准可采用行业或专业（总）公司统一发布执行的财务基准收益率，或者由评价者自行设立。设立时常考虑以下因素：行业边际收益率、银行贷款利率、资本金的资金成本等。

（4）资本金内部收益率的判别标准。

对于资本金内部收益率来说，其判别标准应为最低可接受收益率，它的确定主要取决于当时的资本收益水平以及资金所有者对权益资金收益的要求，涉及资金机会成本的概念，还与投资者对风险的态度有关。最低可接受收益率最好按该项目所有资本金投资者对权益资金的综合要求选取，没有明确要求的，可以采用社会平均（理论上为边际）或行业平均的权益资金收益水平。

（5）投资各方内部收益率的判别基准。

投资各方内部收益率的判别基准为投资各方对投资收益水平的最低期望值，也可称为最低可接受收益率，它只能由各投资者自行确定。因为不同投资者的决策理念、资本实力和风险承受能力有很大差异，而且出于某些原因，可能会对不同项目有不同的收益水平要求。

4.1.3.6 利率

借款利率是项目财务评价的重要基础数据，用以计算借款利率。采用固定利率的借款项目，财务评价直接采用约定的利率计算利息。采用浮动利率的借款项目，财务评价时应对借款期内的平均利率进行预测，采用预测的平均利率计算利息。

4.1.3.7 汇率

财务评价汇率的取值，一般采用国家外汇管理部门公布的当期外汇牌价的卖出、买入的中间价。

4.1.4 销售收入与成本费用估算

4.1.4.1 销售收入估算

销售收入是指销售产品或者提供服务取得的收入。生产多种产品和提供多项服务的，应分别估算各种产品及服务的销售收入。对于不便于按详细的品种分类计算销售收入的，可折算为标准产品的方法计算销售收入。要求编制销售收入、销售税金及附加估算表如表4-1所示。

表4-1　销售（营业）收入、税金及附加估算表　　　单位：万元

序号	项目	合计	计算期					
			1	2	3	4	…	n
1	销售收入							
1.1	产品 A 销售收入							
	单价							
	数量							
	销项税额							
1.2	产品 B 销售收入							
	单价							

表4-1(续)

序号	项目	合计	计算期					
			1	2	3	4	…	n
	数量							
	销项税额							
	……							
2	税金及附加							
2.1	消费税							
2.2	城市维护建设税							
2.3	教育费附加							
2.4	增值税							
2.4.1	销项税额							
2.4.2	进项税额							

4.1.4.2 成本费用估算

成本费用是指项目生产运营支出的各项费用。按成本计算范围，分为单位产品成本和总成本费用；按成本与产量的关系，分为固定成本和可变成本；按财务评价的特定要求，分为总成本费用和经营成本。成本估算应与销售收入的计算口径一致，各项费用应划分清楚，防止重复计算或者低估费用支出。

（1）总成本费用估算。

总成本费用估算是指在一定时期内因生产和销售产品产生的全部费用。总成本费用的构成及估算通常采用以下两种方法：

①产品制造成本加企业期间费用估算法。

计算公式为 总成本费用=制造成本+销售费用+管理费用+财务费用

其中：制造成本＝直接材料费+直接燃料和动力费+直接工资+其他直接支出+制造费用

②生产要素估算法。

生产要素估算法是从估算各种生产要素的费用入手，汇总得到总成本费用。将生产和销售过程中消耗的外购原材料、辅助材料、燃料、动力、人员工资福利，外部提供的劳务或服务，当期应计提的折旧和摊销，以及应付的财务费用相加，得出总成本费用。采用这种估算方法，不必计算内部各生产环节成本的转移，也较容易计算可变成本和固定成本，计算公式为

总成本费用=外购原材料、辅助材料、燃料及动力+人员工资福利费+外部提供的劳务或服务+维修费+折旧费+矿山维简费（采掘、采伐项目计算此项费用）+摊销费+财务费用+其他费用

（2）经营成本估算。

经营成本估算是项目评价特有的概念，用于项目财务评价的现金流量分析。经营成本是指总成本费用扣除固定资产折旧费、矿山维简费、无形资产及递延资产摊销费

和财务费用后的成本费用。计算公式为

$$经营成本=总成本费用-折旧费-矿山维简费-摊销费-财务费用$$

（3）固定成本与可变成本估算。

财务评价进行盈亏平衡分析时，需要将总成本费用分解为固定成本和可变成本。固定成本是指不随产品产量及销售量的增减发生变化的各项成本费用，主要包括非生产人员工资、折旧费、无形资产及递延资产摊销费、修理费、办公费、管理费等。可变成本是指随产品产量及销售量增减而成正比例变化的各项费用，主要包括原材料、燃料、动力消耗、包装费和生产人员工资等。

长期借款利息应视为固定成本，短期借款如果用于购置流动资产，可能部分与产品产量、销售量相关，其利息可视为半可变半固定成本，为简化计算，也可视为固定成本。

（4）编制成本费用估算表。

分项计算上述各种成本费用后，编制相应的成本费用估算表，包括总成本费用估算表和各分项成本估算表，如表4-2至表4-8所示。

表4-2　总成本费用估算表（生产要素法）　　　　单位：万元

序号	项目	合计	计算期					
			1	2	3	4	…	n
1	外购原材料费							
2	外购燃料及动力费							
3	工资及福利费							
4	修理费							
5	其他费用							
6	经营成本（1+2+3+4+5）							
7	折旧费							
8	摊销费							
9	利息支出							
10	总成本费用合计（6+7+8+9）							
	其中：可变成本							
	固定成本							

表4-3　总成本费用估算表（生产成本加期间费用法）　　　　单位：万元

序号	项目	合计	计算期					
			1	2	3	4	…	n
1	生产成本							
1.1	直接材料费							
1.2	直接燃料及动力费							

表4-3(续)

序号	项目	合计	计算期					
			1	2	3	4	…	n
1.3	直接工资及福利费							
1.4	制造费用							
1.4.1	折旧费							
1.4.2	修理费							
1.4.3	其他制造费							
2	管理费用							
2.1	无形资产摊销							
2.2	其他资产摊销							
2.3	其他管理费用							
3	财务费用							
3.1	利息支出							
3.1.1	长期借款利息							
3.1.2	流动资金借款利息							
3.1.3	短期借款利息							
4	销售费用							
5	总成本费用合计（1+2+3+4）							
5.1	其中：可变成本							
5.2	固定成本							
6	经营成本(5-1.4.1-2.1-2.2-3.1)							

表4-4 外购原材料费估算表

单位：万元

序号	项目	合计	计算期					
			1	2	3	4	…	n
1	外购原材料费							
1.1	原材料 A							
	单价							
	数量							
	进项税额							
1.2	原材料 B							
	单价							
	数量							
	进项税额							
	……							

表4-4(续)

序号	项目	合计	计算期					
			1	2	3	4	⋯	n
2	辅助材料费用							
	进项税额							
3	其他							
	进项税额							
4	外购原材料费合计							
5	外购原材料进项税额合计							

表 4-5　外购燃料和动力费估算表　　　　　　单位：万元

序号	项目	合计	计算期					
			1	2	3	4	⋯	n
1	燃料费							
1.1	燃料 A							
	单价							
	数量							
	进项税额							
	……							
2	动力费							
2.1	动力 A							
	单价							
	数量							
	进项税额							
	……							
3	外购燃料及动力费合计							
4	外购燃料及动力进项税额合计							

表 4-6　固定资产折旧费估算表　　　　　　单位：万元

序号	项目	合计	计算期					
			1	2	3	4	⋯	n
1	房屋、建筑物							
	原值							
	当期折旧费							
	净值							

表4-6(续)

序号	项目	合计	计算期					
			1	2	3	4	…	n
2	机器设备							
	原值							
	当期折旧费							
	净值							
	……							
3	合计							
	原值							
	当期折旧费							
	净值							

表4-7　无形资产和其他资产摊销估算表　　　　单位：万元

序号	项目	合计	计算期					
			1	2	3	4	…	n
1	无形资产							
	原值							
	当期摊销费							
	净值							
2	其他资产							
	原值							
	当期摊销费							
	净值							
	……							
3	合计							
	原值							
	当期摊销费							
	净值							

表4-8　工资及福利费估算表　　　　单位：万元

序号	项目	合计	计算期					
			1	2	3	4	…	n
1	工人							
	人数							
	人均年工资							
	工资额							

表4-8(续)

序号	项目	合计	计算期					
			1	2	3	4	…	n
2	技术人员							
	人数							
	人均年工资							
	工资额							
3	管理人员							
	人数							
	人均年工资							
	工资额							
4	工资总额（1+2+3）							
5	福利费							
6	合计（4+5）							

4.1.5 新设项目法人项目财务评价

新设项目法人项目财务评价的主要内容，是在编制财务报表的基础上进行盈利能力分析、偿债能力分析和抗风险能力分析。

4.1.5.1 编制财务报表

财务评价报表主要有财务现金流量表、损益和利润分配表、资金来源与运用表、借款偿还计划表等。

（1）财务现金流量表，分为：

①项目财务现金流量表，用于计算项目财务内部收益率及财务净现值等评价指标，如表4-9所示。

②项目资本金财务现金流量表，用于计算资本金收益率指标，如表4-10所示。

③投资各方财务现金流量表，用于计算投资各方收益率，如表4-11所示。

表4-9 项目投资现金流量表　　　　　　　　单位：万元

序号	项目	合计	计算期					
			1	2	3	4	…	n
1	现金流入							
1.1	营业收入（不含销项税额）							
1.2	销项税额							
1.3	补贴收入							
1.4	回收固定资产余值							
1.5	回收流动资金							

表4-9(续)

序号	项目	合计	计算期					
			1	2	3	4	...	n
2	现金流出							
2.1	建设投资							
2.2	流动资金投资							
2.3	经营成本（不含进项税额）							
2.4	进项税额							
2.5	应纳增值税							
2.6	增值税附加							
2.7	维持运营投资							
2.8	调整所得税							
3	所得税前净现金流量（1-2）							
4	累计所得税前净现金流量							
5	调整所得税							
6	所得税后净现金流量（3-5）							
7	累计所得税后净现金流量							

计算指标：
项目投资财务内部收益率（%）（所得税前）
项目投资财务内部收益率（%）（所得税后）
项目投资财务净现值（所得税前）（$i_c =$%）
项目投资财务净现值（所得税后）（$i_c =$%）
项目投资回收期（年）（所得税前）
项目投资回收期（年）（所得税后）

表4-10 项目资本金现金流量表　　　　　　　　　　单位：万元

序号	项目	合计	计算期					
			1	2	3	4	...	n
1	现金流入							
1.1	营业收入（不含销项税额）							
1.2	销项税额							
1.3	补贴收入							
1.4	回收固定资产余值							
1.5	回收流动资金							
2	现金流出							
2.1	项目资本金							
2.2	借款本金偿还							
2.3	借款利息支付							
2.4	流动资金投资							
2.5	经营成本（不含进项税额）							

表4-10(续)

序号	项目	合计	计算期					
			1	2	3	4	…	n
2.6	进项税额							
2.7	应纳增值税							
2.8	增值税附加							
2.9	维持运营投资							
2.10	调整所得税							
3	所得税后净现金流量							
4	累计税后净现金流量							

计算指标:
资本金财务内部收益率（%）

表4-11　投资各方现金流量表　　　　　　　　单位：万元

序号	项目	合计	计算期					
			1	2	3	4	…	n
1	现金流入							
1.1	实分利润							
1.2	资产处置收益分配							
1.3	租赁费收入							
1.4	技术转让或使用收入							
1.5	其他现金流入							
2	现金流出							
2.1	实缴资本							
2.2	租赁资产支出							
2.3	其他现金流出							
3	净现金流量（1-2）							

计算指标:
投资各方财务内部收益率（%）

（2）利润和利润分配表，用于计算项目投资利润率，如表4-12所示。

表4-12　利润与利润分配表　　　　　　　　单位：万元

序号	项目	合计	计算期					
			1	2	3	4	…	n
1	营业收入							
2	税金及附加							
3	总成本费用							
4	补贴收入							

表4-12(续)

序号	项目	合计	计算期					
			1	2	3	4	…	n
5	利润总额（1-2-3+4）							
6	弥补以前年度亏损							
7	应纳税所得额（5-6）							
8	所得税							
9	净利润（5-8）							
10	期初未分配利润							
11	可供分配的利润（9+10）							
12	提取法定盈余公积金							
13	可供投资者分配的利润（11-12）							
14	应付优先股股利							
15	提取任意盈余公积金							
16	应付普通股股利							
17	各投资方利润分配							
	其中：××方							
	××方							
18	未分配利润（13-14-15-17）							
19	息税前利润（利润总额+利息支出）							
20	息税前折旧摊销前利润（19+折旧+摊销）							

（3）项目总投资使用计划与资金筹措表，用于反映项目计算期各年的投资、融资及生产经营活动的资金流入、流出情况，考察资金平衡和余缺情况，如表4-13所示。

表4-13　项目总投资使用计划与资金筹措表　　　　　单位：万元

序号	项目	合计			1			……		
		人民币	外币	小计	人民币	外币	小计	人民币	外币	小计
1	总投资									
1.1	建设投资									
1.2	建设期利息									
1.3	流动资金									
2	资金筹措									
2.1	项目资本金									
2.1.1	用于建设投资									
	××方									
	……									

表4-13（续）

序号	项目	合计			1			……		
		人民币	外币	小计	人民币	外币	小计	人民币	外币	小计
2.1.2	用于建设期利息									
	××方									
	……									
2.1.3	用于流动资金									
	××方									
	……									
2.2	债务资金									
2.2.1	用于建设投资									
	××借款									
	××债券									
	……									
2.2.2	用于建设期利息									
	××借款									
	××债券									
	……									
2.2.3	用于流动资金									
	××借款									
	××债券									
	……									
2.3	其他资金									
	×××									
	……									

（4）借款还本付息计划表，用于反映项目计算期内各年借款的使用、还本付息，以及偿债资金的来源，计算借款偿还期或者偿债备付率、利息备付率等指标，如表4-14所示。

表4-14　借款还本付息计划表　　　　　　　　单位：万元

序号	项目	合计	计算期					
			1	2	3	4	…	n
1	借款1							
1.1	期初借款余额							
1.2	当期还本付息							
	其中：还本							
	付息							
1.3	期末借款余额							

表4-14(续)

序号	项目	合计	计算期					
			1	2	3	4	…	n
2	借款2							
2.1	期初借款余额							
2.2	当期还本付息							
	其中：还本							
	付息							
2.3	期末借款余额							
3	债券							
3.1	期初债务余额							
3.2	当期还本付息							
	其中：还本							
	付息							
3.3	期末债务余额							
4	借款和债券合计							
4.1	期初余额							
4.2	当期还本付息							
	其中：还本							
	付息							
4.3	期末余额							
计算指标	利息备付率（％）							
	偿债备付率（％）							

4.1.5.2 盈利能力分析

盈利能力分析是项目财务评价的主要内容之一，是在编制现金流量表的基础上，计算项目财务内部收益率、财务净现值、投资回收期等指标。其中财务内部收益率是项目的主要营利性指标，其他指标可以根据项目特点及财务评价的目的、要求等选用。

（1）财务内部收益率（FIRR）。

财务内部收益率是指项目在整个计算期内各年净现金流流量现值累计等于零时的折现率，它是评价项目盈利能力的动态指标。其表达式为

$$\sum_{t=1}^{n} (CI - CO)_t (1 + FIRR)^{-t} = 0$$

其中：

CI——现金流入量。

CO——现金流出量。

（CI - CO）$_t$——第 t 年的净现金流量。

n ——计算期年数。

（2）财务净现值（FNPV）。

财务净现值是指按设定的折现率 i_c 计算的项目计算期内各年净现金流量的现值之和。计算公式为

$$FNPV = \sum_{t=1}^{n} (CI - CO)_t (1 + i_c)^{-t}$$

其中：

i_c ——设定的折现率。

财务净现值是评价项目盈利能力的绝对指标，它反映项目在满足按设定折现率要求的盈利之外获得的超额盈利的现值。财务净现值等于或者大于零，表明项目的盈利能力达到或者超过按设定的折现率计算的盈利水平。

（3）投资回收期（P_t）。

投资回收期是指以项目的净收益偿还项目全部投资所需要的时间，一般以年为单位，并从项目建设起始年算起，若从项目投产年算起，应给予特别注明。其表达式为：

$$\sum_{t=1}^{P_t} (CI - CO)_t = 0$$

P_t –累计净现金流量开始出现正值的年份数–1+上年累计净现金流量的绝对值÷当年净现金流量值

投资回收期越短，表明项目的盈利能力和抗风险能力越强。投资回收期的判别标准是基准投资回收期，其取值可根据行业水平或者投资者的要求设定。

（4）投资利润率。

投资利润率是指项目在计算期内正常生产年份的年利润总和（或年平均利润总额）与项目投入总资金的比例，它是考察单位投资盈利能力的静态指标。将项目投资利润率与同行业平均投资利润率对比，判断项目的获利能力。

4.1.5.3 偿债能力分析

根据有关财务报表，计算借款偿还期、利息备付率、偿债备付率等指标，评价项目的借款偿还能力。如果采用借款偿还期指标，可不再计算备付率，二者选其一即可。

（1）借款偿还期。

借款偿还期是指以项目投产后获得的可用于还本付息的资金，还清借款本息所需的时间，一般以年为单位表示。这项指标可由借款偿还计划表推算，指标值应能满足贷款机构的要求。

借款偿还期指标旨在计算最大偿还能力，适用于尽快还款的项目，不适用于已约定借款偿还期的项目。对于已约定借款偿还期的项目，应采用利息备付率和偿债备付率指标分析项目的偿债能力。

（2）利息备付率。

利息备付率是指项目在借款偿还期内，各年可用于支付利息的税息前利润与当期应付利息费用的比值，即

利息备付率=税息前利润÷当期应付利息费用

其中：税息前利润=利润总额+计入总成本费用的利息费用

当期应付利息费用是指计入总成本费用的全部利息。

利息备付率可以按年计算，也可按整个借款期计算。利息备付率表示项目的利润偿付利息的保证倍率。对于正常运营的企业，利息备付率应大于2，否则，表示付息能力保障程度不足。

（3）偿债备付率。

偿债备付率是指项目在借款偿还期内，各年可用于还本付息资金与当期应还本付息金额的比值，即

$$偿债备付率 = 可用于还本付息资金 \div 当期应还本付息金额$$

可用于还本付息的资金，包括可用于还款的折旧和摊销、在成本中列支的利息费用及可用于还款的利润等。当期还本付息金额包括当期应还贷款本金及计入成本的利息。

偿债备付率可以按年计算，也可按整个借款期计算。偿债备付率表示可用于还本付息的资金偿还借款本息的保证倍率，偿债备付率在正常情况下应大于1，当指标小于1时，表示当年资金来源不足以偿付当期债务，需要通过短期借款偿付已到期债务。

4.1.6 既有项目法人项目财务评价

既有项目法人项目财务评价的盈利能力评价指标，是按"有项目"和"无项目"对比，采用增量分析方法计算。偿债能力评价指标，一般是按"有项目"后项目的偿债能力计算，必要时也可按"有项目"后既有法人整体的偿债能力计算。评价步骤与内容如下：

4.1.6.1 确定财务评价范围

对投资项目的评价，首先应将项目范围界定清楚。在所界定的范围内，按照费用与效益计算范围的一致性原则和费用与效益识别的有无对比原则，识别和估算项目的效益与费用。对于新设项目，项目范围比较明确，就是项目本身所涉及的范围。对于既有项目法人项目，应认真研究项目与原有企业的关系，合理界定项目范围。项目范围的界定应采取最小化原则，以能正确计算项目的投入和产出，说明项目给企业带来的效益为限。项目范围界定方法为：企业总体改造或虽局部改造但项目的效益和费用与企业的效益和费用难以分开的，应将项目范围界定为企业整体；企业局部改造且项目范围可以明确为企业的一个组成部分，可将项目直接有关的部分界定为项目范围。

4.1.6.2 选取财务评价数据

对既有项目法人项目的财务评价，采用"有无对比"进行增量分析，可能涉及以下五种数据：

（1）现状数据：现状数据是指反映项目实施前的效益和费用现状的数据。

（2）"无项目"数据："无项目"数据即不实施该项目时，在现状基础上考虑计算期内效益和费用的变化趋势，经合理预测得出的数值序列。

（3）"有项目"数据："有项目"数据是指实施该项目后计算期内的总量效益和费用数据，是数值序列。

（4）新增数据：新增数据是"有项目"相对于现状的变化额。

（5）增量数据：增量数据是"有项目"效益和费用数据与"无项目"效益和费用

数据的差额，即有无对比得出的数据。

4.1.6.3 编制财务报表

既有项目法人项目财务评价，应按增量效益与增量费用的数据，编制项目增量财务现金流量表、资本金增量现金流量表。按"有项目"的效益与费用数据，编制项目损益和利润分配表、资金来源与运用表、借款偿还计划表。

4.1.6.4 盈利能力分析

盈利能力分析指标、表达式和判别依据与新设项目法人基本相同。

4.1.6.5 偿债能力分析

根据财务评价报表，计算借款偿还期或者利息备付率和偿债备付率，分析拟建项目自身偿还债务的能力。

4.2 国民经济评价

国民经济评价是按合理配置资源的原则，采用影子价格等国民经济评价参数，从国民经济的角度考察投资项目所耗费的社会资源和对社会的贡献，评价投资项目的经济合理性。国民经济评价与财务评价都是经济评价，都使用基本的经济评价理论，即费用与效益比较的理论方法。国民经济评价与财务评价的区别在于：其一，两种评价的角度和基本出发点不同，财务评价是站在项目的层次上，从项目的经营者、投资者、未来债权人的角度，分析项目在财务上能够生存的可能性，分析各方的实际收益或损失，分析投资或贷款的风险及收益。国民经济评价则是站在国家和地区的层次上，从全社会的角度分析评价项目对国民经济的效益和费用。其二，由于分析的角度不同，项目的费用和效益的含义及范围划分不同。财务评价只根据项目直接发生的财务收支，计算项目的直接费用和效益。国民经济评价则从全社会的角度考察项目的费用和效益，考察项目所消耗的有用社会资源和对社会提供的有用产品，不仅要考虑直接的费用和效益，还要考虑间接的费用和效益。其三，财务评价和国民经济评价所使用的价格体系不同，财务评价使用预测的财务收支价格，国民经济评价使用影子价格体系。其四，财务评价要从营利性和偿债能力两个方面分析，而国民经济评价只需要进行营利性分析。

但国民经济评价和财务评价的关系也是非常密切的，很多情况下，国民经济评价是在财务评价的基础上进行的。国民经济评价利用财务评价中使用的数据，以财务评价为基础进行调整计算，得到国民经济评价的结论。当然，国民经济评价也可以在财务评价之前独立进行。

4.2.1 费用与效益的识别

识别和划分费用与效益的基本原则是：凡项目对国民经济所做的贡献，均计为项目的效益；凡国民经济为项目所付出的代价均计为项目的费用。也就是说，项目的国民经济效益是指项目对国民经济所做的贡献，包括项目的直接效益和间接效益；项目的国民经济费用是指国民经济为项目付出的代价，包括项目的直接费用和间接费用。

判别项目的效益和费用，所使用的方法为"有无对比"法。

4.2.1.1　直接效益与直接费用

项目的直接效益是指由项目产出物产生并在项目计算范围内的经济效益，一般表现为项目为社会生产提供的物质产品、科技文化成果和各种各样的服务所产生的收益。例如工业项目生产的产品、副产品，矿产开采项目开采的矿产品，运输项目提供的运输服务，医院提供的医疗服务等。这种效益的表现有多种形式：

（1）项目产出物满足国内新增加的需求时，表现为国内新增需求的支付意愿。

（2）替代效益较差的其他厂商的产品或服务，使被替代厂商减产或停产，节约国家有用资源。

（3）项目产出物使得国家增加出口或减少进口，反映为外汇收入的增加或支出的减少。

项目的直接费用是指项目使用投入物所产生并在项目范围内计算的经济费用，一般表现为投入项目的各种物料、人工、资金、技术以及自然资源而带来的社会资源的消耗。这种资源消耗可能表现为社会扩大生产供给规模所耗用的资源费用，或者当社会不能增加供给时，导致其他人被迫放弃使用这些资源。当项目的投入物导致增加进口或减少出口时，这种资源消耗表现为国家外汇支出的增加或收入的减少。

直接效益和直接费用大多在财务评价中能够得以反映。

4.2.1.2　间接效益与间接费用

间接效益是指由项目引起而在项目的直接效益中没有得到反映的效益。如城市地下铁道的建设使得沿线房地产升值的效益，或者项目中使用劳动力使得劳动力熟练化等。

间接费用是指由项目引起而在项目的直接费用中没有得到反映的费用。如项目对自然环境造成的损害等。

间接效益和间接费用又称为项目的外部效果，一般在财务评价中不会得到反映。通常对项目的外部效果的考察主要从以下方面进行：

（1）环境影响。

有些项目会对自然环境厂商污染，对生态环境造成破坏，如排放污水造成水污染，排放有毒气体和粉尘造成大气污染，噪声污染，临时或永久性的交通阻塞等。项目对环境的影响一般难以定量计算，近似的可按同类企业所造成的损失估计，或按恢复环境质量所需的费用估计。有些项目含有环境治理工程，会对环境产生好的影响，评价中也要对相应的效益加以考虑。如果无法对环境影响定量计算，至少也应当作定性分析。

（2）技术扩散效果。

一个技术先进项目的实施，由于技术人员的流动，技术在社会上扩散和推广，整个社会都将受益。但这类外部效果通常难以定量计算，一般只做定性分析。

（3）上下游企业相邻效果。

项目的上游企业是指为该项目提供原材料或半成品的企业，项目的实施可能会刺激这些上游企业得到发展，增加新的生产能力或是使原有生产能力得到更充分的利用。项目的下游企业是指使用项目的产出物作为原材料或半成品的企业，项目的产品可能会对下游企业的经济效益产生影响，使其闲置的生产能力得到充分利用或使其在生产上节约成本。多数情况下，项目对上下游企业的相邻效果可以在项目的投入和产出物的影子价格中得到反映，不应再计算间接效果。也有些间接影响难以反映在影子价格中，需要作为项目的外部效果计算。

（4）乘数效果。

这是指项目的实施使原来闲置的资源得到利用，从而产生一系列的连锁反应，刺激某一地区或全国的经济发展。在对经济落后地区的项目进行国民经济评价时可能会需要考虑这种乘数效果，特别应注意选择乘数效果大的项目作为扶贫项目。一般情况下，只计算一次相关效果，不连续扩展计算乘数效果。

（5）价格影响。

有些项目大量出口，从而导致了我国此类产品出口价格的下降，减少了国家总体的创汇收益，成为项目的外部费用。如果项目产品增加了国内市场供应，导致产品市场价格下降，可以使用户和消费者得到产品降价的好处，但这种好处一般不应计入项目的间接效益，只是收益从生产厂商转移到了用户和消费者。

4.2.1.3 转移支付

国民经济评价中，项目的转移支付主要包括：项目向政府缴纳的税费、政府给予项目的补贴、项目向国内银行等金融机构支付的贷款利息和获得的存款利息。从全社会的角度看，企业向国家交付税金、向国内的银行或其他金融机构支付利息或从国家得到补贴，都只是国内全社会内部不同社会成员之间的相互支付，是社会再分配，并不构成社会资源的实际消耗或增加，因此不能视为项目的费用或效益。在财务评价基础上进行国民经济评价时，要注意从财务效益和费用中剔除转移支付部分。

4.2.2 费用与效益的估算

进行项目的国民经济评价时，项目的主要投入物和产出物，原则上都应采用影子价格。影子价格应当根据项目的投入物和产出物对国民经济的影响，从"有无对比"的角度确定。

4.2.2.1 市场定价的外贸货物的影子价格

外贸货物是指项目使用或生产某种货物将直接或间接影响国家对这种货物的进口或出口。包括：

（1）项目产出物中直接出口、间接出口和替代进口的；

（2）项目投入物中直接进口、间接进口和减少出口的。

原则上，对于影响进出口的不同，应当区分不同情况，采用不同的影子价格定价。但在实践中，为了简化工作，可以只对项目投入物中直接进口的产出物中直接出口的，采取进出口价格测定影子价格，对于间接进出口的仍按国内市场价格定价。

直接进口投入物的影子价格（到厂价）＝到岸价（CIF）×影子汇率＋贸易费用＋国内运杂费

直接出口产出物的影子价格（出厂价）＝离岸价（FOB）×影子汇率－贸易费用－国内运杂费

4.2.2.2 市场定价的非外贸货物影子价格

国内市场没有价格管制的产品或服务，项目投入物和产出物不直接进出口的，按照非外贸货物定价，以国内市场价格为基础测定影子价格。

投入物影子价格（到厂价）= 市场价格 + 国内运杂费

产出物影子价格（出厂价）= 市场价格 − 国内运杂费

4.2.2.3　政府调控价格货物的影子价格

政府调控价格包括：政府定价、指导价、最高限价、最低限价等。采取政府调控价格的产品或服务不能完全反映其真实的价值。在国民经济评价中，这些产品或服务要采取特殊的方式测定，测定方法主要有：成本分解法、消费者支付意愿和机会成本。

成本分解法是指计算某种货物的制造生产所需耗费的全部社会资源的价值，这种耗费包括各种物料投入以及人工、土地等投入，也包括资本投入所应分摊的机会成本费用。

消费者支付意愿是指消费者为获得某种商品或服务所愿意付出的价格。

机会成本是指用于项目的某种资源若不用于本项目而用于其他替代机会，在所有其他替代机会中所能获得的最大效益。

4.2.2.4　特殊投入物影子价格

项目中的特殊投入物主要包括：劳动力、土地、自然资源。项目使用的这些特殊投入物，影子价格需要采用特定的计算方法。

（1）影子工资。

项目使用了劳动力这种资源，社会要为此付出代价，国民经济评价中用影子工资来表示这种代价。影子工资就是工资成本的影子价格，即劳动力的影子价格，它是指项目所雇用的人员在没有该项目的情况下，从事其他项目而对国民经济的贡献，影子工资有两种计算方法：

①机会成本法。

劳动力的机会成本是指项目所用的劳动力如果不用于该项目而在其他生产经营活动中所能创造的最大收益，它与劳动力的技术熟练程度和供求状况有关。在计算影子工资时，一般把人工分为熟练劳动力和非熟练劳动力两种，一般认为非熟练劳动力是有剩余的，非熟练劳动力的影子工资定得比其实际工资低得多，其影子工资率一般取低于 1 的值。一般认为熟练劳动力是稀缺的，取其影子工资率为 1 或大于 1 的值。如果吸收的劳动力是从农村或其他产业转移过来的，其影子工资应该是劳动力对原有产业做出的边际贡献。

②净劳工国民经济费用法。

人工成本可以包括三项内容：人工的社会消耗，人工个人消费水平，人工的边际生产力。人工的社会消耗用 C' 表示，指因人口增加，社会需要支付城市基础设施等建设费用。这些费用一般都是政府支付，因此构成国民经济费用的一部分。人工个人消费水平用 C 表示，指项目付给工人的工资和奖金。这些消费增加，是一种国民经济收益。净劳工国民经济费用的计算公式为

净劳工国民经济费用 = $C' - (C - m)$ = 成本(因人工增加，社会建设成本的增加) − 收益(因人工增加，人工消费的增加)

（2）土地费用。

土地是一种特殊投入物，一个项目使用了某一块土地，就不能用作其他用途，对国家来说就造成了社会费用。

城镇的土地：城市的土地已经很大程度存在由市场形成的交易价格，市区内的土地、城市郊区的土地可以采用市场价格测定影子价格。

农村的土地按照机会成本的方法测定影子价格，由土地的机会成本和因土地用途转变而发生的新增资源消耗两部分构成。即：土地的影子价格=土地机会成本+新增资源消耗

实际的项目评价中，可以从财务评价中土地的征地费用出发进行调整计算，可将土地的征地费用划分为三部分，分别按照不同的方法调整：

属于机会成本性质的费用，如土地补偿费、青苗补偿费，按照机会成本计算方法调整计算。

属于新增资源消耗的费用，如拆迁费、剩余劳动力安置费、养老保险费等，按影子价格调整计算。

属于转移支付的，如粮食开发基金、耕地占用税等，应予以扣除。

（3）自然资源费用。

各种不可再生的自然资源也属于特殊投入物。矿产资源等不可再生资源的影子价格应当按资源的机会成本计算，水和森林等可再生资源的影子价格可以按资源再生费用计算。

4.2.3　国民经济评价指标与报表

4.2.3.1　国民经济评价指标

项目国民经济评价只进行国民经济盈利能力的分析，国民经济盈利能力的评价指标是经济内部收益率和经济净现值。

（1）经济内部收益率（EIRR）。

经济内部收益率是国民经济评价的主要指标，项目的国民经济评价必须要计算这一指标，并用其表示项目经济盈利能力的大小。经济内部收益率是项目在计算期内各年经济净效益流量的现值累计等于零时的折现率，用这样一个隐函数表达式来定义：

$$\sum_{t=1}^{n} (B - C)_t (1 + EIRR)^{-t} = 0$$

其中：

EIRR——经济内部收益率；

B——效益流量；

C——费用流量；

$(B - C)_t$——第 t 年的净效益流量；

n——项目的计算期。

经济内部收益率是从国民经济评价角度反映项目经济效益的相对指标，表明项目占用的资金所能获得的动态收益率。项目的经济内部收益率等于或大于社会折现率时，表明项目对国民经济的净贡献达到或超过了预定要求。

（2）经济净现值（ENPV）。

经济净现值是指用社会折现率将项目计算期内各年净效益流量折算到项目建设期初的现值之和。其表达式为

$$\text{ENPV} = \sum_{t=1}^{n} (B - C)_t (1 + i_s)^{-t}$$

式中，i_s——社会折现率。

经济净现值是反映项目国民经济净贡献的绝对指标，项目的经济净现值等于或大于零表示国家为拟建项目付出代价后，可以得到符合社会折现率所要求的社会盈余的量值。

4.2.3.2 国民经济评价报表

编制国民经济评价报表是项目国民经济评价的基础性工作，项目的国民经济评价报表用于显示项目的国民经济效益和费用并用以计算国民经济评价指标。按照《投资项目可行性研究指南》，国民经济评价报表包括项目国民经济效益费用流量表和国内投资国民经济效益费用流量表。项目国民经济效益费用流量表用以综合反映项目计算期内各年的按全部投资口径计算的国民经济各项效益与费用流量及净效益流量，并用来计算项目经济内部收益率、经济净现值指标。国内投资国民经济效益费用流量表用以综合反映项目建设期内各年按国内口径计算的国民经济各项效益与费用流量及净效益流量，对于有从国外借款的项目，应编制此表，并计算国内投资经济内部收益率和经济净现值。

大多数情况下国民经济评价报表可以在项目财务评价的基础上进行编制调整，有些项目也可以直接编制。在财务评价基础上编制国民经济评价报表，主要工作包含费用效益范围、内容的调整或影子价格调整。具体的主要调整内容如下：

（1）调整转移支付。

财务评价中的各项税金、国内借款利息在国民经济评价中应当作为转移支付，不再作为项目的支出。

（2）计算外部效益和外部费用。

国民经济评价中需要将外部效益和外部费用计算入项目的效益和费用中。每个项目需要根据项目的具体情况，分析项目的主要外部效益和外部费用。通常情况下，只计算直接相关的效益和费用，间接相关的效益和费用通常不容易把握。

（3）调整建设投资。

对财务评价中项目建设投资需要调整，其中的税金、建设期利息、涨价预备金作为转移支付从支出中剔除，其余的费用需要用影子价格调整。劳动力按影子工资计算，土地费用调整为影子价格。

（4）调整流动资金。

如果财务评价中流动资金是采用扩大指标法估算的，国民经济评价中仍按扩大指标法估算，但需要将计算基数调整为以影子价格计算的销售收入和经营费用，再乘以相应的系数估算。如果财务评价中流动资金是按分项评估法估算的，要用影子价格分项估算。同时，财务评价中流动资产和流动负债中的现金、应收和应付款项并不实际消耗资源，国民经济评价中应当将其从流动资金中剔除。

（5）调整经营费用。

财务评价中的各项经营费用需要用影子价格调整，一般应当对主要原材料、燃料及动力费用进行调整，对工资及福利费以影子工资调整。经营费用的调整可以借助辅助报表进行，编制国民经济评价经营费用调整表。

（6）调整销售收入。

财务评价的销售收入需要用产出物影子价格调整，可编制出相应的国民经济评价销售收入调整表。

（7）调整外汇价值。

国民经济评价中涉及外汇收入和支出时，均需要用影子汇率计算外汇价值。从国外引入的资金和向国外支付的投资收益、贷款本息等也需要用影子汇率调整。

（8）编制国民经济效益费用流量表。

有些行业的项目可能需要直接进行国民经济评价，判断项目合理性。可以按以下步骤直接编制国民经济效益费用流量表：

①确定国民经济效益、费用的计算范围，包括直接效益、直接费用和间接效益、间接费用。

②测算各种主要投入物的影子价格和产出物的影子价格（交通运输项目国民经济效益不按产出物影子价格计算，而是采用由于节约运输时间、费用等计算效益），并在此基础上对各项国民经济效益和费用进行估算。

③编制国民经济效益费用流量表，如表 4-15 所示。

表 4-15　国民经济效益费用流量表　　　　　单位：万元

序号	项目	合计	计算期					
			1	2	3	4	…	n
1	效益流量							
1.1	项目直接效益							
1.2	资产余值回收							
1.3	流动资金回收							
1.4	项目间接效益							
2	费用流量							
2.1	建设投资							
2.2	维持运营投资							
2.3	流动资金							
2.4	经营费用							
2.5	项目间接费用							
3	项目净效益流量（1-2）							

计算指标：
经济内部收益率（%）
经济净现值（i_s = %）

4.2.4　国民经济评价参数

国民经济评价参数是国民经济评价的重要基础。国民经济评价参数分为两类，一类是通用参数，包括社会折现率、影子汇率、影子工资等，这些通用参数由专门机构组织测算和发布；另一类是各种货物、服务、土地、自然资源等影子价格，需要由项目评价人员根据项目具体情况自行测算。

4.2.4.1 社会折现率（i_s）

社会折现率是用以衡量资金时间价值的重要参数，代表社会资金被占用应获得的最低收益率，并用作不同年份资金价值的折现率。社会折现率可根据国民经济发展多种因素综合测定。各类投资项目的国民经济评价都应采用有关专门机构统一发布的社会折现率作为计算经济净现值的折现率。社会折现率应根据国家的社会经济发展目标、发展战略、发展优先顺序、发展水平、宏观调控意图、社会成员的费用效益时间偏好、社会投资收益水平、资金供给状况、资金机会成本等因素综合测定。目前社会折现率测定为8%，对于受益期长的建设项目，如果远期效益较大，效益实现的风险较小，社会折现率可以适当降低，但不应低于6%。

4.2.4.2 影子汇率

影子汇率是指能正确反映国家外汇经济价值的汇率。影子汇率可通过影子汇率换算系数得出，影子汇率换算系数是指影子汇率与外汇牌价之间的比值，即影子汇率－外汇牌价×影子汇率换算系数。

根据我国外汇收支、外汇供求、进出口结构、进出口关税、进出口增值税及出口退税补贴等情况，影子汇率换算系数为1.08。

4.2.4.3 影子工资

影子工资是指项目使用劳动力资源而使社会付出的代价，可通过影子工资换算系数得到。影子工资换算系数是指影子工资与项目财务分析中的劳动力工资之间的比值，即影子工资＝财务工资×影子工资换算系数。

目前，技术劳动力的工资报酬一般可由市场供求决定，即影子工资换算系数为1。对于非技术劳动力，根据我国非技术劳动力就业状况，其影子工资换算系数一般取为0.25~0.8，具体可根据当地的非技术劳动力供求状况，非技术劳动力较为富余的地区可取较低值，不太富余的地区可取较高值，中间状况可取0.5。

4.3 不确定性分析

客观事物发展多变的特点以及人们对客观事物认识的局限性，使得对客观事物的预测结果可能偏离人们的预期，具有不确定性，项目投资也不例外。尽管在项目决策分析工作中已就项目市场、采用技术、设备、工程方案、环境保护、配套条件、投融资和投入产出等方面做了尽可能详尽的研究，但项目经营的未来状况仍然可能与设想状况偏离。在完成项目基本方案的财务评价和国民经济评价后，为了了解在不确定性情况下项目效益的可能变化，一般要对项目进行不确定性分析，不确定性分析的内容一般包括盈亏平衡分析和敏感性分析。

4.3.1 盈亏平衡分析

盈亏平衡分析是指在一定的生产能力下，研究分析项目成本费用与收益平衡关系的一种方法。随着某些因素的变化，企业的盈利与亏损会有个转折点，称为盈亏平衡点（BEP）。该点又称零利润点、保本点、盈亏临界点、损益分歧点、收益转折点。在这一点上，销售收入等于总成本费用，刚好盈亏平衡。盈亏平衡分析就是要找出盈亏平衡点，考察企业或项目对市场的适应能力和抗风险能力。

盈亏平衡分析可以分为线性盈亏平衡分析和非线性盈亏平衡分析，项目投资决策分析与评价中一般使用线性盈亏平衡分析。

盈亏平衡点的表达方式有多种，可以用产量、产品售价、单位可变成本和年总固定成本等绝对量表示，也可以用某些相对值表示，最常用的是以产量和生产能力利用率表示的盈亏平衡点，盈亏平衡点越低，表明企业适应市场变化的能力越大，抗风险能力越强。

4.3.1.1 盈亏平衡分析的前提条件

进行线性盈亏平衡分析有以下四个假设条件：

（1）产量等于销售量，即当年生产的产品当年销售出去。

（2）产量变化，单位可变成本不变，从而总成本费用是产量的线性函数。

（3）产量变化，产品售价不变，从而销售收入是销售量的线性函数。

（4）只生产单一产品，或者生产多种产品，但可以换算为单一产品计算。

4.3.1.2 盈亏平衡点的求取方法

盈亏平衡点可以采用公式计算，也可采用图解法求取。

（1）公式计算法。

根据盈亏平衡的原理，在盈亏平衡点上产品的生产成本与销售收入相等，因而可以得到下面的数学公式。

设：生产成本函数为：$y_1 = f + vx$

销售收入函数为：$y_2 = px$

当 $y_1 = y_2$ 时，有：$f + vx = px$

式中：

y_1——正常生产年份内生产总成本；

y_2——项目投产后正常年份销售收入；

v ——单位产品可变成本；

f ——总固定成本；

p ——单位产品价格；

x ——正常年份内产品产量。

基于以上公式，可得

①用实际产量（或销售量）表示的盈亏平衡点（BEP_x）。

$$BEP_x = \frac{f}{p - v}$$

②用销售收入表示的盈亏平衡点（BEP_s）。

$$BEP_s = \frac{pf}{p - v}$$

③用生产能力利用率表示的盈亏平衡点（BEP_R）。

$$BEP_R = \frac{f}{(p-v)R_X} \times 100\%$$

R_X为正常年份的设计产量。

④以单位产品保本价格表示的盈亏平衡点（BEP_P）。

$$BEP_P = \frac{f}{R_X} + v$$

（2）图解法。

在以纵轴表示收入与支出、横轴表示产品产量或销售量的坐标上，按照正常年份的产量画出固定成本线 $y=f$ 和可变成本线 $y=vx$，再用 $y=f+vx$ 画出总生产成本线，然后按正常年份的生产量、销售量和产品单价画出销售收入线 $y=px$，总生产成本线和销售收入线的交点即为盈亏平衡点 BEP_x。

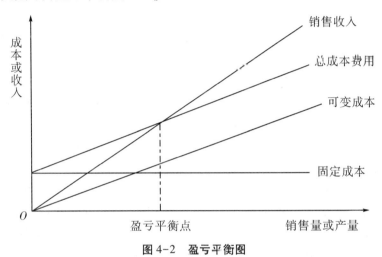

图 4-2　盈亏平衡图

例 1　某工业项目年设计生产能力为生产某种产品 3 万件，单位产品售价 3 000 元，总成本费用为 7 800 万元，其中固定成本 3 000 万元，总变动成本与产品产量呈正比关系，求以产量、生产能力利用率、销售价格、单位产品变动成本表示的盈亏平衡点。

解：首先计算单位变动成本：

$$v = \frac{y_1 - f}{x} = \frac{(7\ 800 - 3\ 000) \times 10^4}{30\ 000} = 1\ 600\ （元/件）$$

盈亏平衡产量

$$x_0 = \frac{3\ 000 \times 10^4}{3\ 000 - 1\ 600} = 21\ 400\ （件）$$

盈亏平衡生产能力利用率

$$BEP_R = \frac{21\ 400}{30\ 000} = 71.3\%$$

4.3.1.3　盈亏平衡分析的要点

（1）盈亏平衡点应按项目达产年份的数据计算，不能按计算期内的平均值计算。由于盈亏平衡点表示的是相对于设计能力，达到多少产量或负荷率才能盈亏平衡，因此必须按项目达产年份的销售收入和成本费用数据计算。

（2）当各年数值不同时，最好按还款期间和还完借款以后的年份分别计算。

项目达产后，由于固定成本中的利息各年不等，折旧费和摊销费也不是每年相同，所以成本费用数值可能因年而异，具体按哪一年的数值计算盈亏平衡点，可以根据项目情况进行选择。一般而言，最好选择还款期间的第一个达产年和还完借款以后的年份分别计算，以便给出最高的盈亏平衡点和最低的盈亏平衡点。

采用线性盈亏平衡分析法有助于检验变量因素（如价格、固定成本、可变成本等）的变化对项目收支平衡的影响，但盈亏平衡点的计算有相当多的假设前提条件，这些条件在一般情况下很难满足，这样又给盈亏平衡分析带来了不确定性。因此这种分析方法只能作为项目决策分析过程中的辅助手段。

4.3.2 敏感性分析

敏感性分析是项目经济评价中应用十分广泛的一种技术，用以考察项目涉及的各种不确定因素对项目效益的影响，找出敏感因素，估计项目效益对它们的敏感程度，粗略预测项目可能承担的风险，为进一步的风险分析打下基础。敏感性分析对项目财务评价和国民经济评价同样适用。

敏感性分析的做法通常是改变一种或多种不确定因素的数值，计算其对项目效益指标的影响，通过计算敏感度系数和临界点，估计项目效益指标对它们的敏感程度，进而确定关键的敏感因素。通常将敏感性分析的结果汇总于敏感性分析表，也可通过绘制敏感性分析图显示各种因素的敏感程度并求得临界点。

敏感性分析包括单因素敏感性分析和多因素敏感性分析。单因素敏感性分析是指每次只改变一个因素的数值来进行分析，估算单个因素的变化对项目效益产生的影响；多因素敏感性分析则是同时改变两个或两个以上因素进行分析，估算多因素同时发生变化的影响。为了找出关键的敏感性因素，通常多进行单因素敏感性分析。这里主要介绍单因素敏感性分析的步骤和方法如下：

4.3.2.1 确定敏感性分析指标

针对不同项目的特点和要求、不同研究阶段和实际需要情况，选择合适的敏感性分析指标。由于敏感性分析建立在确定性分析的基础之上，故一般敏感性分析指标都应与确定性分析指标相一致。当项目确定性分析指标比较多时，可围绕其中一个或几个重要的指标进行。最基本的分析指标是内部收益率，根据项目的实际情况也可选择净现值或投资回收期评价指标，必要时可同时针对两个或两个以上的指标进行敏感性分析。

4.3.2.2 选择需要分析的不确定性因素

影响项目经济效果的不确定性因素有很多，其内容因项目的规模、类型不同而各异。在进行敏感性分析时，只需要分析那些在成本、收益构成中占比重较大、对项目经济效益指标有较大影响的，并且在整个计算期内最有可能发生变化的因素。经验表明，主要对产出物价格、建设投资、主要投入物价格或可变价格、生产负荷、建设工期及汇率等不确定因素进行敏感性分析。

4.3.2.3 研究并设定不确定性因素的变动范围，列出不确定性因素不同变化率或不同取值的几个点

一般选择不确定因素变化的百分率为±5%、±10%、±15%、±20%等，对于不便用百分数表示的因素，如建设工期，可采用延长一段时间表示，如延长一年。

4.3.2.4 分析各不确定性因素在可能的变动范围内发生不同幅度的变化对方案经济效果指标产生的影响，给出敏感性分析的计算指标

敏感性分析的计算指标主要有两种：敏感度系数和临界点。

（1）敏感度系数。

敏感度系数是指项目评价指标变化的百分率与不确定因素变化的百分率之比。敏感度系数高，表示项目效益对该不确定因素敏感程度高，计算公式为

$$S_{AF} = \frac{\Delta A / A}{\Delta F / F}$$

式中：S_{AF}——评价指标 A 对于不确定因素 F 的敏感系数；

$\Delta F / F$——不确定因素 F 的变化率；

$\Delta A / A$——不确定因素 F 发生 ΔF 变化率时，评价指标 A 的相应变化率。

$S_{AF} > 0$，表示评价指标与不确定因素同方向变化；$S_{AF} < 0$，表示评价指标与不确定因素反向变化。$|S_{AF}|$ 较大者敏感度系数高。

（2）临界点。

临界点是指不确定因素的极限变化，即该不确定因素使项目内部收益率等于基准收益率或净现值变为零时的变化百分比，当该不确定因素为费用科目时，即为其增加的百分比；为效益科目时，即为降低的百分比。临界点也可用该百分比对应的具体数值表示。当不确定因素的变化超过了临界点所表示的不确定因素的极限变化时，项目内部收益率指标将转而低于基准收益率，表示项目将由可行变为不可行。

例 2 某投资项目投资额、年销售收入、年经营成本等数据如表 4-16 所示。考虑到将来的某些不确定性，投资额、经营成本和产品价格有可能在±20%的范围内变化，设基准收益率为10%，试分别就这三种不确定因素对净现值的影响做敏感性分析。

表 4-16　某项目现金流量表　　　　　　　　　　　　　　　　单位：万元

年份	0	1-10	11
投资 K'	15 000		
流动资金 L	3 000		
销售收入 I		22 000	22 000
经营成本 C		15 000	15 000
销售税金 T		2 200	2 200
期末残值 K_s			2 000
期末流动资金 L'			3 000
净现金流量 I	-18 000	4 800	9 800

解　用净现值指标，根据公式应有

$$NPV = -K + (I - C - T)(P/A, 10\%, 11) + K_s(P/F, 10\%, 11)$$
$$= -18\,000 + 4\,800 \times 6.495\,1 + 5\,000 \times 0.350\,5 = 14\,929$$

现分别就投资额、产品价格和经营成本不确定因素的变化对净现值影响做敏感性分析。

设投资额变动 x，分析投资额变动对方案净现值影响的计算公式为

$$NPV = -K(1 \pm x) + (I - C - T)(P/A, 10\%, 11) + K_s(1 \pm x)(P/F, 10\%, 11)$$

设经营成本变动 x，分析经营成本变动对方案净现值影响的计算公式为

$$NPV = -K + (I - C(1 \pm x) - T)(P/A, 10\%, 11) + K_s(P/F, 10\%, 11)$$

设产品价格变动 x，产品价格变动将导致销售收入和销售税金变动，分析产品价格变动对方案净现值影响的计算公式为

$$NPV = -K + [(I - T)(1 \pm x) - C](P/A, 10\%, 11) + K_s(P/F, 10\%, 11)$$

根据以上公式和已有数据，计算结果如表4-17所示，绘出敏感性分析图4-3。

表4-17　不确定因素变动对净现值影响表　　　　　　单位：万元

变动率	−20%	−15%	−10%	−5%	0	+5%	+10%	+15%	+20%
投资额	14 400	15 300	16 200	17 100	18 000	18 900	19 800	20 700	21 600
净现值	18 178	17 366	16 554	15 742	14 929	14 118	13 305	12 493	11 681
经营成本	12 000	12 750	13 500	14 250	15 000	15 750	16 500	17 250	18 000
净现值	34 414	29 543	24 672	19 800	14 929	10 058	5 186	315	−4 556
产品价格	15 840	16 830	17 820	18 810	19 800	20 790	21 780	22 770	23 760
净现值	−10 792	−4 362	−2 069	8 499	14 929	21 359	27 790	34 220	40 650

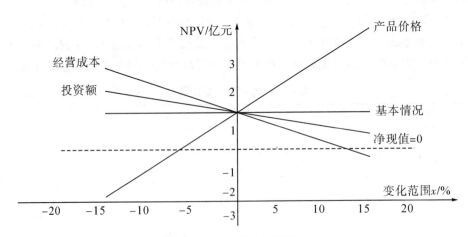

图4-3　敏感性分析图

从表4-17和图4-2中可以看出，在同样的变化率下，产品价格的变动对项目净现值的影响最大，经营成本的影响次之，投资额变动的影响最小。

4.4 环境影响评价

环境影响评价（environmental impact assessment，EIA），简称环评，是指对项目实施后可能造成的环境影响进行分析、预测和评估，提出预防或者减轻不良环境影响的对策和措施，进行跟踪监测的方法与制度。环境影响评价的根本目的是鼓励在规划和决策中考虑环境因素，最终达到更具环境相容性的人类活动。

环境影响评价的主体依据各国环境影响评价制度而定。我国的环境影响评价主体可以是学术研究机构、工程、规划和环境咨询机构，但必须获得国家或地方环境保护行政机关认可的环境影响评价资格证书。一般说来，环境影响评价工作要生成环境影响报告书。我国《建设项目环境保护管理条例》规定，建设项目对环境可能造成重大影响的，应当编制环境影响报告书，对建设项目产生的污染和对环境的影响进行全面、详细的评价。

4.4.1 环境影响评价的重要性

环境影响评价是一项技术，是强化环境管理的有效手段，对确定经济发展方向和保护环境等一系列重大决策都有重要作用，具体表现在以下几个方面：

4.4.1.1 保证建设项目选址和布局的合理性

合理的经济布局是保证环境与经济持续发展的前提条件，而不合理的布局则是造成环境污染的重要原因。环境影响评价是从建设项目所在地区的整体出发，考察建设项目的不同选择和布局对区域整体的不同影响，并进行比较和取舍，选择最有利的方案，保证建设项目选择和布局的合理性。

4.4.1.2 指导环境保护措施的设计，强化环境管理

一般说来，开发建设和生产活动都要消耗一定的资源，给环境带来一定的污染与破坏，因此必须采取相应的环境保护措施。环境影响评价是针对具体的开发建设活动或生产活动，综合考虑开发活动特征和环境特征，通过对污染治理设施的技术、经济和环境论证，可以得到相对最合理的环境保护对策和措施，把因人类活动而产生的环境污染或生态平衡限制在最小范围。

4.4.1.3 为区域的社会经济发展提供导向

环境影响评价可以通过对区域的自然条件、资源条件、社会条件和经济发展状况等进行综合分析，掌握该地区的资源、环境和社会承受能力等状况，从而对该地区发展方向、发展规模、产业结构和产业布局等做出科学的决策和规划，以指导区域活动，实现可持续发展。

4.4.1.4 促进相关环境科学技术的发展

环境影响评价涉及自然科学和社会科学的广泛领域，包括基础理论研究和应用技术开发。环境影响评价中遇到的很多问题，必然是对相关环境科学技术的挑战，有利于推动相关环境科学技术的发展。

4.4.2 环境影响评价的工作程序

环境影响评价工作大致分为三个工作阶段，如图4-4所示。

（1）准备阶段，主要工作为研究有关文件，进行初步的工程分析和环境现状调查，筛选重点评价项目，确定各单项环境影响评价的工作等级，编制评价工作大纲。

（2）正式工作阶段，主要工作为工程分析和环境现状调查，并进行环境影响预测和评价环境影响。

（3）报告书编制阶段，主要工作为汇总、分析上一阶段工作所得到的各种资料、数据，得出结论，完成环境影响报告书的编制。

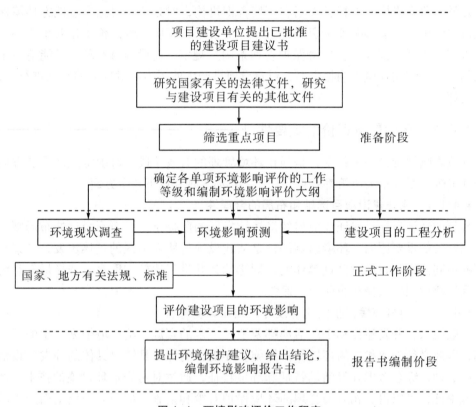

图4-4 环境影响评价工作程序

4.4.3 环境影响评价的编制要点

环境影响报告书是环境影响评价工作成果的集中体现，是环境影响评价承担单位向其委托单位提交的工作文件，要求满足全面、客观、公正的原则。建设项目的类型不同，对环境的影响差别很大，环境影响报告书的编制内容也就不同，但其基本内容差别不大，典型的环境影响报告书一般包括以下内容：

（1）总论。总论主要涉及环境影响评价项目的由来、编制环境影响报告书的目的、编制依据、评价标准、评价范围、控制及保护目标等。

（2）建设项目概况。建设项目概况，应介绍建设项目规模、生产工艺水平、产品方案、原料、燃料及用水量、污染物排放量、环保措施，并进行工程影响环境因素分析等。

（3）环境现状调查。环境现状调查，包括自然环境调查，社会环境调查，评价区大气环境质量现状调查，地面水环境质量现状调查，地下水质现状调查，土壤及农作物现状调查，环境噪声现状调查，评价区内人体健康及地方病调查，其他社会、经济活动污染、破坏环境现状调查等。

（4）污染源调查与评价。污染源调查与评价包括对建设项目污染源预估和评价区内污染源调查与评价。

（5）环境影响预测与评价。环境影响预测与评价包括大气环境影响预测与评价，水环境影响预测与评价，噪声环境影响预测与评价，土壤及农作物环境影响分析，对人群健康影响分析，振动及电磁波的环境影响分析，对周围地区的地质、水文、气象可能产生的影响等。

（6）环保措施的可行性分析及建议。环保措施的可行性分析及建议，包括大气污染防治措施的可行性分析及建议，废水治理措施的可行性分析及建议，对废渣处理及处置的可行性分析，对噪声、振动等其他污染控制措施的可行性分析，对绿化措施的评价及建议，对环境监测制度的建议等。

（7）环境影响经济损益简要分析。环境影响经济损益简要分析是从社会效益、经济效益、环境效益统一的角度论述建设项目的可行性。由于这三个效益的估算难度很大，特别是环境效益中的环境代价估算难度更大，目前还没有很好的方法，需要进一步的研究和探索。

（8）结论及建议。结论及建议主要包括评价区的环境质量现状，污染源评价的主要结论、主要污染源及主要污染物，建设项目对评价区环境的影响，环保措施可行性分析的主要结论及建议以及从三个效益统一的角度提出建设项目的选址、规模、布局等是否可行的结论。

（9）附件、附图及参考文献（略）。

本章小结

1. 财务评价是在国家现行会计制度、税收法规和市场价格体系下，预测估计项目的财务效益与费用，编制财务报表、计算评价指标，进行财务盈利能力分析和偿债能力分析，考察拟建项目的获利能力和偿债能力等财务状况，据以判别项目的财务可行性。

2. 财务评价应遵循费用与效益计算范围的一致性原则、费用和效益识别的有无对比原则、动态分析与静态分析相结合（以动态分析为主）原则、基础数据确定中的稳健性原则。

3. 财务价格是对拟建项目未来的效益与费用进行分析，应采用预测价格。

4. 项目计算期是财务评价的重要参数，是指对项目进行经济评价应延续的年限，包括建设期和生产运营期。

5. 新设项目法人项目财务评价编制报表主要有财务现金流量表、损益和利润分配表、资金来源与运用表、借款偿还计划表等。

6. 既有项目法人项目财务评价的盈利能力评价指标，是按"有项目"和"无项目"对比，采用增量分析方法计算。偿债能力评价指标，一般是按"有项目"后项目的偿债能力计算，必要时也可按"有项目"后既有法人整体的偿债能力计算。

7. 国民经济评价是按合理配置资源的原则，采用影子价格等国民经济评价参数，从国民经济的角度考察投资项目所耗费的社会资源和对社会的贡献，评价投资项目的经济合理性。

8. 识别和划分费用与效益的基本原则是：凡项目对国民经济所做的贡献，均计为项目的效益；凡国民经济为项目所付出的代价均计为项目的费用。

9. 进行项目的国民经济评价时，项目的主要投入物和产出物，原则上都应采用影子价格。影子价格应当根据项目的投入物和产出物对国民经济的影响，从"有无对比"的角度确定。

10. 项目国民经济评价只进行国民经济盈利能力的分析，国民经济盈利能力的评价指标是经济内部收益率和经济净现值。

11. 大多数情况下国民经济评价报表可以在项目财务评价的基础上进行编制调整，有些项目也可以直接编制。在财务评价基础上编制国民经济评价报表，主要工作包含费用效益范围、内容的调整或影子价格调整。

12. 盈亏平衡点的表达方式有多种，可以用产量、产品售价、单位可变成本和年总固定成本等绝对量表示，也可以用某些相对值表示，最常用的是以产量和生产能力利用率表示的盈亏平衡点，盈亏平衡点越低，表明企业适应市场变化的能力越大，抗风险能力越强。

13. 敏感性分析是项目经济评价中应用十分广泛的一种技术，用以考察项目涉及的各种不确定因素对项目效益的影响，找出敏感因素，估计项目效益对它们的敏感程度，粗略预测项目可能承担的风险，为进一步的风险分析打下基础。敏感性分析对项目财务评价和国民经济评价同样适用。

14. 环境影响评价是指对项目实施后可能造成的环境影响进行分析、预测和评估，提出预防或者减轻不良环境影响的对策和措施，进行跟踪监测的方法与制度。

习 题

一、选择题

1. 若计息周期为季度，计息周期季度利率为3%，则年名义利率为（ ）。

    A、9%   B. 12%   C. 3%   D. 36%

2. 设名义利率为 r，一年内计息次数为 m，实际利率为 i，则名义利率与实际利率的关系是（ ）。

$$A.\ i = \left(1 + \frac{r}{m}\right)^m - 1 \qquad\qquad B.\ i = \left(1 - \frac{r}{m}\right)^m - 1$$

$$C.\ i = \left(1 - \frac{r}{m}\right)^m + 1 \qquad\qquad D.\ i = \left(1 + \frac{r}{m}\right)^m + 1$$

3. （　　）是综合反映项目计算期各年年末资产，负债和所有者权益的增减变化及对应关系的一种报表。

    A. 资金来源与运用表   B. 现金流量表

    C. 利润表   D. 资产负债表

4. 项目财务现金流量表是以项目为一独立资产，从（　　）的角度进行设置的。

    A. 项目实施过程   B. 开始融资时期

    C. 项目实施后   D. 融资前

5. 某建设项目建设投资额为 5 000 万元，投产前项目贷款利息总和为 300 万元，建成投产后维持生产所占用的全部周转资金 1 000 万元，年平均净收益为 500 万元，该项目的投资收益率为（　　）。

    A. 7.9%   B. 10%   C. 8.3%   D. 9.4%

6. 财务评价指标中，价值性指标是（　　）。

    A. 财务内部收益率   B. 投资利润率

    C. 借款偿还期   D. 财务净现值

7. 下面不属于不确定性分析基本方法的是（　　）。

    A. 盈亏平衡分析   B. 机会成本分析

    C. 敏感性分析   D. 概率分析

8. 对于敏感性因素，下面说法正确的是（　　）。

    A. 一个项目一般只有一个敏感性因素

    B. 某不确定性因素有较小变动，而导致项目经济评价指标有较大的波动，这个因素称为敏感性因素

    C. 对敏感性因素进行分析的目的是判别项目在国民经济评价上的可行性

    D. 净现值、内部收益率通常情况下都是项目的敏感性因素

9. 财务评价的内容包括（　　）。

    A. 财务盈利能力分析   B. 清偿能力分析

    C. 外汇平衡能力分析   D. 不确定性分析

    E. 盈亏平衡分析

10. 下面对项目的评价说法不正确的是（　　）。

    A. 财务评价的结果是投资者做出决策的唯一依据

    B. 因为没有定量的指标，国民经济评价一般只能做定性的描述

    C. 因为社会评价对项目本身不重要，所以一般项目都不做社会评价

    D. 环境评价因其特殊性，只能等到项目结束后才能进行

    E. 财务评价与国民经济评价是有区别的

11. 下面哪些可作为经济参数来进行项目国民经济评价（　　）。

    A. 期望值   B. 净现值   C. 影子价格   D. 社会折现率

    E. 内部收益率

12. 用于分析项目财务盈利能力的指标是（　　）。

    A. 财务内部收益率   B. 财务净现值

    C. 投资回收期   D. 流动比率

    E. 负债比率

二、问答题

1. 什么是财务评价？财务评价的内容包括哪些？其步骤是如何实施的？

2. 财务评价应遵循哪些原则？

3. 如何进行财务评价基础数据和参数的选取？

4. 财务评价中如何进行相关成本和效益的估算？

5. 新设项目法人如何进行项目财务评价？

6. 既有项目法人如何进行项目财务评价？

7. 什么是国民经济评价？如何进行费用与效益的识别？如何估算？

8. 国民经济评价中涉及哪些主要指标和报表？

9. 国民经济评价参数如何测算？

10. 如何求取盈亏平衡点？

11. 如何进行项目的敏感性分析？

12. 环境影响报告书的编制应包括哪些主要内容？

13. 某项目设计生产能力 3.5 万吨/年，产品单价 3 500 元，税费占 10%，年生产成本为 8 500 万元，其中固定成本 3 200 万元，可变成本与产量呈正比例关系。求以产量、生产能力利用率、销售价格、单位产品可变成本表示的盈亏平衡点。

14. 某企业引进新的生产线，初始投资为 1 200 万元，当年完工，次年启用，使用期 10 年，每年可节省 330 万元。若基准收益率为 8%，试分析：就初始投资和费用节省变动 ±5%、±10%、±15%、±20% 及使用年限变动 ±10%、±20%，对该方案的净现值做敏感性分析，画出敏感性分析图，指出最敏感因素及各因素临界点。

5

项目组织管理

■ 本章教学要点

知识要点	掌握程度	相关知识
项目组织管理概念	理解	项目组织的概念和内涵、项目组织管理的概念和内容
项目实施主体相互关系	掌握	项目实施主体之间基本关系、我国目前项目管理组织 8 种常见模式
项目实施内部组织	掌握	项目组织结构的类型、适应性及其设计原则
项目经理	掌握	概念、职责、素质要求

■ 关键词

项目组织；项目业主；项目客户；项目团队；项目经理

■ 导入案例

鲁布革水电站

装机容量 60 万千瓦，多年平均发电量 28.49 亿千瓦时的鲁布革电站是黄泥河梯级电站的最后一级，位于云南罗平县和贵州兴义市交界处黄泥河下游的深山峡谷中。这里河流密布，水流湍急，落差较大。1977 年，水利电力部着手进行鲁布革电站的建设，水电十四局开始修路，但由于资金缺乏，工程一直未能正式开工，前后拖延 7 年之久。1983 年，水利电力部决定利用世界银行贷款，总额度为 1.454 亿美元，根据世界银行的要求，鲁布革将引入项目管理进行国际竞争性招标，在招标过程中，标底为 14 958 万美元，工期 1 579 天，但日本大成公司最终以投标价 8 463 万元，工期 1 545 天中标。承包方大成公司以 30 人组成的项目管理班子进行管理，施工人员是我国水电十四局的 500 名职工。1984 年 11 月 24 日引水系统工程正式开工；1985 年 11 月截流；1988 年 7 月大成公司承担的引水系统工程全部完工；1988 年年底，第一台机组发电；1990 年电站全部竣工。最终，日本大成公司以标底价的 60%，工期 1 423 天，保质保量地完成了水电站建设。

资料来源：https://baike.baidu.com/item/%E9%B2%81%E5%B8%83%E9%9D%A9%E5%86%B2%E5%87%BB/2068799

5.1 项目组织管理概述

5.1.1 项目组织

5.1.1.1 概念

组织是一切管理活动取得成功的基础，包括与它要做的事相关的人、资源及其相互关系。"组织"一词含义较广，它既是一个名词，又是一个动词。当组织被用作名词时，组织是由人员、职位、职责、关系、信息等组织结构要素所构成的一个实体概念。当组织被用作动词时，更为确切的表达就是"组织工作"。本节主要讨论作为名词的项目组织，即为了完成某个特定的项目任务而由不同部门、不同专业的人员所组成的一个特别的工作组织。

项目组织是指为完成工程任务而建立起来的，从事项目工作的组织系统。它包括两个层面，一是项目业主、承包商等管理主体之间的相互关系，即通常意义上的项目管理模式；二是某一管理主体内部针对具体工程项目所建立的组织关系。

项目组织与其他组织一样，要有好的领导、章程、沟通、人员配备、激励机制，以及好的组织文化等。同时，项目组织也有其与其他组织不同的特点：为实现项目的目标，项目组织和项目一样有其生命周期，经历建立、发展和解散的过程；项目组织根据项目的任务不断地更替和变化，它因事设人，事毕境迁，及时调整，甚至撤销；项目组织的利益相关者通过合同、协议、法规以及其他各种社会关系结合起来，他们之间的联系是有条件的、松散的；项目组织不像其他组织那样有明晰的组织边界，项目利益相关者及其个别成员在某些事务中属于某项目组织，在另外的事务中可能又属于其他组织。总之，项目组织与传统的其他组织相比最大的特点是其有机动灵活的组织形式和用人机制，更强调项目负责人的作用，强调团队的协作精神，组织形式具有更大的灵活性和柔性。

5.1.1.2 项目组织的特点

建设项目的特点决定了建设项目组织的特殊性。

（1）项目组织具有临时组合性特点，是一次性的，暂时性的。项目组织的寿命与它所承担的工程任务时间长短有关，即使项目管理班子人员未变，但项目的改变也应该认为这个组织是一次性的。

（2）项目目标和任务是决定项目组织结构和运行的最重要因素。由于项目管理主体来自不同单位或部门，各自有独立的经济利益和责任，必须在保证项目总目标的前提下按项目合同和项目计划进行工作，完成各自的任务。

（3）项目的组织管理既要研究项目各参与单位之间的相互关系，又要研究某一单位内部的项目组织形式。

（4）项目各参与单位之间的组织关系主要是合同关系。某一企业对内是一种分工与协作的关系，对外代表企业行使权力，一般采用内部承包责任制，依附于企业组织而存在。

（5）项目组织较企业组织更具有弹性和可变性，这不仅表现为项目组织成员随项目的进展而不断地调整其工作内容和职责，甚至变换角色，而且当采用不同的项目管理模式时，则有不同的项目组级形式。

（6）由于项目组织的一次性和可变性，以及参与单位的多样化，很难构成较为统一的行为方式和项目组织文化，这使得项目组织管理较一般企业组织管理更加困难和复杂。

5.1.2 项目组织管理

项目组织管理是指为了实现项目目标而进行的组织系统的设计、建立和运行，建成一个可以完成项目管理任务的组织机构，建立必要的规章制度，划分并明确岗位、层次、责任和权力，通过一定岗位人员的规范化行为和信息流通，实现管理目标。项目本身的特性使得项目组织管理对于项目的成功而言十分重要，而项目经理作为项目组织的领导者就变得更为重要。

项目组织管理的主要内容包括：确定项目管理目标；确定项目管理工作内容；确定项目组织结构形式；确定项目组织结构管理层次和跨度；确定工作岗位和职责，配置工作人员；确定工作流程和信息流程；制定考核标准。

5.2　项目管理组织模式

由于社会化大生产和专业化分工，一个项目的参加单位（或部门）可能有几个、几十个，甚至成百上千个，包括政府、项目业主、项目承包商、项目设计单位、项目监理单位、分包商、供应商等。它们之间通过行政或合同的关系连接而形成一个庞大的组织体系，为了实现共同的目标承担着各自的项目任务。项目组织是一个目标明确的、开放的、动态的、自我形成的组织系统。项目组织管理的首要任务是明确项目实施各主体之间的相互关系、职责和权限，也就是项目管理组织模式。

5.2.1 传统计划经济体制下工程项目管理组织模式

从新中国成立至 20 世纪 80 年代，我国固定资产投资基本上是由国家统一安排计划、统一财政拨款的。在当时我国经济基础薄弱、建设资金和物资短缺的条件下，这种方式对国家集中有限的人力、财力、物力进行经济建设起到了积极作用。当时的工程项目建设管理组织模式主要采用工程建设指挥部制和建设单位自营自管制两种形式。

5.2.1.1 工程建设指挥部制

工程建设指挥部一般是在前期工作阶段先成立项目筹建处，在工程开工前正式组建。指挥部由项目主管部门从本行业、本地区所管辖单位中抽调专门人员组成。对一些投资规模大、协作关系复杂的大型项目，在指挥部之上还要成立由中央部门和地方主要领导参加的项目建设领导小组。

工程建设指挥部全面负责从项目建设前期直至投产验收的组织管理工作。其主要职责是：认真贯彻执行国家有关投资与建设的方针、政策、法规、规范和标准，按照国家计划和批准的设计文件组织工程建设，统一领导、指挥参加工程建设的各有关单位，确保建设项目在国家核定的投资范围内，保质、保量、按期建成投产，发挥效益。工程建设指挥部组织形式如图5-1所示。

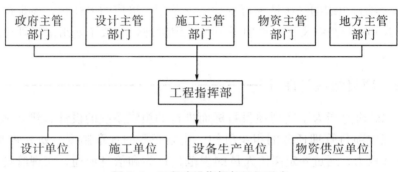

图 5-1 工程建设指挥部组织形式

由于工程建设指挥部是政府主管部门的派出机构，又有各方面主要领导组成的领导小组的指导与支持，因而，在行使建设单位的职能时有较大的权威性。实践证明，工程建设指挥部在我国工程建设史上发挥了巨大的作用。但同时应看到，这种管理模式存在着以下弊端：

（1）工程建设指挥部不是一个独立的经济实体，缺乏明确的经济责任制约。指挥部拥有投资建设管理权，却对投资的使用和回收不承担任何责任。也就是说，作为管理决策者，却不承担决策风险。

（2）工程建设指挥部是一个临时组建的机构，并非是一个专业化、社会化的管理机构，人员的专业素质难以保证，导致工程建设的管理总在低水平线上徘徊。

（3）工程建设指挥部管理模式基本上采用行政管理的手段，过于强调管理的指挥职能，忽视了客观经济规律的作用和合同手段。

这种传统工程项目管理模式的不足，使得我国工程项目管理水平和投资效益长期得不到提高，建设投资、质量目标失控现象时有发生。

5.2.1.2 建设单位自营自管制

在建设单位内部设立固定或临时基本建设管理机构，是建设单位进行项目建设活动普遍采用的一种组织管理模式。采用这一形式多是一些规模较大、建设任务多的大中型企业。有的企业不仅拥有较强的项目管理班子，而且还有自己的设计、施工队伍；

有的企业只拥有较完整的项目管理机构，设计、施工队伍则需要通过招标形式进行选择。建设单位自营自管制组织形式如图5-2所示。

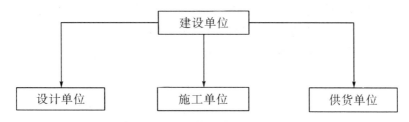

图 5-2　建设单位自营自管制组织形式

与指挥部不同的是，企业的基建管理机构一般不独立对外，有关建设方面的问题都以其企业的名义进行联系。但从企业基建管理机构的工作内容上看，它实际上行使着建设单位的职能，因而其职责和任务与指挥部大体相同。

建设单位自营自管制的主要优点是：建设与生产紧密结合，可减少建设与生产部门之间的矛盾，可以充分利用现有企业的资源和有利条件，加快建设速度。对内属设计队伍、施工队伍的调动也比较灵活。不足之处是：企业集生产单位、建设单位两种职能于一身，往往无法正确核算生产与建设的效益；基建管理人员专业化程度低，不利于积累建设经验。此外，自己拥有设计、施工队伍的企业，易吃企业内部的"大锅饭"，在建设任务不足时，这些队伍的存在可能成为企业的包袱。

5.2.2　我国现阶段项目组织管理模式

按照我国现行项目建设相关法律法规和管理制度，形成了一种以项目法人为主体的工程招标体系，以设计、施工承包商为主体的工程投标体系，以建设监理单位为主体的咨询、管理体系构成的三元主体结构，且三者之间以工程项目为中心，以经济为纽带，以合同为依据，相互协作、相互制约，构成了现阶段我国建设项目相关各方的组织关系和管理新模式，如图5-3所示。

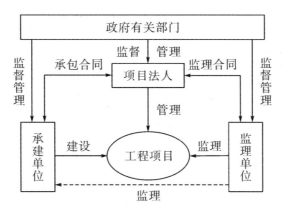

图 5-3　项目相关方组织关系

由于建设项目发承包方式不同以及承包商从业资质的差别，项目相关方组织形式会发生相应的变化。主要有工程项目总承包、设计施工分别总承包、设计施工分别平行分包等方式。

5.2.2.1 工程项目总承包模式

工程项目总承包也称设计—建造模式，是指业主将工程设计、施工、材料和设备采购等一系列工作全部发包给一家公司，由其进行设计、施工和采购工作，最后向业主交出一个已达到使用条件的工程项目，组织关系如图 5-4 所示。在工程项目总承包模式下，业主与总承包单位只签订一份合同，一般宜委托一家监理企业进行监理。

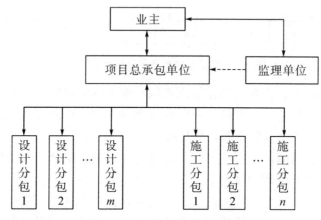

图 5-4　工程项目总承包模式

5.2.2.2 设计施工分别总承包

设计施工分别总承包也称设计、施工总分包，是指业主将工程设计、施工等工作分别发包给设计单位和施工单位。业主分别只与一个设计总包单位和一个施工总包单位签订合同。

对设计施工总分包的发承包模式，业主可以委托一家监理企业进行全过程监理，也可以按设计阶段和施工阶段分别委托监理企业，相应的组织关系如图 5-5 和图 5-6 所示。

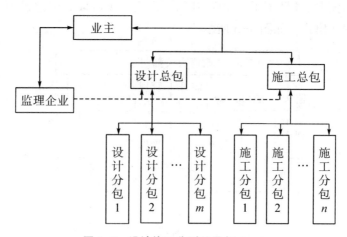

图 5-5　设计施工分别总承包 （一）

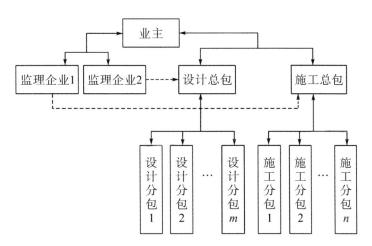

图 5-6 设计施工分别总承包（二）

5.2.2.3 设计施工分别平行分包

设计施工分别平行分包，是指业主将项目设计和施工直接平行分包给若干设计、施工单位和材料设备供应厂家，业主分别与这些设计、施工单位和材料设备供应厂家签订合同，承包合同数量比其他发承包模式要多，协调工作量大。对设计、施工分别平行分包模式，业主可以委托一家监理企业，如图 5-7 所示，也可以按阶段和专业分别委托多家监理企业进行监理。

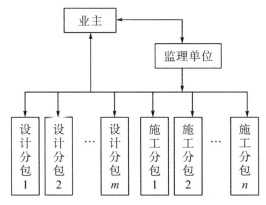

图 5-7 组织关系图

5.2.2.4 设计—管理模式

设计—管理（design manage）模式类似 CM 模式，但更为复杂，是由同一实体向业主提供设计和施工管理服务的工程管理方式。在通常的 CM 模式中，业主分别就设计和施工管理服务签订合同，而采用设计—管理模式时，业主只签订一份既包括设计也包括类似 CM 服务在内的合同。在这种情况下，设计机构和管理机构是同一实体。这一实体常常是设计机构和施工管理企业的联合体。

5.2.2.5 建造—运营—移交模式

建造—运营—移交（build operate transfcr，BOT）模式是指政府部门就某个基础设施项目与项目公司（由私人资本组成）签订特许权协议，授权项目公司负责承担该基础设施项目的投资、融资、建设、经营和维护。在协议规定的特许期限内，项目公司可在该基础设施建成后，通过经营收取一定的费用以抵偿该项目投资、融资、建设、经营和维护的成本，并获取合理的利润。政府部门则拥有该基础设施的规划权、监督权和调控权。特许期满后，项目公司再无偿将该设施转让给政府部门。现在 BOT 具有许多变体，主要如下：

BOO（build own operate），即建造—拥有—经营。

BOOT（build own operate transfer），即建造—拥有—经营—转让。

BL/RT（build lease/rent transfer），即建造—租赁—经营。

BROT（build rent operate transfer），即建造—租赁—经营—转让。

TOT（transfer operate transfer），即转让—经营—转让。

5.2.2.6　设计—采购—建造模式

设计—采购—建造（engineering procurement construction，EPC）模式包括具体的设计工作、总体策划、实施组织管理策划和具体工作。在 EPC 模式下，业主只要大致说明一下投资意图和要求，其余工作均由 EPC 承包单位来完成。业主不聘请监理工程师来管理工程，而是委派业主代表来管理工程。承包商承担设计风险、自然力风险、不可预见风险等大部分风险，一般采用总价合同。EPC 模式适用于规模较大、工期较长，且技术复杂的工程，如发电厂、石油开发等基础设施项目。

5.2.2.7　项目管理模式

项目管理公司受项目发包人委托，根据合同约定，代表发包人对工程项目的组织实施全过程或若干阶段的管理和服务，项目管理公司作为发包人的代表，帮助发包人做项目前期的策划、可行性研究、项目定义、项目计划以及工程实施的设计、采购、施工等工作。

根据项目管理公司的服务内容、合同中规定的权限和承担的责任不同，项目管理模式一般分为两种类型。

（1）项目管理承包型（PMC）。在该类型中，项目管理公司与发包人签订项目管理承包合同，代表发包人管理项目，而将项目所有的设计、施工任务发包出去，承包商与项目管理公司签订合同。但在一些项目上，项目管理公司也可能承担一些外界及公用设施的设计、采购、施工工作。这种管理模式中，项目管理公司要承担费用超支的风险，若管理得好，利润回报较高。

（2）项目管理服务型（PM）。在该类型中，项目管理公司按照合同约定，在工程项目决策阶段，为发包人编制可行性研究报告，进行可行性分析和项目决策；在工程项目实施阶段，为发包人提供招标代理、设计管理、采购管理、施工管理和试运行（竣工验收）等服务，代表发包人对工程项目进行质量、安全、进度、费用、合同、信息等管理。这种项目管理模式风险较低，项目管理公司根据合同承担相应的管理责任，并得到相对固定的服务费。

5.2.2.8　代建制

2004 年 7 月国务院颁布的《国务院关于投资体制改革的决定》（国发〔2004〕20号）明确指出："对非经营性政府投资项目加快推行代建制。"即政府通过招标的方式，选择专业化的项目管理单位负责建设实施，严格控制项目投资、质量和工期，竣工验收后移交给使用单位。在我国固定资产投资的实践中，产生了积极的作用。"代建制"

作为一项制度，其重要意义是依靠专业化组织和人员实行社会化管理，降低管理成本，提高项目投资效益，增加投资实施情况的透明度，方便监督管理，解决业主外行、管理分散、机构设置重复等问题，体现了现代化生产发展规律的要求，有利于推进政府部门的职能转变。实行代建制以后，政府主管部门的职责是投资决策、市场选择和监管评估。代建单位是中介组织，是法人单位，其收益办法是收取代理费或咨询费，从节约的投资中提成，其工作性质是工程管理和咨询，只承担管理和咨询风险，而不承担工程风险。

5.3 项目组织内部结构

5.3.1 项目组织内部结构的类型

组织结构是组织内部结构要素相互作用的联系方式或形式，是组织内的构成部分所规定的关系的形式。任何一个组织都是在特定的组织结构中运行的，受到该组织结构（项目实施组织结构、体制、政策、文化等）的影响。组织结构对项目的影响主要表现在项目经理与职能部门经理之间的权力划分，以及资源的分配与获取，因此，项目管理的组织环境实质上决定了项目管理团队实施项目获取所需资源的可能方法与相应的权力。因此会有许多不同的项目实施组织结构的类型。一般来说，项目的组织结构有三大类型：项目式管理组织结构、职能式管理组织结构以及矩阵式管理组织结构。

5.3.1.1 项目式管理组织结构

项目式管理组织结构又称线性组织结构。它主要适合开展各种业务项目的企业和组织，是一种专门为开展一次性和独特性的项目任务而建立的组织。其形式是按任务来划归所有资源的，即系统中的部门全部是按项目进行设置的，每一项目部门均有项目经理，负责整个项目的实施。系统中的成员或调用或招聘，以项目进行分配和组合，接受项目经理的领导。在这个组织中，项目经理是专职的，具有很高的权威性，对项目的总体负全责。在项目式管理组织结构中，每个项目组之间相对独立，为不同的项目提供支持服务。项目式管理组织结构如图5-8所示。

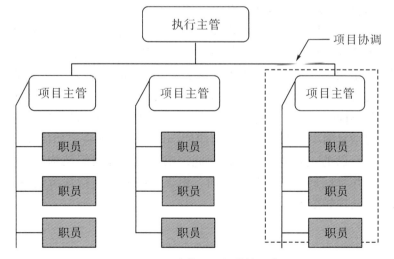

图 5-8 项目式管理组织结构示意图

项目式管理组织结构的设置避免了多头领导的现象，有利于项目的进度、成本、质量等方面的控制与协调，同时为项目组人员之间的相互交流学习创造了良好的环境。但是，因为项目的一次性特点，使得项目组织随着项目的产生而建立、结束而解体，也使得因项目需要而重复设立的机构，造成资源的闲置。

5.3.1.2 职能式管理组织结构

职能式管理组织结构适用于日常运营型企业，是按照专业职能以及工作的相似性来设定、划分内部职能部门。组织在进行项目管理工作时，由各职能部门根据需要分别承担本职能范围内的工作，必要时可从专业相近的职能部门内派遣人员参加项目管理工作。如，供应部门负责原材料的采购与供应，销售部门负责产品或项目的营销，财务部门负责财务管理等。但是，这种组织结构界限并不明确，存在着多重领导，使得协调难度大、组织成员责任淡化。职能式管理组织结构如图 5-9 所示。

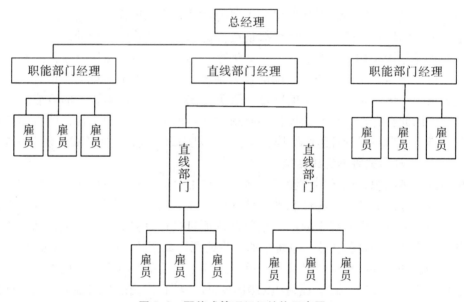

图 5-9　职能式管理组织结构示意图

5.3.1.3 矩阵式管理组织结构

矩阵式管理组织结构适用于大的组织系统，是职能式管理组织结构和项目式管理组织结构结合的产物。它既有项目式管理组织结构注重项目和客户的特点，也保留了职能式管理组织结构的职能特点。当多个项目对职能部门的专业支持形成广泛的共性需求时，矩阵式管理组织结构是一种有效的组织方式。在矩阵式管理组织结构中，设横向和纵向两种不同类型的工作部门，项目经理对项目内的活动内容和时间安排行驶权利，并直接对项目的主管领导负责，而职能部门负责人则决定如何以专业资源支持各个项目，并对自己的主管领导负责，因此，矩阵式管理组织结构存在两个指令源。当纵向和横向工作部门的指令发生矛盾时，由该系统的最高指挥者进行协调和决策。矩阵型项目组织结构如图 5-10 所示。

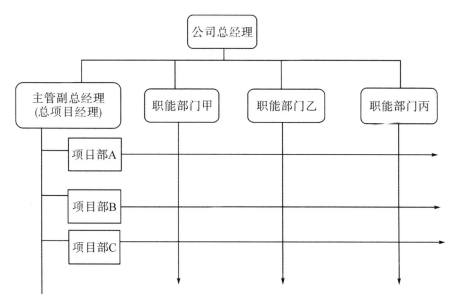

图 5-10　矩阵式管理组织结构示意图

矩阵式组织结构依照其中的职能式组织和项目式组织集成程度的不同，又可以分为弱矩阵式、强矩阵式和均衡矩阵式三种形式。

（1）弱矩阵式组织。该组织由一个项目经理来负责协调各项项目工作，但因项目成员均在各职能部门为项目服务，而非全职性，故项目团队多数是松散性的，项目经理和管理人员的权力有限。

（2）强矩阵式组织。其组织结构与项目式管理组织结构类似。项目经理领导项目内一切人员，并通过项目管理职能来协调各职能部门人员完成项目任务，故项目团队的权力较强。

（3）均衡矩阵式组织。这种组织形式是为了加强对项目的管理而对弱矩阵式项目组织形式的改进。其项目团队中的人员都是专职从事项目的，项目团队获取资源的权力介于弱矩阵式和强矩阵式的组织环境之间。项目经理负责监督项目的执行，各职能部经理对本部门的工作负责。项目经理负责项目的时间和成本，职能部门经理负责项目的界定和质量。

与项目式管理组织结构和职能式管理组织结构相比，矩阵式管理组织结构能更好地利用组织资源，明确职责分工，进行项目部门与职能部门的沟通，提高资源利用的有效性，保证各个项目都能满足进度、费用、质量等的要求；但存在两个指令源，易出现项目管理困难、双重指挥的混乱现象。

一般来说，职能式管理组织结构适用于规模较小、以技术为重点的项目，而不适用于时间限制性强或要求对变化做出快速响应的项目。对于规模大、工期要求紧、技术复杂、重要程度高的项目，一般采用项目式管理组织结构。如果一个组织中包括许多相似的项目，需要多个职能部门的资源但又不需要技术人员全职为项目工作，矩阵式管理组织结构是较好的选择。

5.3.2 三种组织结构的选择与比较

三种组织结构形式的比较见表 5-1。

表 5-1 三种组织结构的对比

项目		结构形式		
		职能式管理组织	矩阵式管理组织	项目式管理组织
主要特征		项目工作分解并交各职能部门完成,项目管理团队没有专职人员和明确的组织界限	项目团队接受项目经理领导,同时接受各职能部门的专业指导	项目组织设置于职能部门外,项目团队独立负责实施项目主要工作
优点		发挥资源集中优势,专业化程度高,专业人员可同时参与多个项目的管理、资源占用与浪费少	资源利用率高,团队的工作目标与任务明确	管理层次简单,决策迅速,团队成员目标一致,内部沟通便捷
缺点		跨部门沟通协调困难,不利于调动项目人员积极性	一定程度上接受多头领导,权力平衡有困难	资源重复配置,信息闭塞,管控水平取决于个人能力
人员情况	项目经理权限	很少甚至没有	有限	较大甚至全权
	项目经理角色	兼职	兼职或全职	全职
	其他人力资源独占性	很低	部分	绝大部分甚至全部
主要适用项目		专业性强、项目规模小、实施期短,运行有规律	同期执行多个专业类似项目,项目规模中等,技术不复杂	项目规模大、周期长、技术复杂

在选择项目适用的组织形式时,需要考虑以下影响因素:

(1)项目的优先级。一些特定项目对于组织来说有着重要的战略意义,优先级别比较高,需要较高的项目自由度,在组织结构选择上,更适用项目式管理组织结构。

(2)项目的创新性。对于创新性项目,在实施的过程中可能碰到的风险较大,需要更多的项目自主决策权力。因而,更倾向于采取以项目式管理组织结构为中心的组织方式。

(3)项目的集成度。若项目需要组织内多个部门的共同努力才能完成,由于涉及的部门比较多,组织界面关系复杂,需要更多地采用集成管理的方式。对集成管理的强烈需求使项目更倾向于采用以项目为中心的组织方式。

(4)项目所处的环境。若项目面临着复杂的外部环境,需要更多地基于项目问题的决策,在这种情况下,更倾向于以项目为中心的组织方式。

5.4 项目经理

项目经理是指企业法定代表人在建设工程项目上授权的委托代理人。项目经理应由法定代表人任命，并根据法定代表人授权的范围、期限和内容，履行管理职责，并对项目实施全过程、全面的管理，是建设工程项目管理的责任主体。项目经理通过实行项目经理责任制履行岗位职责，在授权范围内行使权限，并接受组织的监督考核。项目经理的聘用决定，是一种行业规范化管理的组织行为。

5.4.1 项目经理的类型

项目经理制自 1941 年于美国产生以来，在世界范围内得到普遍推广。我国于 1984年在建筑企业试行项目经理负责制，至今已推广到建设领域的各个方面以及其他领域。项目经理是其上级任命的一个项目管理班子的负责人，项目经理是一个管理岗位，不是技术岗位，他的任务仅限于从事项目管理工作，项目经埋的管理权限由其上级决定。项目经理包括业主的项目经理、施工单位的项目经理、设计单位的项目经理、咨询单位的项目经理、其他部门的项目经理。

（1）业主的项目经理。业主的项目经理是受项目法人的委托和授权，领导和组织一个完整工程项目建设的总负责人。对于一些规模大、工期长且技术复杂的工程项目是由工程总负责人、工程投资控制者、进度控制者和合同管理者等人组成项目经理部，对项目建设进行全过程的管理。对于一些规模小、技术简单的小型项目，项目经理可由一个人承担，负责全过程的项目管理。

（2）施工单位的项目经理。施工单位的项目经理是受施工企业法定代表人委托和授权，在建设工程项目施工中担任项目经理岗位职务，直接负责工程项目施工的组织实施者，对建设工程项目施工全过程、全面负责的项目管理者。

我国从 1987 年开始在 15 家试点企业共 66 个项目上试行施工管理体制改革和推广鲁布革工程管理经验。1992 年原建设部印发了《施工企业项目经理资质试行办法》。1995 年颁发了《建筑施工企业项目经理资质管理办法》。2002 年 12 月 5 日，原人事部、原建设部联合印发了《建造师执业资格制度暂行规定》（人发〔2002〕111 号）。这标志着我国建造师执业资格制度工作的正式建立。我国的建造师是指从事建设工程项目总承包和施工管理关键岗位的专业技术人员。在全面实行建造师执业资格制度后仍要落实项目经理岗位责任制，2004 年度组织进行了第一次一级建造师考试。建造师是一种专业执业资格名称，项目经理是一个工作岗位名称，二者不能混淆。项目经理在承担项目施工管理过程中，应根据建筑企业与建设单位签订的工程承包合同，与建筑企业法人代表签订项目管理承包合同，在企业法人代表授权范围内行使诸如组建项目管理班子、受委托签署有关合同、指挥生产经营活动、选择施工队伍、进行合理的经济分配等权限，并对施工项目负有全面管理的职责。

（3）设计单位的项目经理。设计单位的项目经理是受设计单位法定代表人委托和授权，领导和组织一个完整工程项目设计的总负责人。设计单位的项目经理对业主的项目经理负责，从设计角度控制工程项目的总目标。

（4）咨询单位的项目经理。咨询单位的项目经理是受咨询单位法定代表人委托和授权，根据业主需要进行全过程或某一阶段的咨询管理服务的总负责人。这种情况一般发生在项目比较复杂，而业主又没有足够的能胜任的人员，因此委托咨询机构来进行项目管理的情况下。

（5）其他部门的项目经理。其他部门的项目经理是受企业委托和授权，对项目实行指导、监督等职能的总负责人。如政府派出的项目经理、银行派出的项目经理等。

5.4.2 项目经理的职责

项目管理的主要责任是由项目经理承担的，项目经理的根本职责是确保项目的全部工作在项目预算的范围内，按时、优质地完成，从而使项目业主/客户满意，为此，项目经理需要履行工作职责，并授予项目经理一定的权限。

5.4.2.1 项目经理的职责

项目经理的任务就是要对项目实行全面的管理，项目经理的职责可分为对企业应负的职责和对项目及项目成员应负的职责。

（1）项目经理对企业应承担的职责。

①保证项目的目标与企业的经营目标相一致，项目的实施以实现企业经营战略目标为前提。

②保证企业分配给项目的资源能够被充分有效地利用。

③与企业高层领导进行及时有效地沟通，及时汇报项目的进展状况、成本、时间消耗以及可能发生的问题。

（2）项目经理对项目及项目成员应承担的职责。

①对项目的成功负有管理职责，保证项目按时、在预算内达到预期结果。

②保证项目的完整性。

③项目经理有责任创建良好的工作氛围与环境，有责任对项目小组成员进行绩效考评，激励项目成员为项目工作。

5.4.2.2 项目经理的权限

不同管理主体单位项目经理的权限不同，但对项目经理的授权遵循一些共同规律。

（1）授权的原则。

①根据项目目标的要求授权。一般来说，工程项目质量要求越高，工期要求越紧，则授予项目经理的权限也应越大。

②根据项目风险程度授权。项目风险越大，项目经理承担的职责越大，对项目经理赋予的权限也应越大。

③按合同的性质授权。根据项目合同性质，授予项目经理较为灵活的权限，以便使其能有充分的自主权，做出正确的决策。

④按项目的性质授权。大型复杂的工程项目，应授予项目经理较大的权限。

⑤根据项目经理个人情况授权。对于组织管理能力较强、经验丰富的项目经理，应授予其足够的权限，以便其能充分发挥自己的创造性。

⑥根据项目班子和项目团队授权。如果项目经理班子成员较多、配备精良，则应

授予项目经理较大的权限。

总之，对项目经理的授权有较高的艺术性。授权过多，会导致项目经理自主权过大，增加项目的风险；授权过少，又会限制项目经理行动和决策的自由度。

（2）授权的范围。

①项目团队的组建权。其包括项目经理班子的组建权和项目成员的选拔权。

②项目实施过程中的决策权。项目经理独立的决策权对项目目标的实现全关重要。

③项目的财务权。项目经理必须拥有与职责相符合的财务决策权。

④项目实施控制权。项目经理需要根据项目总目标，将项目的进度和阶段性目标与资源和外部环境平衡起来，做出相应的决策，以便对整个项目进行有效的控制。

5.4.3 项目经理的业务素质要求

无论是建设单位的项目经理，还是监理单位或施工单位的项目经理，虽然他们的权限、职责、业务内容、项目管理范围等个同，但从管理学角度看，对项目经理业务素质的要求基本是一样的。项目经理业务素质是各种能力的综合体现，包括核心能力、必要能力和增效能力三个层次。其中，核心能力是创新能力，必要能力包括决策能力、组织能力和指挥能力，增效能力包括控制能力和协调能力。这些能力是项目经理有效地行使职责，充分发挥领导作用所应具备的主观条件。

（1）创新能力。由于一次性是项目最显著的特点，项目的开展不可能有完全一样的资料、经验可以照搬，项目经理必须根据本项目的特点运用创新的思维。创新是项目经理在项目管理活动中善于敏锐地发现问题，提出大胆而新颖的推测和设想，继而拿出可行的解决方案的能力。项目经理的创新能力关系到项目的成败和投资效益的好坏。

（2）决策能力。决策能力是指项目经理根据外部经营条件和内部经营实力，构建多种建设管埋方案并选择合理方案、确定建设方向的能力。项目经理的决策能力是项目组织生命机制旺盛的重要因素，也是检验其领导水平的一个重要标志。

（3）组织能力。组织能力是指项目经理为了实现项目目标，运用组织理论指导项目建设活动，有效地、合理地组织各个要素的能力。如果项目经理具有高度的组织能力，并能充分发挥，就能使项目建设活动形成一个有机的整体，保证其高效率地运转。组织能力主要包括组织分析能力、组织设计能力和组织变革能力。

（4）指挥能力。项目经理是工程项目建设活动的最高指挥者，担负着有效地指挥项目建设经营活动的职责。因此，项目经理必须具有高度的指挥能力，表现在正确下达命令的能力和正确指导下级的能力。

（5）控制能力。项目经理的控制能力，体现在自我控制能力、差异发现能力和目标设定能力等方面。自我控制能力，是指项目经理通过检查自己的工作，进行自我调整的能力；差异发现能力，是对执行结果与预期目标之间产生的差异能及时测定和评议的能力；目标设定能力，是指项目经理应善于制定量化的工作目标，并与实际结果进行比较的能力。

（6）协调能力。协调能力是指项目经理解决各方面的矛盾，使各部门以及全体职工为实现项目目标密切配合、统一行动的能力。协调能力具体表现在：解决矛盾的能力、沟通能力及鼓动和说服能力。

当然，项目经理业务能力的高低，不仅取决于其是否拥有广博的理论知识及丰富的实践经验。

本章小结

1. 项目组织是指为完成工程任务而建立起来的，从事项目工作的组织系统。它包括两个层面，一是项目业主、承包商等管理主体之间的相互关系，即通常意义上的项目管理模式；二是某一管理主体内部针对具体工程项目所建立的组织关系。

2. 项目投资建设会直接涉及政府、项目业主、项目承包商、项目设计单位、项目监理单位、分包商、供应商等主体，项目组织管理的首要任务是明确项目实施各主体之间的相互关系、职责和权限，也就是项目管理组织模式。我国目前项目管理组织模式有总承包模式、代建制等8种模式。

3. 项目内部组织是为完成某个特定的项目任务而由不同部门、不同专业的人员所组成的一个特别的工作组织，有职能型、项目型、矩阵型三种类型，不同组织结构有其优缺点及其适应性，没有一种项目组织结构是十全十美的，关键在于是否适应项目管理的需要。项目组织的设计必须在一般组织设计的基础上同时反映项目工作的特征，应坚持目标一致性原则、有效的管理层次和管理幅度原则、责任与权利对等原则、合理分工与密切协作原则、集权与分权相结合的原则、环境适应性原则。

4. 项目经理就是项目的负责人，又称为项目管理者或项目领导者，他们领导着项目组织的运转，其最主要的职能是保证组织的成功，在项目及项目管理过程中起着关键的作用，是决定项目成败的关键角色，需要履行项目管理的计划、组织、控制等工作职责。项目的复杂性和多样性，要求项目经理具备各方面的能力和较高综合素质，包括号召力、影响力、交流能力、应变能力等能力要求；计划、组织、目标定位、整体意识、授权能力等管理技能；具备相关的专业知识、计算机应用能力、使用项目管理工具和技巧的特殊知识等技术技能。

习 题

一、单项选择题（每题备选项中，只有一个最符合题意）

1. （   ）是实现组织目标的根本保证。

    A. 组织结构　　　　B. 协调　　　　　　C. 沟通　　　　　　D. 战略

2. 某组织结构管理层次为3层，管理跨度为3，则该组织有（   ）人。

    A. 31　　　　　　　B. 13　　　　　　　C. 21　　　　　　　D. 7

3. 监理单位与项目法人之间是委托与被委托的（   ）。

    A. 代理关系　　　　B. 雇佣关系　　　　C. 合同关系　　　　D. 经纪关系

4. 业主将工程设计、施工等工作分别发包给设计单位和施工单位的方式称为（   ）。

    A. 设计施工分别平行分包   B. 设计施工分别总承包

    C. 总承包   D. 交钥匙承包

5. 在国际上，设计、采购和建造任务综合承包的模式被简称为（   ）模式。

    A. EPC 承包   B. BOT 承包   C. D+B 承包   D. CM 总承包

6. 项目管理承包模式（PMC）是一种（   ）模式。

    A. 由专业化机构进行项目管理   B. 公共设施及服务私营化

    C. 工程项目总承包   D. 传统项目管理

7. 对技术复杂、工期较长的建筑工程，从施工承包商角度应选择（   ）组织结构形式。

    A. 项目式   B. 平衡矩阵式   C. 职能式   D. 弱矩阵式

8. 将项目的组织独立于公司职能部门之外，由项目组织自己独立负责项目的组织管理模式是（   ）。

    A. 职能式   B. 项目式   C. 矩阵式   D. 复合式

9. 在（   ）组织机构中，项目成员接受项目经理和职能部门经理的双重领导。

    A. 职能式   B. 矩阵式   C. 直线式   D. 项目式

10. 施工项目经理是一个（   ）的名称，建造师是一种执业资格名称。

    A. 管理岗位   B. 技术职称   C. 管理人士   D. 专业人士

11. 项目经理应具备的核心能力是（   ）。

    A. 决策能力   B. 组织能力   C. 指挥能力   D. 创新能力

二、多项选择题（每题备选项中，至少有2个符合题意，多选、错选不得分）

1. 组织结构设计需要遵循的共同原则有（   ）。

    A. 权责对等的原则   B. 权力集中的原则

    C. 目标明确，命令统一的原则   D. 分工与协作相一致的原则

    E. 因事设职和因人设职相结合的原则

2. 工程项目组织（   ）的特点。

    A. 具有一次性   B. 具有约束性

    C. 具有生命周期性   D. 必须保证项目总目标的实现

    E. 必须重视项目各参与单位之间的相互关系

3. 我国推行建设工程监理制度的目的有（   ）。

    A. 与国际接轨   B. 确保工程建设质量

    C. 获得更多的利润   D. 提高工程建设水平

    E. 充分发挥投资效益

4. 我国现行工程项目管理相关方组织关系是由（   ）构成的三元主体结构。

    A. 项目法人   B. 承包商   C. 建设监理单位   D. 投资方

    E. 银行

5. 建设工程项目管理中常用的组织结构形式包括（   ）组织结构。

    A. 直线型   B. 项目式   C. 矩阵式   D. 职能式

E. 网络型

6. 职能式项目组织的缺点有（   ）。

A. 不能以项目和客户为中心 　　　 B. 不利于提高企业技术水平

C. 机构重复 　　　 D. 资源利用上的灵活性较差

E. 职能部门对项目的责任不明，协调困难

7. 项目式组织结构的特点有（   ）。

A. 以项目为中心，目标明确 　　　 B. 项目内沟通困难

C. 项目内沟通简洁 　　　 D. 权力集中，命令一致，决策迅速

E. 责任不明，协调困难

8. 拉林与高伯利的研究结果认为，在选择项目组织形式时，（   ）组织形式是比较有效的，而其他组织形式一般是无效的或仅边缘有效。

A. 项目式 　　　 B. 项目矩阵（强矩阵）

C. 平衡矩阵 　　　 D. 职能矩阵（弱矩阵）

E. 职能式

9. 我国施工企业项目经理资质管理办法中，对施工项目经理表述正确的有（   ）。

A. 施工企业法定代表人委托的

B. 施工企业上级管理部门委托的

C. 对工程项目施工过程全面负责

D. 对建设项目全面负责

E. 施工企业法定代表人在工程项目上的代表人

10. 施工项目经理在工程项目施工管理过程中，行使的权力包括（   ）。

A. 选择监理单位 　　　 B. 选择施工队伍

C. 进行合理的经济分配 　　　 D. 组织项目管理班子

E. 指挥项目生产经营活动

三、简答题

1. 项目实施主体有哪些？项目管理组织模式有几类？

2. 项目组织的类型有哪些？各有什么样的优缺点？

3. 项目经理有哪些职责？有哪些能力、素质要求？

4. 有人说："中国的传统文化适应集权管理，适合人治，不太适应矩阵式组织形式。"你觉得对吗？为什么？

6 | 项目采购管理

■本章教学要点

知识要点	掌握程度	相关知识
项目采购计划管理	掌握	项目采购、项目采购计划
项目招标	掌握	招标方式、方法，招投标的范围
项目招标投标基本程序	掌握	招标准备、资格审查、招标文件、评标

■关键词

项目采购；项目招标投标

■导入案例

复印机合同

Kirkton 大学采购部门的资深采购员 Karen Masters，正面临着一项困难的决策。复印机合同的竞争者只剩下 Excalibur 公司和 Quickserve 公司，Excalibur 公司给出了更为有利的报价。然而，Karen 对她与 Excalibur 公司以前的合作并不满意，她不知道这会给决策造成什么影响。必须在三天内做出决策。

Kirkton 大学及其采购部门 Kirkton 大学位于美国中西部，登记在册的学生人数超过 25 000 人，有 65 座建筑物、16 个系和学院。

学校行政管理部门员工超过 2 000 人。采购部隶属于行政管理部门，负责接收、管理及供应维持学校正常运转所需要的物资。

Karen Masters 在六年前加入采购部，当时刚好获得音乐和教育学位。除了研究生学业，还通过了总共四门注册采购经理考试中的三门。目前她正在为获得证书而努力。自从加入采购部以来，Karen 已经从一个普通员工被提升到了资深采购员的职位。在关于合同投标和如何确定中标方面她累积了大量的经验。

采购部门不断地招标，接收各种投标书，以最优利益为标准选择供应商。这个过程包括检查每份标书的细节，确保其符合最终使用者的需要，并确保学校能够用有限的资金获得最高的价值。要达到这些标准，责任主要落在采购部门主管和资深采购员肩上。

Kirkton 大学校园中总共使用着 225 台复印机（这个数字不包括投币式机器或者绘图服务）。这 225 台复印机中，有近 100 台是根据一份四年期的合同从某复印机公司租借的。该合同包括每一次复印的服务和复印机的维修工作。

八年前，Kirkton 大学与 Excalibur 公司签订了一份四年期的供应复印机的合同。Excalibur 是一家大型跨国公司，在市场中占主导地位，它以每次复印大约 3.3 美分的投标价格获得了合同。但是，在合同执行期间，Excalibur 公司的表现一般。它提供的复印机是没有适应性的、简单的复印机（例如，没有放大功能等），并且不能保证及时维修。

四年后，合同期满，需要重新签订一份合同。这一次当地一家小公司 Quickserve，获得了合同。激烈的竞争和生产复印机成本的降低使 Quickserve 公司提供了复印机每次 1.9 美分的价格。另外，Quickserve 公司提供了多种规格和适应性很强的机型，其中包括 Kortex100s、4000s 和 5000s。Karen 认为与 Quickserve 公司四年的合作是非常令人满意的。除了其复印机性能优良，具有很强的适应性以及较低的成本外，Quickserve 公司的服务代表也提供了非常好的服务。实际上，与 Kirkton 的合同是由 Quickserve 公司的总经理亲自监督执行的，他不断地给 Karen 提供关于每一台复印机服务记录的报告。而且，Quickserve 公司允许 Karen 决定何时更换同类型的复印机（更换掉经常出故障的复印机），这是 Excalibur 公司以前坚决要求 Kirkton 大学自行解决的。

在大学与 Quickserve 公司履行整个合同期间，Excalibur 公司不断地向其介绍该公司其他系列产品。Karen 对他们的做法很反感，这可由两个例子来说明。首先，在 Karen 从事采购工作的六年里，公司更换了 13 次销售代表。由于学校订立合同和开发票程序的特殊性，Karen 不得不"重新培训每一名销售代表"。其次，学校有一项严格的规定，所有采购要由采购部来完成。然而，Excalibur 公司的代表有时直接与最终的使用者进行联系以影响其对于材料或者采购的需求，而 Excalibur 公司的代表知道这是违反学校规定的。

当前的投标截至 1 月 7 号，总共收到了 19 份对于复印机合同的投标。把范围缩小到五家公司：Tauras、Excalibur、Quickserve、Doolittle&Byers 以及 Plumper。经过仔细考查，又淘汰了三家公司。淘汰 Tauras 公司是因为它缺乏历史记录（这家公司刚成立两个月），并且不能确定其是否能够应付业务量这么大的一份合同（这份合同的业务量比它目前的业务量两倍还多）。淘汰 Doolittle&Byers 公司是因为它提供的标准复印机每分钟只能够复印 40 张，很显然这是需要大量复印的使用者所不能接受的。另外，Doolittle&Byers 公司没有计算机化的服务系统，并且也不准备安装这种系统。淘汰公司 Plumper 是因为它的设备技术含量太低（液态的），这将产生低质量的复印件。

保留下来的两份投标来自 Excalibur 公司和 Quickserve 公司。Excalibur 公司的投标包括重新装备的复印机，提供与 Quickserve 公司相似的服务，价格比 Quickserve 公司的投标价低大约 20%。

Quickserve 公司的投标是现在合同的延续，包括现在所使用的设备。它的投标价格与上次合同价格相同。

当考虑这些影响短期内所要做出决策的因素时，Karen 感到有些忧虑。显然，公司提供了一个在价格方面很有吸引力的投标，但是其他方面如何呢？另外，很难仅根据过去的表现就确定公司的 Quickserve 投标合理。公平性如何呢？作为一个有较高层次的机构，如果它所签订的合同是不公平的，很可能会造成一些附带的影响。Karen 必须权衡许多因素，并在三天后向采购部提出建议。

资料来源：《当代经理世界》，2018-3-11。

6.1 项目采购管理概述

实施任何 个项目都需要有一定的资源投入。对项目组织（承包商或项目团队）而言，这些资源投入包括人员、材料、工具、设备、资金等。资源的投入贯穿于整个项目实施过程的各个阶段和各项活动，是项目得以顺利实施的重要保障。因此，在项目实施前项目组织必须制订项目资源采购计划并在以后的项目实施过程中认真管理并努力执行这一计划。大量的项目管理实践已经证明，有效的项目采购管理是项目成功的关键要素之一，所以任何项目都必须开展项目采购管理。项目采购管理（project procurement management），有人也将其译为"项目获得管理"，是指在整个项目过程中项目组织从外部寻求和采购各种项目所需资源（商品和劳务）的管理过程。此处的项目组织既可以是项目业主/客户或项目承包商与项目团队，也可以是项目业主/客户组织内部的项目团队或者个人。项目所需的资源主要有两种：一种是有形的商品（goods），一种是无形的劳务（services）。对于一般项目而言，商品包括各种原材料、设备、工具、机器、仪器、能源等实物，而劳务则包括各种项目实施、项目管理、专家咨询、中介服务等，项目所需劳务的最主要构成是总承包商和分包商承担的项目实施任务。

6.1.1 项目采购管理中的关键角色

为了方便讨论，本章讲商品和劳务统一地称作"产品（products）"，由此项目的采购管理便可以视为是项目组织对于采购项目所需产品中所开展的管理活动了。在项目采购管理中，主要涉及四个方面的利益主体以及他们之间的角色互动。这些是项目业主/客户、项目组织（承包商或项目团队）、供应商和项目的分包商。其中，项目业主/客户是项目的发起方和出资方，他们既是项目最终成果的所有者或使用者，也是项目资源的最终购买者。承包商或项目团队是项目业主/客户的代理人和劳务提供者，他们为项目业主/客户完成项目商品和部分劳务的采购，然后从项目业主/客户那里获得补偿。供应商是为项目组织提供项目所需商品和部分劳务的工商企业组织，他们可以直接与业主/客户交易，也可以直接与承包商或项目团队交易，并提供项目所需的商品和劳务。项目分包商或专家是专门从事某个方面服务的工商企业或独立工作者，当项目组织缺少某种专长人才或资源去完成某些项目任务时，他们可以雇用各种分包商或专家来完成这些任务，分包商或专家可以直接对项目组织负责，也可以直接对项目业主/客户负责。上述角色在项目采购管理中的关系如图 6-1 所示。

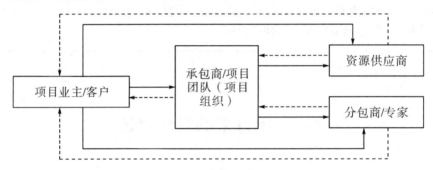

图 6-1　项目角色的关系

图 6-1 中的实线箭线既表示"委托—代理"关系的方向，也表示项目资金的流向；而其中的虚线箭线则表示项目采购中的责任关系。例如，项目业主/客户与项目组织，项目组织与分包商和供应商，项目业主/客户与分包商和供应商之间都是委托和代理的关系；项目组织与供应商之间则是"产品"买卖的关系。项目采购的管理主要是这种资源采购关系的管理及这种采购关系中所发生的各种事务和关系的管理。因为，在项目采购管理中如果上述角色之间能够有效沟通和积极互动就可以使项目实施确保成功，反之，就会发生因为资源短缺或不到位而项目进度受阻或项目失败。在项目采购管理中，计划、管理和实施工作主要是由项目组织开展和主导的，项目业主/客户直接进行项目采购的情况较少，因为项目组织是项目资源的直接需求者和使用者（也是提供者之一），他们最清楚项目各阶段的资源需求。另外，注意在本章中项目承包商/项目团队一般被称作"项目组织"，而项目的分包商不属于"项目组织"的范畴。

6.1.2 项目所需资源的来源

一个项目所需的资源是各种各样的，这些资源的来源也是各种各样的。除了项目组织内部可以提供一部分项目必需的商品和劳务外，还有许多资源需要从其他工商企业或组织那里采购获得。一个项目所需资源的主要来源包括：

6.1.2.1 项目业主/客户

一般在项目承发包合同中，项目业主/客户为了使项目取得满意的成果，通常会承诺向项目组织提供一些特殊设备、设施、信息和其他的资源。在现代项目合同管理中这被称为"项目业主/客户的供应条款"。这些条款中写明了项目业主/客户在项目过程中将向项目组织提供哪些设备、设施、人员和信息资料以及提供的日期等细节，通常这些资源的供应时间是与项目实施进度相配合的。严格而规范的项目业主/客户供应条款可以保护项目组织的利益，避免由于项目业主/客户的设备、设施、信息、系统零部件或其他资源的耽搁而导致项目进度计划的推迟。在这种项目合同条款中一般都需要约定，一旦出现耽搁的情况责任由项目业主/客户负责。当然，项目组织也要对项目的最终成果负责，也需要努力促使项目业主/客户去实现他们的承诺。

6.1.2.2 外部劳务市场

确切地讲，项目所需的劳务是以项目实施人员为载体的，不同的项目需要各种不同类型的劳务，或者说不同类型的实施人员。承包商或项目团队为了以较低成本和较快的速度完成项目任务会从外部劳务市场获取自己所需的各种项目实施人员。例如，在软件开发项目中，项目组织可能需要临时招聘一些计算机程序员、资料处理人员等；而在工程建设项目中，则需要招聘大量的施工人员、安装人员、管理人员等。甚至，在许多业主自我开发的项目中也需要从外部劳务市场上临时招聘一些本企业没有的人员。在市场经济条件下，一个项目的成功在很大程度上需要依赖外部劳务市场为项目提供各种各样的人力，或者叫"劳务"。但是，从外部劳务市场上获得的人力资源或劳务都是常规的，技术水平和要求较低的，而不是专门化的技术专家。

6.1.2.3 分包商和专家

当项目组织缺少某种专业技术人员或某种专门的实施技术与资源去完成某些特殊的项目任务时，他们就需要雇用分包商或专业技术顾问公司来完成这种项目任务。他们既可以雇用独立的专门技术顾问或自由职业者来完成一些非常特殊的专业技术作业，如聘请法律顾问指导项目合同文件的编制、洽谈和签署，或者聘请技术专家来处理项目实施过程中的特殊环保问题等。他们也可以雇用专门的分包商完成项目的某一部分独立的分步（工作步骤或工序）或分项（工作项目或子项目）作业，如将屋顶作业分包给专门的屋顶建设分包商，将油漆作业分包给专门的油漆分包商，而将计算机系统测试分包给专门的信息系统测试公司等。项目组织从这些分包商和专家这一来源之处获取的主要是各种特殊的服务。从另外一个角度讲，项目组织采用雇用分包商和专家的策略也是利用社会分工，降低项目成本的一个有效措施。

6.1.2.4 物料和设备供应商

实施项目所需的物料和设备等有许多需要从外部供应商那里购买或租赁。项目所需的物料主要包括：原料、材料、燃料、工具和各种构件、配件等。例如，在一个民房装修项目中，需要木材、门窗、管件、地毯、墙纸、灯具等装修材料；需要仪器、机器、工具、登高设备等设备和设施等。在这一装修项目的实施过程中，项目组织可能还需要租用某些特殊的工具和购买许多特殊的物料。为了在项目实施过程中，适时、适量地得到合乎质量要求的各种项目资源，任何一个项目组织都必须认真与物料和设备供应商合作，因为这是节约项目成本的关键因素之一，是项目收益的源泉之一（一般认为，"节约"是项目收益的第二源泉）。

6.1.3 项目采购管理中的合同

在项目采购管理过程中，所有的采购关系都应该按照有法律约束力的合同来进行。不同类型的项目采购合同适合于不同资源的交易。"项目业主/客户供应条款"是项目业主/客户在与承包商进行项目承发包合同谈判时，双方约定而写入承发包合同的。它规定了项目业主/客户应该交付给承包商的部分项目所需资源。同样，项目承包商要从外部劳务市场招聘部分项目实施人员，他们也必须签订合法的劳动合同；项目承包商要将部分项目任务转包给分包商，他们也要以合同的方式规定双方的权利和义务；而项目组织要购买有形产品就需要与供应商签订货物采购合同，合同中要详细地规定货物的交易价格、交货期、交货地点、数量以及质量规格等。在项目资源的采购中，一般项目组织是资源的买主，供应商或分包商是资源的卖主。项目组织与资源提供者可以通过友好协商，选择签订各种不同类型的采购合同。通常，项目采购合同中"价格"是关键的因素，而支付方式是核心问题，所以按照价格和支付方式的不同，项目采购合同一般可以分为如下三种类型：

6.1.3.1 项目固定价格合同

在这类项目合同中，项目业主（或项目组织）和分包商（或供应商）通过谈判对严格定义的采购标的（产品或劳务）确定一个双方认可的总体价格，然后固定该价格，不经双方协商同意不得变更，整个项目工作是按照这一固定价格结算的。从某种程度上讲，这种固定价格合同所购买的产品应该是能够严格定义的，但是因为项目实施过程中会有各种变化，所以这种固定价格合同对资源的卖主和买主都有一定的风险，一方面买主（项目业主或项目组织）可能因实际情况变化而多付了钱（项目实际任务变得比计划少了），另一方面卖主（项目分包商或供应商）可能因实际情况变化而多付出了劳务或资源（项目实际任务变得比计划多了）。在一个实际项目的实现过程中，对于买卖双方来说这种风险是不一样的。一般固定价格合同对于买主（项目业主或项目组织）来说风险相对较低，因为不管供应商或分包商为项目提供产品而花费了多少成本，买主都不必付出多于合同固定价格的部分；当供应商或分包商提供产品的实际成本高于双方约定的合同固定价格，那么他们只能赚到很少的利润，甚至可能亏损。因此，在选择签订项目固定价格合同时，项目组织通常会要求供应商或分包商必须要有精确而合理的成本预算。一般而言，固定价格合同对于一个仔细界定了项目产出物的合同是比较合适的。因为项目产出物界定得越明确，违约或超预算的风险就越低。当然，固定价格合同中也经常会包含有为超出或落后既定项目目标而设置的奖惩措施，如提前交付项目所需的产品能得到较多奖励性报酬等。

6.1.3.2 项目成本补偿合同

这类合同要求项目业主或项目组织（买主）给供应商或分包商支付（偿还）其提供资源的实际成本然后外加一定比例的利润。这些项目成本通常被分为项目的直接成本和间接成本。项目直接成本是生成为项目产出物而直接花费的费用，如工作人员的薪金、原材料费、设备折旧等都是项目直接成本。项目间接成本主要是一般管理费用

（overhead costs），这是由项目组织支付给供应商或分包商作为运行业务的开支费用，如为供应商或分包商公司的管理者所支付的薪金就属于间接成本。通常，项目间接成本是以项目直接成本的某个百分比来计算的。相对而言，"项目成本补偿合同"对于合同买主来说风险较大，因为项目所发生的成本最终是全额补偿的，所以供应商或分包商在成本控制方面会放松，这样项目的实际成本很可能超过项目预计。当然，在项目成本补偿合同的实施中，合同的买主通常会要求供应商或分包商在提供产品的过程中，定期将实际费用与原始预算进行比较，并通过比较和控制来保护自己的利益。但是，实际上在这种合同的履行中，合同的买方很难控制项目的实际发生成本，所以其风险是较高的。当然，供应商或分包商也会尽量不使项目成本超出预算，因为那样供应商或分包商的信誉也会受到损失，从而使他们未来赢得项目合同的机会减少。一般，项目成本补偿合同对于不确定性较大、风险较高的项目采购工作是比较合适的。另外，项目成本补偿合同通常也会有相应的奖励或惩罚条款。例如，若项目实际结算的成本超出预计成本一定比例时，项目业主将扣罚供应商或分包商的结算金额等。

6.1.3.3　单位价格合同

在这种类型的合同中，供应商或分包商从自己付出的每单位劳务中得到一个预定数量的报酬，一个项目的总报酬直接与项目完成的单位劳务量相关。例如，工程造价专业咨询和管理服务的单价为每小时70元，而搬运一立方泥土的单价是10元等。在采用项目单位价格合同时，整个项目的总价是按照供应商或分包商所提供或完成的作业总量与这些工作的单位价格相乘计算得到的。这种项目的合同类型比较适合于项目获取各种劳务的采购活动，实际上是一种按照计件报酬和计时报酬相结合的劳务合同。这种项目合同对于项目采购活动的买主而言同样有较高的风险，因为不管是计时还是计件报酬，如果没有准确的绩效评估标准是很难保证考核的科学性和报酬的有效性的。特别是对于项目而言，多数项目工作是一次新的、独特性的和创新性的，所以很难事先确定它们的绩效考核标准，这样在采用项目单位价格合同中就难免出现侵害项目采购合同买主利益的情况。因此，这种类型的项目采购合同一般是用于那些工作内容确定、工作绩效评估标准明确的项目工作。

一个具体的项目采购工作究竟应该采取哪种类型的合同是很难按照某种公式或模式确定出来的。项目合同类型的选择一方面取决于合同双方的利益偏好，另一方面受客观条件的影响。但是，只要会谈双方所签订的合同条款是合同双方合意的表达（是双方一致同意的）并且与国家或地区的法律与法规没有抵触（是合法的合同）都具有法律效力，对双方都具有法律约束力。有些项目合同需要经过政府有关主管部门的批准，政府相关的规定也是考虑选用项目合同类型的因素之一。

6.1.4　采购管理的过程

任何一个项目的管理都是由一系列的阶段和过程构成的，项目采购管理同样也是由一系列管理阶段和过程构成的。在项目采购管理过程中，项目业主或项目组织与供应商或分包商的关系是买主和卖主之间的合同关系，其中项目采购中的买主是起决定作用的，所以我们将从项目资源买主的角度来讨论项目采购管理。项目采购管理是由一系列具体管理工作过程组成的。这些项目管理的具体工作过程包括：

6.1.4.1 项目采购计划的制订

为满足项目实施需要就必须根据项目集成计划和资源需求确定出项目在什么时间需要采购什么产品和怎么采购这些产品，并据此编制出详细可行的项目采购计划。项目采购计划是项目采购管理的核心文件，而项目采购计划的制订是项目采购管理最重要的工作之一。

6.1.4.2 项目采购工作计划的制订

为了保证能够按时、按质、按量获得各种资源还必须制订项目采购工作的具体作业计划，这是有关项目何时开展所要采购产品的询价、订货、签订合同等工作的作业计划，它是确保项目采购的各种资源能够按时、按质、按量和在需要的时候到位的管理安排。

6.1.4.3 询价

这是项目组织为获得外部资源所开展的一项具体的采购工作，是在项目采购工作中搜寻市场行情、获得资源报价或劳务的投标报价，以及供应商的各种条件要求、报价单、投标申请书等文件的实际作业。当然，这也是项目采购管理中"货比三家"的一项具体工作。

6.1.4.4 供应来源选择

这是在项目采购管理的"询价"工作完成以后，在获得了多个供应商或分包商所提供的报价等信息之后，按照一定的选择评价标准，从报价的供应商或分包商中选择一个或多个进行项目采购合同的洽谈和订立，并最终购买其产品或劳务的具体管理工作。

6.1.4.5 合同管理

这包括与选定的各个供应商完成项目采购合同谈判和签订以后所开展的项目采购合同履约过程中的管理工作，这是项目业主或项目组织与资源供应商或分包商之间的整个合同关系的管理工作和项目资源供应合同履约过程的管理工作。

6.1.4.6 合同完结

这是在项目采购合同全部履行完毕以后，或者是合同因故中断与终止以后所开展的各种项目采购合同结算和决算以及各种产权和所有权的交接过程，这一过程中包括了一系列的项目采购合同条款的实际履行情况的验证、审计、完成和交接的管理工作。

项目采购管理的上述管理工作过程之间以及它们与项目其他管理过程之间都有相互作用和相互依存的关系，以及某种程度上的相互交叉和重叠。这些项目采购管理过程都牵涉到多个组织或团队（小组）的利益和各种努力。在项目采购过程中，项目组织（或项目业主）需要依照采购合同条款，逐条、逐项、逐步地开展项目的采购管理，甚至在必要的时候向各方面的专家寻求项目采购管理方面的专业支持。对于来自项目组织（或项目业主组织）内部的产品和劳务也需要进行管理，只是从资源计划到获得资源的全过程管理工作需要按组织内部管理模式进行而已。例如，在某些自行研究与发展的项目中，项目组织会从组织内部获得绝大部分资源，以保证保护自己的技术诀窍。另外，对于许多小项目而言，寻找和管理供应商和分包商的成本会很高，所以项目组织也会设法自行供给各种资源。但是，一般大型项目最常见的情况是外部供应商或分包商为项目提供所需的主要商品和劳务。

6.2　项目采购管理方法和技术

在项目采购管理过程中有几种必须使用的方法和技术，其中最主要的是：

6.2.1　"制造或购买"的决策分析

这是最基本的项目采购管理决策分析技术方法，常用于分析和决定一种项目所需的特殊产品是应该由项目组织自行生产还是从外部采购获得。这一方法的原理是：如果项目组织能够以较低成本生产出所需的某种产品，那么它就不应该从外部购买；如果项目组织自己制造某种所需产品的成本高于外部采购的成本，那么它就应该从外部供应商或分包商采购获得该产品。对于任何项目组织而言，在制订项目采购计划之前必须对项目所需的各种商品进行"制造或购买"的决策分析和评价，这是决定采购计划中究竟"采购什么"的前提。

在这一分析中，"采购成本"是决定是否外购所需产品的核心要素。现有统计资料表明，在制造业产品的原材料成本中有 2/3 是外部采购成本；在工程建设项目中原材料采购成本占项目总成本的 60%~70%，只有软件开发项目和管理咨询项目的外部采购成本相对小一些，因为这两类项目是以劳务为主的，所以人工费占很大的比重。在进行"制造或购买"的决策分析中，间接成本和直接成本都是所必须考虑的两个成本构成要素。例如，对"购买"的分析应该既包括为了从外部购买某种产品而实际付出的采购直接成本和为管理整个采购过程而付出的间接成本（管理成本等）。"制造或购买"的决策分析还必须反映项目组织的愿望和项目的时间限制。如果在项目实施过程中急需某种产品，那么不论制造成本如何只要外部能够提供就可以选择外购。

6.2.2　项目采购计划管理的原理与方法

项目采购计划管理与企业日常运营中的采购计划管理既有不同的地方又有许多共性的地方，企业日常运营中的一些采购计划管理方法和技术也可以应用于项目采购管理。当然，项目采购计划管理有很大的独特性，在开展项目采购计划管理中所需的采购计划管理方法和原理主要涉及六个方面的内容，它们被称作采购管理的六大因素。

6.2.2.1　采购什么

项目采购计划管理中的第一要素是"采购什么"，即首先要决定项目采购的对象及其品质。项目采购计划管理要求采购的产品质量应满足四个条件：其一是适用性（项目外购的产品不一定要有最好的质量，但一定要符合项目实际的质量要求）；其二是通用性（项目外购的产品最好能够通用，在项目采购中尽量不使用定制化的产品）；其三是可获得性（能够在需要的时间内，以适当的价格，及时得到要采购的产品）；其四是经济性（在保证质量的前提下从供应来源中选择成本最低的，以降低项目成本）。项目组织应首先将项目采购需求写成规范的书面文件，注明要求的详细规格、质量和时间，然后将它们作为日后与供应商或分包商进行交易和开展采购合同管理的依据性文件。这种关于"采购什么"的规范性文件的主要内容应包括：产品名称、产品规格、产品化学或物理特性、产品所用材料、产品制造要求与方法、产品用途或使用说明、产品质量标准和要求等。

6.2.2.2 何时采购

"何时采购"是项目采购计划管理中的第二大要素，这是指项目组织需要计划和安排采购的时点和时期。因为采购过早会增加库存量和库存成本，而采购过迟又会因库存量不足而造成项目停工待料。由于从项目采购的订货、采购合同洽谈与签署到产品入库必须经过一段时间间隔，其中还要开展像产品生产、检验、包装、运输、入库验收等具体工作，这些都需要时间。所以在决定"何时采购"时需要从采购的产品投入项目使用之日算起倒推出合理的提前时间，从而确定出适当的采购订货时间和采购作业时间。对于项目采购计划管理而言，我们必须依据项目的工期进度计划和资源需求计划以及所需产品的生产和运送时间，合理地确定产品的采购订货时间。同时，为了项目进度需要，外购产品的交货时间也必须适时，而且只能有少许提前而不能有任何推迟，这是项目采购计划管理必须遵循的重要原则之一。

6.2.2.3 如何采购

"如何采购"主要是指在项目采购过程中采用何种工作方式以及项目采购的大政方针和具体的交易条件。项目采购计划管理这方面的工作包括：是否采用分批交货的方式，采用何种产品供给运输方式，具体项目采购产品的交货方式和地点等。例如，如果采用分期交货的采购方式，对每批产品的交货时间和数量必须科学地计划安排并应该在采购合同上明确予以规定；同时一定要安排和约定项目所需产品的交货方式和地点，究竟是在项目现场交货还是在供应商或分包商所在地交货；另外还必须安排和确定项目所需产品的包装和运输方式，究竟是由项目组织负责运输，抑或是由供应商或分包商负责运输，还是由第三方物流服务商负责运输；最后还要计划安排和确定项目采购的付款方式与各种付款条款，像预付订金、违约罚款和各种保证措施等。另外还有一些其他方面的问题也必须予以安排和考虑，如项目采购合同的类型、格式、份数、违约条款等，这些都需要在采购计划管理的这一工作中确定。

6.2.2.4 采购多少

这是有关项目采购数量的管理，任何项目所需产品的采购数量一定要适当，所以都需要进行计划管理。项目所需产品的采购数量管理必须根据项目实际情况决定，如大型工厂建设项目所需的资源多而且消耗快，所以"采购多少"可以使用经济订货模型等方法来决定；但是对于智力密集型的软件开发项目或科研项目，因为所需的资源多是办公设备及办公用品，它们的成本低，所以一般不需要使用经济订货模型去决定"采购多少"。另外，在计划安排和决定"采购多少"时还应该考虑批量采购的数量优惠等方面的因素以及项目存货的资金时间价值等方面的问题，所以实际上项目采购计划管理中有关"采购多少"的问题涉及数量和资金成本两个方面的变量。

6.2.2.5 向谁采购

这是有关如何选择可靠的供应商或分包商的采购计划管理问题，这也是项目采购管理中的一项重要工作。现在有许多一般运营企业和项目组织都在这一问题上存在问题而且拿不出很好的解决办法，因为很多项目采购中的"回扣""侵吞""收贿受贿"问题都是在项目采购管理的这一环节上发生的，甚至古今中外，概莫能外。因此，一个项目组织应该建立合理的供应商或分包商评价标准和选择程序，并与较多的供应商或分包商建立关系和不断评定其业绩以去劣存优。一般在项目采购管理有关决定向谁采购时应调查各供应商或分包商的设备规模、技术和供应能力、产品质量、质量管理情况、组织能力和财务信用状况等。在项目采购管理过程中，项目组织应经常与自己的供应商或分包商保持联系，对于那些关系项目成败关键的供应商或分包商，项目组织必须在一定程度上介入它们的生产监督和质量保障工作，从而保证产品供应的质量、数量和及时性。

6.2.2.6 何种价格采购

这涉及的是项目采购管理中的定价管理问题，即如何确定以适当价格获得项目所需产品的管理问题。项目组织应当注意不能无条件地按照最低价格原则去采购和获得项目所需产品，必须同时考虑质量和交货期等要素。项目组织应在既定的项目所需产品质量、交货期限和其他交易条件下去寻找最低的采购合同价格。通常，项目采购合同价格的高低受多方面因素的影响，这包括：项目所需产品的市场供求关系，产品提供一方的成本及其合同计价方法，项目所需产品的采购条件（如交货日期、付款方法、采购数量等），供应商或分包商的成本控制水平，国家或地方政府政策的影响，物价波动和通货膨胀的影响，采购人员的价值判断和争价能力的影响等。在确定项目采购的价格时必须同时考虑这些因素的综合影响。

在制订项目采购管理计划时必须参照上述项目采购管理方法和原理以及相应的程序和方法，从而保证项目采购计划和项目采购工作的科学性和可行性。

6.2.3 项目采购合同的谈判

如前所述，项目组织（或项目业主）是通过与供应商或分包商签订项目采购合同的方式从外部采购各种商品的。当项目组织制订出项目采购工作计划之后就需要开始按照该计划开展寻找供应商或分包商的作业，项目组织通常将他们的产品需求公之于众，或者送交给可能的供应商，从而以招标或要约的方式寻求合适的供货来源。供应商或分包商则需要向作为买主的项目组织（或项目业主）提交报价或投标申请书，然后由项目组织根据预先设计的评价标准对供应商或分包商的报价和申请书进行评估和筛选，在这期间也可能需要对供应商或分包商的报价和投标书进行一些质询活动，在选出最满意的供应商后项目组织就将与该供应商或分包商进入实质性的项目采购合同谈判工作了。项目采购合同谈判在项目采购管理过程中是一个非常关键的环节，也是一个项目采购阶段的分水岭。一般在尚未达成项目采购合同之前的各项管理都属于项目采购的计划管理的范畴；而在项目采购合同谈判达成一致意见并签署采购合同之后，项目采购管理就进入采购合同的实施与管理阶段。为了尽量获得更大的利益和减少日后的纠纷，项目采购合同的双方都会认真地进行采购合同的谈判，因为这是双方利益分配与双方履约与合作的基础工作。

6.2.3.1 项目采购合同谈判的阶段划分

项目采购管理中的合同谈判一般分为如下的几个阶段：

（1）初步洽谈阶段。

这本身又分为前期准备和初步接洽两个具体阶段。在前期准备中，要求谈判双方做好市场调查、签约资格审查、信用审查等工作。其中，签约资格审查指的是对签约者的法人地位、资产财务状况、企业技术装备和能力以及企业信用和业绩等方面所做的评审。在初步接洽过程中，双方当事人一般为了达到预期效果都会就各自关心的事项向对方提出要求或说明并澄清一些问题。这方面的问题包括：项目名称、规模、任务、目标和要求；当事人双方的主体性质、资质状况和信誉；项目已具备的实施条件等。在这些问题中，有些可以双方当场澄清，有些则需要进行一定的调查（但是必须在合同签署以前完成）。

（2）实质性谈判阶段。

实质性谈判是买卖双方在取得一定相互了解的基础上所开展的正式谈判。在实质性谈判中需要对资源或产品采购合同需要涵盖的所有主题进行全面的谈判，这包括（但是不仅限于）双方的责任和权利、合同中应用的术语说明、适用的法律、在资源提供过程中所使用的技术手段和管理方法、合同融资方式以及价格等。一般在这种谈判中，双方需要针对合同的必要条件进行逐条协商，这包括合同的标的、数量和质量、价格和支付办法、履约的要求、验收、违约责任等。下面对这些必须讨论的问题一一予以说明：

①合同的标的。这是项目组织要从供应商或分包商那里购买的商品或劳务。这是双方权利和义务所指向的对象。在合同中对于合同标的必须完整、详细、准确地叙述。双方有必要对合同中涉及标的的术语进行约定和说明，使双方的认识相互一致。

②质量和数量。对于合同标的所要求的质量和数量的描述必须规范、清晰和没有歧义。尤其是对标的质量的要求标准和检验方法，双方必须达成共识。

③价格和支付办法。价格和支付办法事关买卖双方的直接利益，所以也是项目采购合同谈判中主要议题之一及实质性谈判阶段讨论最重要的内容。其中，支付办法涉及各种结算方面的办法，包括时间、方式、预付金额等。如果是涉外采购合同还必须明确支付的币种、到岸港口等。

④合同履行的时间、地点和方式。合同履行的方式和地点直接关系到双方的利益和以后发生合同纠纷时的法律管辖地等问题。此外，在项目采购合同谈判中，还需要确定相关的交货方式、运输方式和程序等条件，以及运杂费、保险费如何担负等问题。这些都直接关系到采购中各种风险归属问题。

⑤商品或劳务的验收与交付。关于采购获得的商品或劳务的验收时间、验收标准、验收的方法、验收人员或机构等内容也都必须在实质性谈判阶段达成一致意见。另外，有关商品或劳务（成果）的最终交付也需要谈判决定。

⑥违约责任。买卖双方当事人应就在合同履行期间可能出现的错误或失误，以及由此引发的各种问题和其他违约问题，订立违约责任条款并明确双方的违约责任。这方面的具体约定还应符合相关法律有关违约责任和赔偿责任的规定。

⑦其他事项。对于项目采购合同而言，还有一些其他事项可能是一个具体项目采购合同所特有的条款，这需要根据采购标的和内容去确定。例如，订立的采购合同是否合乎有关政府部门的规定和要求，是标准合同格式还是专用合同格式等。

（3）签约阶段。

项目组织与供应商或分包商在完成合同谈判之后就进入签约阶段。签订的项目采购合同要尽可能明确、具体，条款完备，双方权利义务清楚，避免使用含混不清的词句和条款。一般应严格控制合同中的开放性条款；明确规定合同生效的条件，有效期以及延长、中止和变更的条件与程序；对仲裁和法律适用条款也要做出说明和规定；对仲裁和诉讼的选择要做出明确规定。另外，在合同正式签订之前，有时需要组织有关专业人员和顾问（如会计师、律师等）对合同进行必要的审查，确保没有引起歧义、问题或违反法律的地方。

6.2.3.2　合同谈判的技巧或手段①

项目组织与供应商或分包商之间的合同谈判是一种有高度人际关系和专业技能要求的事情。因为谈判最基本的就是组织或个人之间的讨价还价，这个过程中涉及个人和组织的需求、动机、行为以及大量的心理因素。下面的这些基本法则可以在项目采购管理的合同谈判中使用，去获得有利的谈判地位或将谈判转变得对自己一方有利。

（1）努力将谈判地点放在自己组织所在地。

努力将谈判放在自己所在地举行会有"主场"优势，使对方在为客的谈判环境中产生一种压力。例如，可以准备一个庄严、舒适、光线充足、不受干扰的承发包合同谈判会场，将自己的谈判小组安排在首席位置上并争取把对方小组的成员分散开来安排等。

（2）尽量让供应商或分包商在谈判中多发言。

合同谈判不是谁说得多就会占优势，因为多说不但会说错而且会说出各种让步和自己的底线。在采购合同谈判开始时应尽可能让对方先对自己的价格和交易要求进行解释，如果你能运用恰当的抑制态度，对方会做出连他自己也意想不到的让步或透漏许多有用信息。

（3）谈判发言必须充分准备，不能杂乱无章。

谈判没有很好地准备，发言时不要把情况和数字搞得杂乱无章，这样会在谈判中无意地泄漏一些重要信息和数据。只有提前充分准备，发言才能清楚、谨慎、有条理且不会泄漏信息，这样对方就会因为情报缺乏和不了解内情而在心理上处于极为不利的境地。

（4）谈判争论时发言不要激动。

在辩驳供应商或分包商的理由或说法时，甚至在谈判发生争论时，发言一定不要激动；否则就违背了通过谈判四项"双赢"的真正目的，而且可能危及自己的利益和地位。一个人如果让激动或愤怒支配了自己和他人的关系，常常会导致他远离自己预定的目标。

（5）谈判双方要相互顾全体面。

如果供应商或分包商在某一点上做出了让步，一定要顾全他的体面。举例说，如果你发现对方在成本估算和报价中有些错误，一定不要指责其狡诈或无能，妥当的办法是建议他修改，因为这种指责对实现项目合同谈判的目标，不但没有帮助而且有害。

① 斯特门德. 国际经济知识：招标与承包 [M]. 朱世成，罗宝泰，杨继良，等译. 上海：上海社会科学院出版社，1988：10.

（6）谈判一定要避免过早摊牌。

项目采购合同的谈判一定要避免过早摊牌，因为一旦摊牌或发出最后通牒，谈判双方就很难再做进一步的让步了。不要逼对方说："这就是我的条件，要么就接受，要么就拉倒！"，这会导致谈判破裂。因此，在确认最后的让步之前，要确认已经到了想要的最后结局。

（7）要满足谈判对手感情上的需求。

在项目采购合同的谈判中要努力满足谈判对手感情上的需求，要给对手这样的印象：尽管你在和他们讨价还价，但是你还是很尊重他们的人格和利益，并把他们看作利益一致的伙伴，甚至是一个项目团队里的成员。

在项目采购合同谈判中需要强调的是，双方除了为各自争夺利益之外，更重要的目的是使双方对于合同的结构和要求逐步澄清，并协商达成合意，最终合同必须反映双方的合意。对于一个复杂的项目采购条款而言，合同谈判是一个独立的过程，有自己的投入（如会谈场地、时间和成本等）和产出（如合同、备忘录、谈判纪要等），所以必须严格管理。

6.3 项目采购计划的制订

项目采购管理的首要任务是制订项目采购计划，然后按项目采购计划开展项目采购工作并实现项目采购的目标。一般来讲，项目采购计划的制订是指：从识别项目组织究竟需要从外部采购哪些产品或劳务开始，通过综合平衡安排，制订出能够满足项目需求的采购工作计划的一种项目管理过程。这一工作涉及许多问题，包括是否需要对外采购、怎样采购、采购什么、采购多少、何时采购等。此外，项目采购计划中一般还应该考虑各种需要的分包合同，尤其是当项目组织希望对总承包商的下一步分包决策施加某种影响或控制的时候，更需要考虑项目分包合同的问题。因为如果总承包商或供应商在获得了项目采购的订单以后，有时会将自己不能完成的合同订单分包出去，此时如果项目业主对分包合同无法控制或影响就会给自己带来许多意想不到的问题和风险。

6.3.1 制订项目采购计划所需的信息

在制订项目采购计划之前必须获得足够的相关信息，这样才能保证项目采购计划的科学性、正确性和可行性。除了前面提到的信息以外，项目组织还必须得到关于整个项目其他管理过程中所生成的信息，这样项目采购计划才能够与整个项目管理保持很好的统一性和协调性。制订项目采购计划所需的主要信息包括：

6.3.1.1 项目的范围信息

项目范围信息描述了一个项目的边界和内容，项目范围信息中还包含有在项目采购计划中必须考虑的关于项目需求与组织战略等方面的重要信息。这些都是在项目的范围管理中所产生的各种有关信息。

6.3.1.2 项目产出物的信息

项目产出物的信息是指有关项目最终产品的描述和说明，这包括：项目产出物的功能、特性和质量方面的说明信息，项目产出物的各种图纸、技术说明书等资料。这些信息为项目采购计划的制订提供了有关技术方面的要求和信息。

6.3.1.3 项目资源需求信息

项目资源需求信息是指在开展项目活动中需要取得和消耗的各种资源的全面说明，其中最主要的是有关项目对外采购方面的资源数据和说明，包括：人力资源、财力和物力资源的需求和采购说明。例如，特殊项目所需的外部技术顾问或法律专家等资源和服务。

6.3.1.4 外部资源的市场条件

在项目采购计划的编制过程中必须考虑外部资源的市场条件和哪些产品或劳务在市场上可以得到，以及这些资源的市场在哪里，在什么情况下和以什么条件能够得到项目所需的这些外部资源。这些都属于项目开发所需的市场条件方面的信息。

6.3.1.5 其他的项目管理计划

在制订项目采购计划时必须要使用其他的项目管理计划作为依据和参照，因为这些综合或专项的项目管理计划对于项目采购计划具有约束或指导作用。在制订项目采购计划时需要参考或依据的主要有：项目集成计划、项目工期计划、项目成本计划、项目质量计划、项目资金计划、项目的人员配备计划等。

6.3.1.6 项目采购的约束条件与假设前提条件

项目的约束条件是限制组织选择所需资源的因素和条件，其中最普遍的约束条件之一是资金的约束。在制订项目采购计划时，一定要考虑由于项目资金的限制所不得不牺牲资源的质量等级（价格低但同样能满足项目需求的资源）。假设前提条件是指那些为项目采购计划编制的需要而主观认定是真实的、现实的或者确定性的假定因素。例如，现在并不知道当项目将来实际采购这种资源时它的价格，所以就需要假设一个价格以便确定项目采购计划。这就是项目计划的假设前提条件。这些对编制项目采购计划而言都是很重要的信息。

6.3.2 项目采购计划的编制过程

项目采购计划的编制过程包括：依据项目采购计划所需的信息，结合组织自身条件和项目其他各项计划的要求，对整个项目实现过程中的资源供应情况所做出具体的计划安排，并按照有关规定的标准或规范，编写出项目采购计划文件的管理工作过程。项目采购计划编制的最终结果是生成各种各样的项目采购文件，主要包括：项目采购计划、项目采购作业计划、项目采购标书及供应商评价标准等文件。这些项目采购计划工作文件将用于指导项目采购计划的实施和具体的采购作业。在编制项目采购计划中需要开展的主要工作和活动如下：

6.3.2.1 "制造或购买"的决策分析

在编制采购计划时首先要开展"制造或购买"的决策分析，以决定需要从外部组织采购哪些资源（产品和劳务）和自己生产或提供哪些资源。在制订项目采购计划的整个过程中，对于所有提出或需要外购的资源都应该开展这种决策分析。

6.3.2.2 对各种信息进行加工处理

在项目采购计划的编制中，需要对收集获得的各种相关信息进行必要的加工和处理，以找出计划的制订及决策所需的各种信息。有时组织必须聘请各类顾问或专业技术人员对收集的信息进行必要的加工和处理。例如，工程建设项目关于工程造价信息的加工与处理就可以委托造价工程师咨询公司或者雇用造价工程师来完成。

6.3.2.3 采购方式与合同类型的选择

在制订项目采购计划的过程中还必须确定以什么样的方式获得资源和需要与资源供应商或分包商签订什么类型的采购合同。项目资源的获得方式包括通过询价和议标选定供应商或分包商和采用公开招标或邀请招标的方式选定供应商或分包商。合同类型的选择一般需要在固定价格合同、成本补偿合同、单位价格合同中选择一个。这三种类型的合同对资源的买卖双方各有利弊，必须根据项目和所要采购资源的具体情况反复权衡后做出选择。

6.3.2.4 项目采购计划文件的编制和标准化处理

在上述工作完成之后就可以动手编制项目采购计划了。这种计划的编制可以采用专家分析法、经济批量订货法、综合平衡计划法等具体方法。项目采购计划编制工作将最终生成项目采购计划、项目采购工作计划、项目采购标书、供应商评价标准等文件。另外，最后需要开展的一项工作是，对项目采购计划的各种文件进行标准化处理，即将这些计划管理的文件按照一定的标准格式给出。在这方面常见的标准格式文件包括标准采购合同，标准劳务合同、标准招标书和投标书、标准计划文件等。

6.3.3 项目采购计划编制的最终成果

项目采购计划编制工作的最终成果是形成了一系列的项目采购工作及其管理所需的指导文件。这方面的主要文件包括：

6.3.3.1 项目采购计划

项目采购计划编制工作中最重要的成果就是生成一份项目采购计划。项目采购计划全面描述了项目组织未来所需开展的采购工作的计划和安排，包括从项目采购的具体工作计划到招投标活动的计划安排以及有关供应的选择，采购合同的签订、实施及合同完结等各项工作的计划安排。在项目采购计划中应该对以下的问题做出回答：

（1）项目采购工作的总体安排。在项目采购计划中，项目组织要明确规定项目所需采购的资源和在资源采购中应该开展的采购工作及其管理活动的计划与安排。

（2）项目采购使用什么类型合同。项目采购计划应明确规定在资源采购中采用一般供应合同还是采用固定价格合同或采用成本补偿合同，或者采用单位价格合同等。

（3）所需采购资源的估价办法。项目采购计划对外取资源的价格估算办法应该做出规定，并以此作为筛选供应商或分包商的依据和评价报价与投标书的标准。

（4）项目采购工作与责任。项目采购计划还应该规定项目资源采购分别由项目业主或项目团队承担哪些责任和需要开展的询价、招投标、发盘、还盘、谈判与签合同等工作的责任、时间安排等。

（5）项目采购文件的标准化要求。如果需要采用标准化的采购文件，由谁来负责编制或者如何获得这些标准化文件的文本，包括标准合同文本、采购标的描述的标准文本、招投标的标准文本等。

（6）如何管理各种资源的供应商。如果项目需要很多资源，在项目采购合同总还应该规定如何管理好各种资源供应商（或分包商），包括如何选择、控制他们的活动以及如何确定其履约的情况等。

（7）如何协调项目采购工作与其他工作。项目采购计划中还应该写明在开展项目采购工作的过程中，应该如何合理地协调项目采购工作与项目其他方面的工作以实现项目的目标。

一个项目采购计划可以是正式的或非正式的、详细的或者粗略的，标准的或非标准的，但是它们的内容都应该包括上述几个方面。

6.3.3.2　项目采购作业计划

项目采购计划工作的第二项成果是编制和生成项目采购作业计划。项目采购作业计划是指根据项目采购计划与各种资源的需求信息制订出的关于项目采购工作的具体作业计划。项目采购作业计划规定和安排了一个项目采购计划在实施中各项具体工作的日程、方法、责任和应急措施等内容。例如，对于一种在项目中大量使用的外购零配件，项目采购作业计划需要规定所需采购的商品何时开始对外询价，何时获得各种报价，何时选择和确定供应商，何时开始发盘、还盘、谈判、签约等各项工作。另外，对于所需获得劳务的承发包工作应该规定何时开始发布招标信息、何时发放标书、何时开标、中标、谈判签约等。这些都需要在项目采购作业计划中安排和确定。

6.3.3.3　项目采购要求说明文件

项目采购计划编制工作的另一个重要成果是编制出了各种资源的采购要求说明文件。在采购要求说明文件中应该充分详细地描述一种资源的采购要求细节，以便让供应商确认自己是否能够提供这些产品或劳务。这里关于"充分详细"的要求是指必须根据产品或劳务的特性、项目的需求、采购适用的合同格式给出说明。项目资源采购者必须保证在采购要求说明文件中清晰地描述所需采购的具体产品或劳务以及相关的各种要求。例如，若项目需要采购一种钢筋，那么就必须在采购要求说明文件中对钢筋提出具体的要求，而如果项目需要采购一种软件，就应该对于软件的功能、特性、运行条件和质量等做出规定。采购要求说明文件除了应该描述清楚、完整和尽可能简明之外，它还应该对所采购资源的后续服务要求进行描述和说明。例如，项目采购的软件在使用过程中所需的技术支持服务。

6.3.3.4　项目采购具体工作文件

这是在项目采购工作过程中所使用的一系列具体的工作文件，项目采购工作文件有不同的种类和要求，其中最常用的有：项目投标书、商品询价书，谈判邀请书、初步意向书等。项目采购工作文件是按照一定的结构或格式编写的，这样可以方便供应商或分包商准确地理解采购者的要求和意图，方便项目业主准确完整地理解来自供应商或分包商的回应。这些项目采购工作文件的内容包括：相关采购的要求、说明、采购者期望的反馈信息以及各种合同条款的说明等。例如，标书或合同格式的要求，各种采购要求的合同条款等。项目采购工作文件的内容和结构都应该合乎规范和标准，即都需要按照标准格式编制，以便供资源的买卖双方能够进行持续的、可比较的沟通和回应。同时，项目采购工作文件在形式上也要有足够的灵活性，以便买卖双方能够考虑和提出建议去采用更好的办法满足项目采购的要求。

6.3.3.5 项目采购的评价标准

在项目采购计划文件中还必须包括项目采购招投标活动的评价标准和供应商、承包商的评价标准等文件。通常项目采购需要使用这些评价标准文件来给供应商和他们的报价书、发盘或投标书评定等级或打分。项目采购评价标准既有客观的评价标准指标，也有主观的评价标准指标。采购评价标准通常是项目采购计划文件的一个重要组成部分。在项目采购的评价标准中"购买价格"仅仅是重要的评价标准之一，必须综合考虑各方面的因素去确定项目采购的评价要素和评价标准，以便进行综合采购评价。表6-1是一个综合采购评价的标准体系。

表6-1　综合评价标准体系

评价指标	指标说明	权重
项目需求的理解	指供应商对买主项目资源需求的准确理解，这可从其提交给的报价或发盘中看出来	0.2
全生命周期成本	中选的供应商是否能够按照项目全生命周期最低总成本（购买成本加上运营维护成本）供货	0.3
组织的技术能力	供应商具备项目所需的技术诀窍和知识吗？或者能够合理地预期供应商最终会得到这些技术诀窍和知识	0.25
管理水平	供应商是否已经具备，或者能否合理地预期供应商最终能够开发出项目所需的管理能力，以确保管理的成功	0.15
财务能力	供应商是否已经具备，或能否合理地预期供应商能够具备项目所需的财力资源和财务能力	0.1

另外需要指出的是，在项目采购工作的全过程中，上述项目采购计划的各种文件都需要随着这个项目过程的不断展开和各种项目信息的传递与交流，重新评估、定义、更新或改写这些项目采购计划文件，或者说修订和更新项目采购计划、项目采购作业计划、项目采购要求说明文件、项目采购具体工作文件和项目采购的评价标准。因为，项目开发过程存在着大量的不确定性，没有哪个项目是能够完全按照最初的计划实现的，所以必须修订和更新。

6.4　项目采购计划的实施

当项目组织制订出项目采购计划及其相应的各种项目采购工作文件之后，项目采购管理就进入项目采购计划的实施阶段。一般而言，项目业主或项目团队是通过询价或招标的方式来选择供应商或分包商的。对于项目业主来说，选择资源供应商的过程是一个询价或招标的过程；而对于供应商来说，按照项目业主提出的要求，争取为项目提供所需资源的过程是一个报价和投标的过程。本节主要从项目组织的角度论述项目采购计划中的这些具体实施工作，其中最主要的是询价与报价、招标与投标等工作。

6.4.1 项目所需商品的采购计划实施

项目所需各类商品的采购计划实施工作与一般运营组织的商品采购工作是相同的。但是它与项目获得所需各种劳务的招投标方式有很大不同，只有很少数的情况下项目所需各种商品才会采用采购招标的方式。通常项目所需商品的采购计划实施工作主要包括下面几项内容：

6.4.1.1 开展询价工作

这是根据项目采购计划和项目采购作业计划所规定的时间，以及相应的各种采购工作文件所开展的寻找供应商并向可能的供应商发出询价信，以及交流项目具体所需资源的信息的工作。此时需要邀请可能的供应商给出报价，向可能的供应商发出邀请，请求他们发出发盘要约的工作。这是项目所需商品采购计划实施工作的第一步，项目所需任何一种商品的采购都必须首先进行询价，以便能够"货比三家"，最终以最优的条件与选定的供应商签约。

6.4.1.2 获得报价的工作

这是指项目业主从各个可能的供应商处获得报价的工作过程。在这一过程中，项目业主要与各个可能的供应商进行联系，要求对方追加报价信息，解释报价中的依据和理由，确认报价所包括的商品与售后服务的内容等。供应商的报价从法律上讲是一种要约，或叫发盘。项目业主或供应商在承诺接受对方的报价（或叫要约）以前，必须非常明确地知道对方报价的实际内涵，所以必须开展从各个可能的供应商之处获得报价和相关信息及其确认的工作。

6.4.1.3 供应商评审

在获得和明确了供应商报价以后就可以根据供应商报价和在项目采购计划过程中制定的采购评价标准对供应商及其报价进行评价了。在这一评价过程中，首先必须审查供应商各方面资格的合法性和合格性，从而去掉从法律能力上存在缺陷的供应商。然后，将剩下的供应商进行比较和评价并给出优先序列，最后选出最佳者和次佳者，以便随后分别进行还盘和讨价还价等供应合同的谈判工作。

6.4.1.4 还盘并讨价还价

在对可能的供应商进行评审并选定主要供应商候选人以后就可以开始进行还盘和进一步的讨价还价工作了。在这个过程中，项目组织要尽可能地为维护项目业主和自己的利益而展开价格条件等方面的反复讨论。当然，项目组织和供应商各有自己的争价能力，项目组织需要根据这些争价能力去决定讨价还价的策略和幅度，既要争取到最大利益，又要合理地给对方留下余地，否则无法实现一项供应交易。

6.4.1.5 谈判签约

在讨价还价后，如果双方基本达成了价格方面的条件，那么就可以进入项目采购的合同细节谈判和签约工作了。在这项工作中，主要内容是与供应商谈判和商定采购合同的各项条款。这包括：价格条款、数量与质量条款，交货期与交货方式条款，支付条款、违约条款等。项目采购合同一旦签订，项目采购管理就进入本章第五节中讨论的合同管理阶段了。

6.4.2 项目招标工作的实施

招投标是社会经济发展到一定阶段的产物，是一种特殊的商品或劳务交易的方式。它是一种因招标人的邀约，引发投标者的承诺，经过招标人对投标者择优选定，最终形成协议或合同关系的这样一种平等经济主体之间的活动过程，是法人之间形成有偿、具有约束力合约的法律行为。招标方和投标方所交易的商品或劳务统称为"标的"。例如，工程建设项目的标的是指项目的工程设计、土建施工、成套设备、安装调试等内容的劳务（工作）；计算机信息系统开发项目的标的是指信息系统软件、硬件以及相关劳务的整体集成作业。

6.4.2.1 招投标的方式

项目组织或业主按照采购计划的安排，可以通过多种招标方式来选择供应商或承包商，常见方式包括：

（1）公开招标。

作为买主的项目组织或业主可以在一般媒体上（如报纸、广播、电视、互联网），或者在专业媒体（如专业期刊和报纸）上发布公开招标广告。凡是对项目所需资源有提供意向，并且符合投标条件的供应商或承包商都可以在规定时间内提交投标书。由招标单位对其进行资格审查并经核准后，供应商或承包商就可以参加投标了。一般大型项目多数都是通过公开招投标去获得供应商或承包商提供的商品与劳务。

（2）邀请招标。

有些项目组织或业主保留着以前交易过的，或经人推荐的供应商或承包商的信息、名单或文件。这些名单中，一般含有这些供应商或承包商的相关情况和信誉等其他方面的信息。为了减少寻找供应商或承包商的成本，项目组织可以只将采购工作文件或招标书发送给这些邀请投标的供应商或承包商。如果没有这种名单，项目组织或业主也可以向权威的商业咨询机构购买相关供应商或承包商的信息，或通过开发自己的供应商或承包商信息来源而获得邀请招标的供应商名单。例如，供应商或承包商信息可以从图书馆的目录、地方相关协会、贸易目录以及其他类似的来源得到。某些供应商或承包商的详细信息需要进行更为广泛深入的努力才能获得。例如，需要亲自访问供应商或承包商，或者联系这些供应商或承包商以前的项目业主/客户等以了解供应商的各种情况。

（3）两段招标。

这是将公开招标和邀请招标结合起来的招标方式。一般是技术复杂的大型项目多数使用这种招投标方式。这种方法一般首先由项目组织或业主采用公开招标的方式广泛联系供应商或承包商，然后对投标的供应商或承包商进行资格预审，再从中邀请三家以上条件最好的供应商或承包商按照邀请招标的方式，开展后续的招标工作。

（4）协商议标。

对由于受客观条件限制或不易形成竞标的项目，一般可以采用协商议标的方式进行项目招标工作。例如，某些专业性很强，只有少数单位有能力承担的项目工作；或者时间紧迫而来不及按照正规程序招标的项目等。此时，可以邀请几个供应商或承包商进行报价，经比较以后，由招投标双方通过协商确定价格等有关事宜。这种方式实质上是一种非竞争性招标，一般项目商品采购招标较少采用这种方式，主要是劳务或技术开发的承发包才采用这种方式。

以上各种招标方式由项目组织或业主根据实际情况和客观条件做出适当的选用。

6.4.2.2　招标程序

按照我国标准的招标程序，一般招标活动可分为几个阶段，这种分阶段的标准招标程序如图6-2所示。

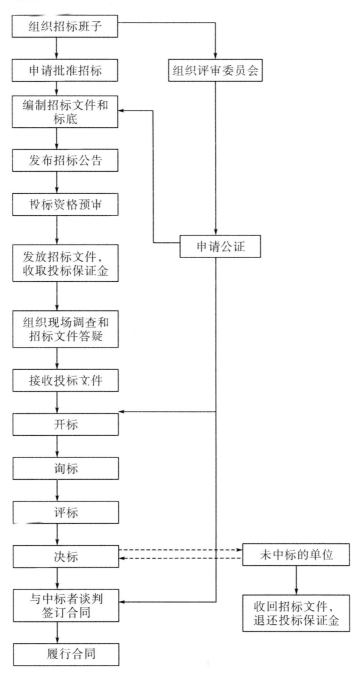

图 6-2　项目招投标程序示意图

6

项目采购管理

·133·

项目采购或承发包招标活动一般包括如下阶段：

（1）招标准备阶段。

在这一阶段中，项目组织或业主在其内部成立负责采购或承发包的管理小组，或者将招标工作外包出去由专业招投标咨询公司负责完成。项目组织或业主的采购与承发包招标活动有时还需经政府招投标管理机构的审批。例如，大型的工程建设项目一般要由政府主管部门与项目组织或业主共同领导和实施招标工作。对于较小的项目就用不着经过上级组织审批和招标了，因为这种项目所需的产品和劳务直接可以从市场上采购或招募。

项目采购计划的文件中应该包括用于采购或承发包招标的关键性书面文件。例如，项目的采购说明书、采购评选标准以及要求供应商或承包商遵循的投标书标准格式的等。招标前准备阶段还应做的工作包括：

①准备标底。标底又称底价，它是项目组织或招标人对采购或承发包商品或劳务总费用的自我估算，或估算的期望值。它是评定供应商或承包商出价的合理性、可行性的重要依据。在编制标底时应充分考虑项目所需资源的数量、质量等级、交货时期、运输费用等众多因素。这种标底（或称自我估算值）直接关系到参与投标的供应商或承包商的中标机会，因此在项目采购或承发包合同签订前必须严加保密。如有泄密应对责任者严肃处理，直至追究其法律责任。

②投标者资格预审。这指的是项目组织或业主对申请投标的供应商或承包商所进行的资质审查。审查合格者方可发放招标文件（资源采购或承发包工作文件），这样可以确保招标活动按预期的计划进行。参与投标的供应商或承包商应该都是有实力、有信誉的法人。通过投标者资格预审，筛选掉一部分不合格的供应商或承包商，这样也可以减少开标、评标的工作量和成本。一般而言，资格预审的主要内容有：投标者的法人地位，资产财务状况，人员素质、各类技术力量和生产能力，企业信誉和以往的交易业绩等。

③召开标前会议。这又被称为项目组织会议、业主会议或招标会议等。它是在供应商或承包商准备投标书之前召开的会议，是由项目组织或业主主持召开的。召开标前会议是项目组织或业主给所有投标者提供的一次采购或承发包要求质疑与说明的机会。在这种会议上，项目组织或业主针对各位参与投标的供应商或承包商提出的问题或建议进行答复，以确保所有供应商或承包商对于采购或承发包的内容、技术要求、合同要求等有一个清楚的、统一的理解。在标前会议上供应商或承包商所提出的问题以及项目组织或业主的解答，应该作为修正条款写入采购或承发包工作文件中，从而进一步完善招投标文件。

（2）开标、评标阶段。

这一阶段的主要工作包括如下几个方面：

①开标活动。这是在招标公告中事先确定的时间、地点，召集评标委员会的全体成员、所有投标方代表和有关人士，在公证人员监督下将密封的投标文件当众启封，公开宣读投标单位名称、报价等，并一一记录在案，由招标方的法定代表签字等一系列程序组成的一项招投标活动。为了公平起见，投标文件的启封顺序一般按提交先后次序逐个进行。对于招投标双方来说，开标活动主要是一个富有意义的仪式，没有多

少实质性内容。

②初审和询标。开标结束后招投标就进入了内部评审阶段，此时由招标工作小组和评标委员会对投标文件进行初步审阅和鉴别。初审的内容涉及投标文件是否符合招标文件的格式要求，所要求的技术资料和证明文件是否齐全，报价的计算是否合理，有否提出招标人无法接受的附加条件，以及其他需要询问质疑的问题等。经过初审后那些不符合要求的投标文件应作为"废标"处理。对基本符合要求但尚需投标者给予澄清问题的投标书，招标工作人员应认真整理出来，并通知投标方进行书面回答或当面会谈。这种当面会谈相当于对投标文件进行答辩，所以国际上称为"澄清会议"。在澄清过程中，招标人的质疑和投标人的澄清都应该有书面纪录，并需经双方法人代表签字后成为招标文件的补充部分。

③评标。这是指评标委员会按照预先确定的评价原则，一视同仁地对每份合格的投标文件从技术方法、商业价格以及法律规范等方面分别做出评价。每份投标文件评标后都应写出书面分析和评价意见，并撰写出整个评标工作的评价对比表和分析报告，最后选出 2~3 家最好的投标书供下一步的决标使用。

（3）决标与签约。

这一阶段的主要工作包括如下几个方面：

①决标。在公开招标中，国际上通用的决标办法是在符合要求的投标文件中一般以报价最低者中标，因为价格是商品和劳务购买的主要决定因素。但是最低价格的投标方案不一定就是项目总成本最低的方案，如果供应商或承包商在非价格条件方面有问题的话，还会发生许多其他的成本，从而造成项目总成本过大的情况。基于这种思想，我国颁布的招投标法中规定要选出报价低而又合理的投标者中标。评标一般必须在投标文件有效期内结束，一般法律规定从开标到确定中标单位的间隔时间不应该超过 30 天。

②授标与签约。招标人向中标人发出书面"中标通知书"的行动被称为授标。按照相关法律规定，招标单位应该在评标委员会确定中标单位后两日内发出中标通知书，并在发出通知书之日起 15 日内，与中标单位签订合同。一般而言，项目的合同价基本上就等于中标价。中标人如逾期不签约或拒签合同，招标人有权没收其投标保证金，以补偿自己的损失。对于未中标的单位，由招标单位通知并收回招标文件及有关资料，退还他们预交的保证金。如果因招标单位的责任未能如期签约的，招标单位应双倍返还保证金并保留中标单位的中标权。招标项目的合同文件应包括招标文件、投标文件、双方签字的开标纪录、往来函电资料等。

至此，招标工作全部结束。项目组织或业主通过招标过程选出了合适的资源供应商或承包商。表 6-2 是一份招标书的通用格式及要求。

表 6-2 招标书的通用格式及要求

招标书由标题、正文、结尾三部分组成。

一、标题

标题有四种表达形式。一是完全性标题，由"招标单位+招标性质和内容+招标形式+文体"组成。二是不完全性标题，由"招标单位+招标形式+文体"组成。三是只写文件名称。四是广告性标题，非常灵活、醒目。

二、正文

这包括引言和主体两部分。

（一）引言

它说明招标目的、依据和招标项目名称。表述文字要准确、简洁、开门见山。

（二）主体

这是招标书的核心，一般要写明招标内容、要求及有关事项，主要有如下内容：

1. 招标方式

招标方式中要说明属于哪类招标，如公开招标、内部招标、邀请招标等。

2. 招标范围

招标范围指的是对招标对象的限制条件。

3. 招标程序

招标程序应写明招标、评标、定标的方法和步骤，以及招标起止时间或地点。

4. 招标内容和具体要求

招标的内容和具体要求应依据招标类型分条目写清楚，数字要准确，用词恰当。

5. 双方签订合同的原则

这包括签订、变更、解除、终止合同的条件和法律程序及时间等。

6. 招标过程中的权利和义务

这对招标方是关于审标、评标、定标等权利和义务的规定；对于投标方是遵守投标书要求进行投标和中标后签约履约的要求。

7. 组织领导

标书应注明招标领导机构或办事机构的情况和联系人。

8. 其他有关说明

这是投标方应注意事项的说明。

三、结尾

标书结尾要写清招标单位的地址、电传、电报、电话、邮政编码或者网站地址。如果是两个以上单位联合招标，要求分别写上这两个单位。落款单位可以是招标单位的专管部门或承办部门。

招标书的写作应规范化，内容真实可信，详细具体，条款周全；有法可依，表达准确，避免歧义。标书中项目获取的实物量和劳动量测算要科学、合理，应体现竞争意识。

6.4.2.3 采购计划实施工作的结果

项目组织进行采购或承发包招标的结果就是选出满意的供应商或承包商并与之签订合同。合同是项目组织与中标的供应商或承包商双方签订并应共同遵守的协议，其中规定了供应商或承包商提供特定的产品和项目组织为之支付货款的义务。按照所需采购的资源（产品和劳务）的规模、种类、数量、交货条件等因素的不同，这种协议可以是简单的也可以是复杂的。这种协议也有别的叫法，如契约、协定、分包合同，购货订单或者谅解备忘录等。尽管所有的项目文件都受限于某些评价和审批的格式与程序，但是项目合同具有法定的共同遵守特征。在任何情况下，评价和审批项目合同的过程主要着眼于确保合同中清楚地描述了能够满足项目需求的产品或劳务。一个标准的项目货物采购合同所应包含的内容有：

（1）货物名称、商标、型号、厂家、数量、金额、供货进度。

（2）货物质量要求、技术标准、供方对质量负责的条件和权限。

（3）交（提）货地点、方式、运输方式及到达站港和费用负担。

（4）合理损耗及计算方法、包装标准、包装物的供应与回收。

（5）货物验收标准、方法及提出异议的期限。

（6）货物随机备品、配件工具数量及供应方法。

（7）供货的结算方式及期限、如需提供担保要另立合同担保书以作为合同附件。

（8）违约责任、解决合同纠纷的方式。

（9）其他约定事项和合同有效期限等。

6.5　项目合同管理

在项目组织与资源供应商签订合同之后，项目采购管理就进入了合同的履行和管理阶段。项目合同管理是合同履约阶段的一项重要管理工作，是确保供应商或承包商兑现合同要求的过程，是一个项目采购工作的控制过程。在较大的项目中会有多个产品和劳务的供应商或承包商，此时项目合同管理的关键是管理不同供应商或承包商的履约行为。

6.5.1　项目合同管理所需的信息

项目组织或业主在与资源供应商或承包商签订了合同之后就需要在项目的实施过程中与供应商或承包商共同开展合作并处理好项目资源的供应工作以保证项目合同的顺利实施。在项目合同管理中，项目组织或业主在合同实施、管理与控制方面所需的信息包括：

6.5.1.1　项目采购或承包合同

在这些合同中明确规定了项目组织或业主和供应商或承包商的权利和义务以及有关产品或劳务的具体交付计划，它是项目组织和供应商或承包商开展项目资源供应的依据。

6.5.1.2　项目合同实施结果信息

这是项目供应商或承包商提供资源和履约实际进度信息，是关于项目实施中供应商或承包商交付了哪些产品或劳务，哪些还没交，质量标准达到什么程度，发生了多大的成本等信息。项目组织或业主可以根据这些信息监控资源供应商或承包商的履约活动。

6.5.1.3　项目合同变更请求

在项目实施过程中和供应商及承包商的资源供应过程中，可能会因为各种原因而导致对项目合同的变更。例如，在项目实施进度计划调整后项目采购计划也会进行相应的调整，而供应商或承包商也可能因各种因素导致不能按合同规定期限足量提供项目所需资源，此时项目合同的双方都可能对某些合同条款提出变更请求。项目合同变更请求包括对合同条款或对所供产品或劳务的修订。对于有争议的项目合同变更（项目组织或业主和供应商或承包商不能就变更达成一致意见时）信息更需要认真搜集和管理，因为它们可能引起索赔甚至诉讼。

6.5.1.4　供应商或承包商的发货单

供应商或承包商在发出货物或提供劳务以后必须及时向项目组织提交发货单或完工单，以便对已完成供货或工作请求付款。发货或交工的时机和数量通常都在合同中有明确规定，发货单或完工单一定要符合规定和要求。项目组织应该将发货单或完工单及其支持性文件写入供应商或承包商的绩效报告之中，并将其作为项目合同的重要信息进行管理。

6.5.1.5　项目组织的支付纪录

在分期或分批付款的项目采购或承发包合同中，项目组织或业主的支付纪录是监控项目采购成本的直接依据。项目组织必须保证及时地按照合同约定对供应商或承包商的发货单进行付款，以提高供应商或承包商的积极性。在项目合同完结之后，还需要对支付手段和支付纪录进行采购审计，所以这些都是十分重要的项目合同管理信息。项目组织在项目合同实施中与供应商或承包商之间的往来函电资料也应作为项目合同管理的信息收集和管理。

6.5.2　项目合同管理的内容

项目合同管理的实质是项目采购或承发包合同的履约管理。因为项目合同管理是贯穿于整个项目实施过程中的，所以它也是项目集成管理的一个有机构成部分。当项目采购或承发包合同牵扯到多个供应商或承包商时，这种项目集成管理会在项目管理的多个层次和环节上展开。项目合同管理的具体内容包括：

6.5.2.1　项目采购合同的实施管理

项目合同管理的主要内容是为实现项目采购计划而开展项目合同的实施管理。项目组织应该根据项目合同的规定，在适当的时间监督和控制供应商或承包商的商品与劳务提供工作。一般为了保证资源的及时获得，在项目实施过程中项目组织必须同供应商或承包商保持联系，催促交付货物或劳务，以免延误整个项目的进度。如果供应商不能按时或按质地交付项目所需的产品或劳务，那么就需要调整原定的项目进度。另外，项目组织和供应商或承包商之间产生的一些合同纠纷及其处理都属于项目采购合同实施管理的范畴。

6.5.2.2　项目资源供应绩效报告管理

项目组织要针对供应商或承包商的工作及时进行必要的跟踪与评价，这一工作被称为项目资源供应绩效报告管理。这项工作产生的项目供应绩效报告书能够为项目管理者提供有关供应商或承包商实现项目合同目标的情况信息。这些信息是项目组织监控供应商或承包商、控制项目资源成本、进度以及质量的主要依据。例如，在成本补偿式的项目合同中，项目组织会要求供应商或承包商及时提供资源供应的成本情况并与预定的成本计划相比较分析，当发现项目实际成本超出预算计划时，就必须及时对资源供应情况进行调整。

6.5.2.3　项目采购的质量控制

项目采购的质量控制包括对来自供应商或承包商的产品或劳务及时地进行检查和验收等工作，这是保证项目所获得资源符合质量要求的重要手段。在项目采购或承发包合同中一般都对交付物的检查和验收进行严格的规定，一般在项目采购合同管理中，基本的质量验收方式有：凭到货的质检单对实际质量情况进行验收、凭货物的封存样品进行验收、根据买主提供的样品进行验收，以及凭权威部门的鉴定结论验收等。在建设项目承包合同和采购合同中、在科技攻关项目合同和软件开发项目合同等的验收中，最常用的是凭鉴定结论验收的方式。为进一步监控供应商或承包商交付的商品或劳务的质量，项目组织还可派专门负责质量的工程师进驻供应商或承包商的生产加工现场进行质量监控，以满足项目的要求。

6.5.2.4　项目合同的变更控制

在项目采购合同的实施过程中很可能由于合同双方的各种因素需要对合同条款进行变更。例如，不可抗力事件的发生会导致合同变更，第三方的原因也可能导致合同变更等。项目合同的变更会对双方的利益产生影响，因此需要合同双方对于变更达成一致的意见。一般在项目合同中都有合同变更控制办法的规定，这些条款规定了变更合同的做法和过程，这包括项目合同实施跟踪与争议解决程序以及批准合同变更所需程序和审批手续等。除了项目合同规定之外，中国的有关法律对项目合同变更也规定了一些法定程序，包括双方当事人任一方都可以提出合同变更或解除的建议，建议中应包括变更或解除合同的充足理由和改变后的合同条款，对方在接到合同变更建议书后如无异议变更即可发生效力，若有异议双方可以进一步谈判协商或请求法院、仲裁机关裁定，项目合同变更协议未达成以前原合同继续有效，项目合同变更达成一致意见后双方需签订书面合同变更协议，这些合同变更协议与原合同一样具有法律效力，一方提出合同变更建议后另一方在接到通知后应在规定或约定时间内予以答复，逾期不答复视为默认等。

6.5.2.5　项目合同纠纷的解决

在实际的项目合同管理中，合同的变更经常会导致双方争议和经济纠纷。当这些情况出现时一般的处理原则是：如果项目合同中有关于处理争议方法的条款，那么就按照合同条款规定的办法处理；如果没有此类条款那么可以申请双方约定的第三方进行调解；如果双方对于第三方调解不能达成一致，那么就应交付仲裁或诉讼来解决。例如，工程建设项目或信息系统建设项目的合同签约之后，如果项目进行中工作发生变化而导致合同变更就有可能引发争议或纠纷。这些合同变更可能涉及合同规定容许限度之外的产品或劳务数量变化，因此会引起经济矛盾和纠纷。另外，合同价格和付款也是项目合同纠纷中最常见的问题，这些都应该依照合同规定或法律规定的纠纷处理原则进行解决。在项目合同变更时还会涉及一方对另一方的索赔问题，如果被索赔方有异议就会引起经济纠纷，所以通常项目采购或承发包合同的索赔程序和原则都应在项目合同中做出明确的规定。

6.5.2.6　项目组织人员对合同变更的认知

一旦项目采购或承发包合同发生变更，项目组织必须使项目组织内部人员了解和清楚这种变更，以及这种变更对整个项目所带来的影响，以确保项目合同的变更得到项目组织人员的认知，从而不会影响项目组织的士气和整个项目工作。项目采购合同变更的控制系统应该与项目总体变更控制系统相结合，因为项目采购合同的变动可能会影响到整个项目计划和实施的变更，所以凡是出现项目采购合同的变更都应该对项目计划和其他的相关文件进行更新，从而确保项目按计划进行。

6.5.2.7 项目支付系统管理

对供应商或承包商的支付管理通常是通过项目组织的可支付账户控制系统实现的。在有众多采购需求的较大项目管理中，项目组织可以开发建立自己的项目支付控制系统。这一系统必须包括由项目管理者做出的供应商或承包商的履约评价和认可等控制措施。根据中国有关法律的规定，采购合同的支付方式一般有两种：一种是现金支付（这只能在规定所限的金额内使用）；另一种是转账支付（通过开户银行将资金从付款单位的账户转入收款单位的账户）。项目组织或业主与供应商或承包商之间为项目采购合同支付商品的价款和劳务报酬以及运杂费用大都采用这种转账结算的方式。项目组织通常应依据合同的规定，按照供应商或承包商提交的发货单或完工单对供应商或承包商进行付款并严格管理这些支付活动。

本章小结

1. 项目所需的资源主要有两种，一种是有形的商品（goods），一种是无形的劳务（services）。

2. "制造或购买"的决策分析是最常用的项目采购管理决策分析技术方法。

3. 项目采购管理的首要任务是制订项目采购计划，然后按项目采购计划开展项目采购工作并实现项目采购的目标。

4. 项目采购计划的编制过程包括：依据项目采购计划所需的信息，结合组织自身条件和项目其他各项计划的要求，对整个项目实现过程中的资源供应情况做出具体的计划安排，并按照有关规定的标准或规范，编写出项目采购计划文件。

5. 项目业主或项目团队是通过询价或招标的方式来选择供应商或分包商。

6. 招投标是社会经济发展到一定阶段的产物，是一种特殊的商品或劳务交易的方式。

7. 投标者资格预审是项目组织或业主对申请投标的供应商或承包商所进行的资质审查。

8. 评标是指评标委员会按照预先确定的评价原则，一视同仁地对每份合格的投标文件从技术方法、商业价格以及法律规范等方面分别做出评价。

习 题

一、填空题

1. 项目按承包的范围可以划分为（   ）和（   ）两种。

2. 常见的项目招标的方式有（   ）、（   ）、（   ）、（   ）。

3. 项目招标过程按照工作内容不同，可以划分为（   ）、（   ）、（   ）、（   ）四个阶段。

4. 项目招标签约阶段包括（　　　）、（　　　）、（　　　）和（　　　）四个部分。

5. 工程项目投标策略中的具体对手法又可详细划分为（　　　）、（　　　）、（　　　）、（　　　）四种。

6. 项目组织进行采购或承发包招标的结果就是（　　　　　　　）。

二、问答题

1. 项目采购管理中要确定哪些内容？

2. 项目招投标的方式有哪些？

3. 一个完整的招标程序有哪些步骤？

4. 采购计划实施工作的结果是什么？

5. 标准项目货物采购合同包含的内容有哪些？

7

项目进度管理

■关键词

进度管理；项目活动；进度计划编制；进度计划控制

■导入案例

陈经理应该怎么办

某信息系统集成公司在某小型炼油企业有成功实施 MES 的经验，其针对炼油企业的 MES1.0 软件深受用户好评。

公司去年承接了 A 公司的 MES 项目实施，A 公司是一家大型石化公司，有下属分厂十多家，包括炼油厂、橡胶厂、烯烃厂、塑料厂、腈纶厂和储运厂等，以炼油厂为石油炼制龙头，其他分厂提供半成品和生产原料，业务流程复杂。

陈经理为公司的项目经理，全面负责管理这个项目，这是他第一次管理大型项目。A 公司信息中心的夏经理作为甲方项目经理负责实施配合。由于涉及的分厂较多，从各分厂抽调了生产调度人员、计划统计人员、计量人员、信息人员中的技术骨干，组成各分厂的项目小组，钱经理带领的乙方项目组成员均为 MES 业务顾问，资深顾问安排到了业务最复杂的炼油厂，其他顾问水平参差不齐，分别安排到了其他分厂。公司的软件开发部设在总部，项目实施顾问均在 A 公司提供的现场（某宾馆）集中办公，陈经理负责 A 公司与公司总部之间的沟通，从总体上管理项目。

项目在 8 月初启动，陈经理按原 MES1.0 版本时的实施经验制订了项目开发计划，收集各分厂用户需求，组建了 MES 测试服务器环境等。初期较为顺利，但后来发生了一系列的问题，由于原 MES1.0 版本软件仅适用于单纯的炼油业务，而现在的化工业务在软件系统中并没有合适的模型，A 公司规模很大，炼油厂的许多业务并不是直线式的，而是一种网状关系，所以 MES 软件的炼油装置模型也需要修改，而在陈经理的项目计划中，并没有炼油模型的修改计划，业务需求分析占用了很多时间，陈经理将这些需求提交给软件开发部抓紧开发，而与此同时，甲方的部分业务人员，如统计和信息人员却显得无事可做，许多时间消耗在上网或打游戏上，或通过远程桌面处理自己原单位的一些日常工作事务。

当软件开发部将软件开发完成后，已经进入 12 月，项目进度已经远远落后于钱经理当初的计划，钱经理要求各分厂小组由顾问牵头分别对自己负责的模块进行测试，同时安排各小组中信息人员进行报表开发，MES 系统试运行的原计划安排在 12 月底，拟 1 月中旬正式上线，信息人员认为，以现在的可用时间开发这么多报表，肯定完不成，统计人员发现 MES 系统根本不能满足业务的需要。

项目的进展进入混乱状态，各分厂的项目小组内也有不同的声音，有抱怨系统太烂的，运行一个查询页面居然要 3 分钟时间，也有用户反映在一些录入页面中找不到提交按钮，造成资料不能保存的，一些顾问迫于压力尝试修改系统，但竟然造成了用户的数据丢失，引起用户的很大不满，甚至一些成员开始嘲笑乙方顾问的水平，进而开始怀疑 MES 系统能否正常运转起来。根据实际情况，钱经理在征得用户同意的情况下，将系统的投用时间重新设在 1 月底。为了完成这个目标，陈经理要求各项目小组从 12 月中旬开始，每周六、周日和晚上必须加班。元旦期间，项目小组中的一些甲方成员并没有来加班，甚至有一个假日的中午，所在的宾馆居然没有提供足够的午餐，乙方项目小组中开始有人跳槽离去……

陈经理受到公司总部的批评，钱经理认为，即使他能准确估算出每个任务所需的时间，也无法确定项目的总工期，以项目现在的状态，到 1 月底根本完不成。2 月底也没有把握，具体什么时间完成，陈经理感觉遥遥无期。

资料来源：《经理人世界》，2018-3-29。

项目进度管理是项目管理的重要组成部分，它和项目成本管理、项目质量管理并称为项目管理的"三大管理"。项目进度管理，也称为项目工期管理，是要在规定的时间内，制订出合理、经济的进度计划，然后再按该计划执行的过程中，检查实际进度是否与计划进度相一致，若出现偏差，便要及时找出原因，采取必要的补救措施。如有必要，则还要调整原进度计划，从而保证项目按时完成。

项目进度管理是为确保项目按时完工所开展的一系列管理活动与过程（见图 7-1）。这包括：项目活动的界定和确认（分析确定为达到项目目标所必须进行的各种作业活动），项目活动内容的排序（分析确定工作之间的相互关联关系并形成项目活动排序的文件），估算项目活动工期（对项目各项活动所需时间做出估算），估算整个项目的工期，制订项目工期计划，对作业顺序、活动工期和所需资源进行分析，制订项目工期进度计划；管理与控制项目工期进度等。这些项目进度管理的过程与活动既相互影响，又相互关联，它们在理论上是分阶段展开的，但在实际项目实施和管理中，它们却是相互交叉和重叠的。本章将分别讨论这些项目进度管理过程与活动的内容。

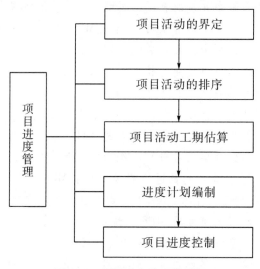

图 7-1　项目进度管理的过程

7.1　项目活动的界定

7.1.1　项目活动界定的概念及其所需信息

项目活动的界定是指识别实现项目目标所必须开展的项目活动，定义为生成项目产出物及其组成部分所必须完成的任务这样一项特定的项目进度管理工作。在项目进度管理中，项目活动界定的主要依据是项目的目标、范围和项目工作分解结构。同时，在项目活动界定过程中，还需要参考各种历史信息与数据，考虑项目的各种约束条件和假设前提条件等。项目活动界定的结果是给出一份项目活动清单，以及有关项目活动清单的支持细节和对于项目工作分解结构的更新。正确地界定一个项目的全部活动必须依据下述信息和资料：

7.1.1.1　项目工作分解结构

项目工作分解结构（WBS）是界定项目活动所依据的最基本和最主要的信息。项目工作分解结构是一个关于项目所需工作的一种层次性、树状的分解结构及其描述。它给出了一个项目所需完成工作的整体表述。项目工作分解结构是界定项目所需活动的一项最重要的依据。图 7-2 给出了一个软件开发项目的工作分解结构，从图中可以看出，整个软件开发项目的工作被分解为两个层次构成的一系列工作，依据这一工作分解结构，就可以进一步细化并界定出这个项目的全部活动了。项目活动界定所依据的项目工作分解结构的详细程度和层次多少主要取决于两个因素，一个是项目组织中各个项目小组或个人的工作责任划分和他们的能力水平，另一个是项目管理与项目预算控制的要求和能力水平。一般情况下，项目组织的责任分工越细，管理和预算控制水平越高，工作分解结构就可以详细一些，并且层次多一些；反之，工作分解结构就可以粗略一些，层次少一些。因此，任何项目在不同的项目组织结构、管理水平和预算限制前提下，都可以找到许多种不同的项目工作分解结构。例如，不同项目团队可能为同一个管理咨询项目做出两种不同的工作分解结构，这两种工作分解结构都能够实现这一项目的目标，只是在项目组织管理与预算控制方面会采取不同的模式和方法。因此，在项目活动界定中还必须充分考虑项目工作分解结构的详细程度和不同详细程度的方案对于项目活动界定的影响。

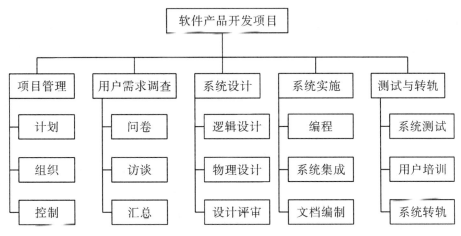

图 7-2 软件开发项目工作分解结构示意图

7.1.1.2 确认的项目范围

项目活动界定的另一个依据是既定的项目目标和项目范围，以及这方面的信息和资料。实际上，如果一个项目的目标不清楚，或者项目范围不确定，那么就可能在界定该项目活动的过程中漏掉一些项目必须开展的作业与活动；或者是将一些与实现项目目标无关的工作界定为项目的必要活动，从而形成出现超越项目范围的工作与活动。这些都会给项目进度管理和整个项目管理带来很大的麻烦。所以项目活动界定中必须以引进获得确认的项目范围作为主要依据。

7.1.1.3 历史信息

在项目活动界定中还需要使用各种相关的项目历史信息。这既包括项目前期工作所收集和积累的各种信息，也包括项目组织或其他组织过去开展类似项目获得的各种历史信息。例如，在类似的历史项目中究竟曾经开展过哪些具体的项目活动，这些项目活动的内容与顺序如何，这些项目活动有什么经验与教训等，这些都属于项目的历史信息。

7.1.1.4　项目的约束条件

项目的约束条件是指项目所面临的各种限制条件和限制因素。任何一个项目都会有各种各样的限制条件和限制因素，任何一个项目活动也都会有一定的限制因素和限制条件。这些限制因素与条件也是界定项目活动的关键依据之一，也是界定项目活动所必须使用的重要信息。例如，一个高科技产品开发项目会受到高科技人才资源、资金、时间等各种因素和条件的限制，这些约束条件都是在界定这一项目的活动中所必须考虑的重要因素。

7.1.1.5　项目的假设前提条件

这是指在开展项目活动界定的过程中，对于那些不确定性的项目前提条件所给出的假设，这些假设的前提条件对于界定一个项目的活动来说是必需的，否则就会因为缺少条件而无法开展项目活动的界定。因为到项目活动界定时，项目的某些前提条件仍然无法确定，所以就需要根据分析、判断和经验，假定出这些具体的项目前提条件，以便作为项目活动界定的前提条件使用。需要注意的是项目假设前提条件存在一定的不确定性，会给项目带来一定的风险。

上述这些都是在项目活动界定工作中所需的依据和信息。另外，在进行项目活动界定的同时，还要考虑进一步分析、修订和更新项目的范围、历史信息、各种项目约束条件和假设前提条件，以及各种可能发生的项目风险等要素。

7.1.2　项目活动界定的方法

如果要完成一个项目首先就要确定究竟该项目需要通过开展哪些活动才能够实现项目目标。项目活动界定的结果就是要给出这样一份包括所有项目活动的清单。准备这样一份项目活动清单可以采用很多不同的方法，一种方法是让项目团队成员利用"头脑风暴法"，通过集思广益去生成一份项目活动清单，这种方法主要适合于较小项目活动的界定。但是对大型和较复杂的项目，则需要使用项目工作分解结构，依据如下的方法去界定和给出项目活动的清单。

7.1.2.1　项目活动分解法

项目活动分解法是指为了使项目便于管理而根据项目工作分解结构，通过进一步分解和细化项目工作任务，从而得到全部项目具体活动的一种结构化的、层次化的项目活动分解方法。这种方法将项目任务按照一定的层次结构，逐层分解成详细、具体和容易管理控制的一系列具体项目活动，从而更好地进行项目的时间管理。这种项目活动分解法有助于完整地找出一个项目的所有活动。使用项目活动分解法最终得到的是关于项目活动的界定，而不是对于项目产出物的描述，这种项目活动界定的结果是为项目进度管理服务的，而不是为项目质量管理服务的（项目产出物的描述主要是为项目质量管理服务的）。

7.1.2.2　项目活动界定的平台法

项目活动界定的平台法也叫原型法，它使用一个已完成项目的活动清单（或该活动清单中的一部分）作为新项目活动界定的一个平台，根据新项目的各种具体要求、限制条件和假设前提条件，通过在选定平台上增减项目活动的方法，定义出新项目的全部活动，得到新项目的活动清单。这种方法的优点是简单、快捷、明了，但是可供使用的平台或原型（已完成项目的活动清单）的缺陷和缺乏会对新的项目活动界定结果带来一定的影响，而且会由于既有平台的局限性而漏掉或额外增加一些不必要的项目活动。

7.2 项目活动的排序

7.2.1 项目活动排序的概念

项目活动排序是通过识别项目活动清单中各项活动之间的关联关系及逻辑关系，并根据项目活动之间的关系对项目活动的先后顺序进行排序，形成文字说明或者表格形式的文档来记录该内容，为项目进度计划的制订提供依据。项目活动之间的关系包括三种：强制性逻辑、可自由处理的逻辑关系和外部逻辑关系。强制性逻辑关系指的是工程中固有的逻辑关系，即项目活动之间有着严格的先后关系。比如，在建设施工中，只有完成了地基部分才能进行上部工程的施工。可自由处理的逻辑关系指的是由项目队伍决定的逻辑关系，该逻辑关系比较灵活。比如，在建设施工中，某些装饰工程可以与结构工程同时进行。外部逻辑关系指的是项目活动与非项目活动之间的逻辑关系。比如，软件项目的测试需要依赖于外部供方的硬件设施。通过识别项目活动之间的关联关系及逻辑关系，根据三种关系在项目活动排序中的原则对项目进行排序。

通常，项目活动排序方式包括手工排序和计算机排序两种，项目活动的排序方式可以根据项目规模的大小来选择。一般较小的项目或一个项目阶段的活动排序可以通过人工排序的方法完成，但是大型复杂项目的活动排序现在多数要借助于计算机信息系统完成。为了制订项目时间（工期或进度）计划，必须准确和合理地安排项目各项活动的顺序并依据这些活动顺序确定项目的各种活动路径，以及出这些项目活动路径构成的项目活动网络。这些都属于项目活动排序工作的范畴。

7.2.2 项目活动排序的方法

项目活动排序需要根据上述项目活动之间的各种关系、项目活动清单和项目产出物的描述以及项目的各种约束和假设条件，通过反复的试验和优化去编排出项目的活动顺序。通过项目活动排序确定出的项目活动关系，需要使用网络图或文字描述的方式给出。通常安排和描述项目活动顺序关系的方法有下述几种。

7.2.2.1 顺序图法

顺序图法（precedence diagramming method, PDM）也叫节点网络图法（activity-on-node, AON）。这是一种通过编制项目网络图给出项目活动顺序安排的方法，它用节点表示一项活动，用节点之间的箭线表示项目活动之间的相互关系。图7-3是一份使用顺序图法给出的一个简单项目活动排序结果的节点网络图。这种项目活动排序和描述的方法是大多数项目管理中使用的方法。这种方法既可以用人工方法实现，也可以用计算机软件系统实现。

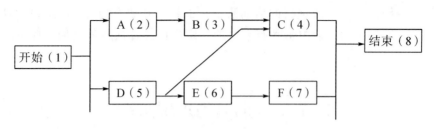

图7-3 用顺序图法绘制的项目网络图

在这种网络图中有四种项目活动的顺序关系：其一是"结束—开始"的关系，即前面的甲活动必须结束以后，后面的乙活动才能开始；其二是"结束—结束"的关系，即只有甲活动结束以后，乙活动才能够结束；其三是"开始—开始"的关系，即甲活动必须在乙活动开始之前就已经开始了；其四是"开始—结束"的关系，即甲活动必须在乙活动结束之前就要开始。在节点网络图中，最常用的逻辑关系是前后依存活动之间具有的"结束—开始"的相互关系，而"开始—结束"的关系很少用。在现有的项目管理软件中，多数使用的也是"结束—开始"的关系，甚至有些软件，只有这种"结束—开始"活动关系的描述方法。

在用节点表示活动的网络图中，每项活动由一个方框或圆框表示，对活动的描述（命名）一般直接写在框内。每项活动只能用一个框表示，如果采用项目活动编号则每个框只能指定一个唯一的活动号。项目活动之间的顺序关系则可以使用连接活动框的箭线表示。例如，对于"结束—开始"的关系，箭线箭头指向的活动是后序活动（后续开展的活动），箭头离开的活动是前序活动（前期开展的活动）。一项后序活动只有在与其联系的全部前序活动完成以后才能开始，这可以使用箭线连接前后两项活动方法表示。例如，在信息系统开发项目中，只有完成了"用户调查"后，"系统分析"工作才能开始。这可以用图7-4给出示意。

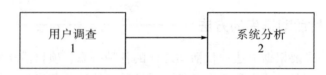

图7-4 用节点和箭线表示的项目活动顺序示意图

另外，有些项目活动可以同时进行，虽然它们不一定同时结束，但是只有它们全部结束以后下一项活动才能够开始。例如，在信息系统开发项目中，各方面用户（如，企业计划部门、营销部门等信息用户）的信息需求调查可以同时开始，但是不一定同时结束，然而只有所有的用户需求调查完成以后才能够开展项目的系统分析工作。这些项目活动之间的关系可以由图7-5给出示意。

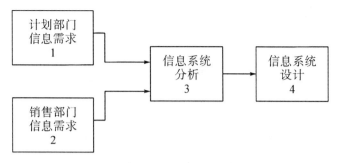

图 7-5　信息系统分析与设计项目活动顺序关系图示

7.2.2.2　箭线图法

箭线图法（arrow diagramming method，ADM）也是一种描述项目活动顺序的网络图方法。这一方法用箭线代表活动，而用节点代表活动之间的联系和相互依赖关系。图 7-6 是用箭线图法绘制的一个简单项目的网络图。这种方法虽然没有顺序图法流行，但是在一些应用领域中仍不失为一项可供选择的项目活动顺序关系描述方法。在箭线图法中，通常只描述项目活动间的"结束—开始"的关系。当需要给出项目活动的其他逻辑关系时，就需要借用"虚活动"（dummy activity）来描述了。箭线图法同样既可以由人工完成，也可以使用计算机专用软件系统完成。

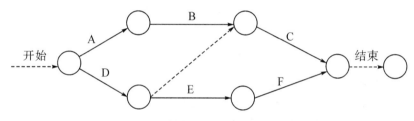

图 7-6　用箭线图法绘制的项目网络图

在箭线图中，一项活动由一条箭线表示，有关这一活动的描述（命名）可以写在箭线上方。描述一项活动的箭线只能有一个箭头，箭线的箭尾代表活动的开始，箭线的箭头代表活动的结束。箭线的长度和斜度与项目活动的持续时间或重要性没有任何关系。在箭线图法中，代表项目活动的箭线通过圆圈而连接起来，这些连接用的圆圈表示具体的事件。箭线图中的圆圈既可以代表项目的开始事件也可以代表项目的结束事件。当箭线指向圆圈时，圆圈代表该活动的结束事件，当箭线离开圆圈时，圆圈代表活动的开始事件。在箭线图法中，需要给每个事件确定唯一的代号。例如，图 7-7 中给出的项目活动网络图中，"用户信息需求调查"和"信息系统分析"之间就存在一种顺序关系，二者由"事件 2"联系起来。"事件 2"代表"用户信息需求调查"活动结束和"信息系统分析"活动开始这样一个事件。

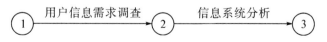

图 7-7　箭线图法中的"活动"与"事件"示意图

项目活动的开始事件（箭尾圆圈）也叫作该项活动的"紧前事件"，项目活动的结束事件（箭头圆圈）也叫作该活动的"紧后事件"。例如，对于图 7-7 中的项目活动"用户信息需求调查"而言，它的紧前事件是圆圈1，而它的紧后事件是圆圈2；但是对于项目活动"信息系统分析"而言，它的紧前事件是圆圈2，它的紧后事件是圆圈3。

在箭线图法中，有两个基本规则用来描述项目活动之间的关系：

（1）图中的每一个事件（圆圈）必须有唯一的事件号，图中不能出现重复的事件号。

（2）图中的每项活动必须由唯一的紧前事件和唯一的紧后事件组合来予以描述。

图7-8中的项目活动A和B具有相同的紧前事件（圆圈1）和紧后事件（圆圈2），这在箭线图法中是绝对不允许的，因为这种方法要求每项活动必须用唯一的紧前事件和紧后事件的组合来表示（两个节点之间只能表示一项活动）。

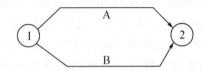

图7-8 项目活动描述错误的示意图

为了解决图7-8中出现的问题，在箭线图法中规定有一种特殊的活动，被称为"虚活动"。这种活动并不消耗时间，所以它在网络图中用一个虚线构成的箭线来表示。这种"虚活动"用来描述项目活动之间的一种特殊的先后关系，以满足每项活动必须用唯一的紧前事件和紧随事件的组合来确定的要求。例如，图7-8中给出的活动A和活动B，合理地描述它们就需要插入一项虚活动（见图7-9），这样就可以使活动A和B由唯一的紧前事件和紧随事件组合来描述了。在图7-9中有两种描述方法，其一是活动A由事件1和事件3的组合来描述，活动B由事件1和事件2的组合来表示（图a）。其二是活动A由事件1和事件2的组合来表示，而活动B用事件1和事件3的组合来表示（图b）。这两种方法都是可行的方法。

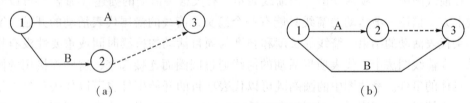

图7-9 加入虚活动后的箭线图

根据项目活动清单等信息和上述网络图方法的原理就可以安排项目活动的顺序，绘制项目活动的网络网了。这一项目进度管理工作的具体步骤是：首先选择是使用顺序图法还是使用箭线图法去描述项目活动的顺序安排，然后按项目活动的客观逻辑顺序和人为确定的优先次序安排项目活动的顺序，最后使用网络图法绘制出项目活动顺序的网络图。在决定以何种顺序安排项目活动时，需要对每一个项目活动明确回答以下三个方面的问题：

（1）在该活动可以开始之前，哪些活动必须已经完成？

（2）哪些活动可以与该活动同时开始？

（3）哪些活动只有在该活动完成后才能开始？

通过明确每项活动的这三个问题，就可以安排项目的活动顺序并绘制出项目网络图，从而全面描述项目所需各项活动之间的相互关系和顺序了。

7.2.2.3　网络模板法

在某些情况下，一个项目组织可能给不同的客户做相似的项目，此时新项目的许多活动可能包含与历史项目活动相同的逻辑关系安排。因此，人们有可能用过去完成项目的网络图作为新项目网络图的模板，并通过增删项目活动去修订这种模板，从而获得新项目的活动网络图。这种网络模板法有助于尽快生成项目网络图，它可以用于对整个项目或项目的某个局部的项目活动排序和网络图的编制。对于有些项目，网络模板法是非常有效的。例如，安居工程的民用住宅建设项目就是如此。

7.3　项目活动工期估算

7.3.1　项目活动工期估算的概念

项目活动工期估算是对项目已确定的各种活动所做的工期（或时间）可能长度的估算工作，这包括对每一项完全独立的项目活动时间的估算和对于整个项目的工期估算。这项工作通常应由项目团队中对项目各种活动的特点熟悉的人来完成，也可以由计算机进行模拟和估算，再由专家审查确认这种估算。对一项项目活动所需时间的估算，通常要考虑项目活动的作业时间和延误时间。例如，"混凝土浇筑"会因为下雨、公休而出现延误。通常，在输入各种依据参数之后，绝大多数项目计划管理软件都能够处理这类时间估算问题。

7.3.2　项目活动工期估算的方法

项目活动工期估算的主要方法包括下述几种：

7.3.2.1　专家评估法

专家评价法是由项目进度管理专家运用他们的经验和专业特长对项目活动工期做出估计和评价的方法。由于项目活动工期受许多因素的影响，所以使用其他方法计算和推理的方法是很困难的，但专家评估法却十分有效。利用专家经验来对项目活动的持续时间进行估算需要注意的是专家的选择，只有真正的专家才能了解完成项目活动的最简洁的方法、最佳的形式和最快的过程。

7.3.2.2　类比法

类比法是以过去相似项目活动的实际活动工期为基础，通过类比的办法估算新项目活动工期的一种方法。当项目活动工期方面的信息有限时，可以使用这种方法来估算项目的工期，但是利用过去类似的项目估算项目持续时间会存在一定的缺陷，因为类似项目所处的情况并不能一直延续到现在，现在的项目会受到现有的外界事件的影响。因此，利用此方法需要注意避免使用过时的信息，需要对历史信息进行一定的修正。通过这种方法计算出的项目活动工期的结果比较粗，所以该方法一般用于最初的项目活动工期估算。

7.3.2.3 模拟法

模拟法是以一定的假设条件为前提去进行项目活动工期估算的一种方法。常见的这类方法有蒙特卡罗模拟、三角模拟等。这种方法既可以用来确定每项项目活动工期的统计分布，也用来确定整个项目工期的统计分布。其中，三角模拟法相对比较简单，这种方法的具体做法如下：

（1）单项活动的工期估算。

对于活动持续时间存在高度不确定的项目活动，需要给出活动的三个估计的时间：乐观时间 t_o（这是在非常顺利的情况下完成某项活动所需的时间）、最可能时间 t_m（这是在正常情况下完成某活动最经常出现的时间）、悲观时间 t_p（这是在最不利情况下完成某项的活动时间），以及这些项目活动时间所对应的发生概率。通常对于设定的这三个时间还需要假定它们都服从 β 概率分布。然后，用每项活动的三个时间估计时间就确定每项活动的期望（平均数或折中值）工期了。这种项目活动工期期望值的计算公式如下：

$$t_e = \frac{t_0 + 4(t_m) + t_p}{6}$$

例如，假定一项活动的乐观时间为 1 周，最可能时间为 5 周，悲观时间为 15 周，这项活动的则该项活动工期的期望值为：

$$t_e = \frac{1 + 4 \times 5 + 15}{6} = 6 \text{（周）}$$

（2）总工期期望值的计算方法。

在项目的实施过程中，一些项目活动花费的时间会比它们的期望工期短，另一些会比它们的期望工期长。对于整个项目而言，这些长于期望工期和短于期望工期的项目活动耗费的时间有很大一部分是可以相互抵消的。因此所有期望工期与实际工期之间的净总差额值同样符合正态概率分布规律。这意味着，在项目活动排序给出的项目网络图中关键路经（工期最长的活动路径）上的所有活动的总概率分布也是一种正态分布，其均值等于各项活动期望工期之和，方差等于各项活动的方差之和。依据这些就可以确定出项目总工期的期望值了。

（3）项目工期估算实例。

现有一个项目的活动排序及其工期估计数据如图 7-10 所示。假定项目的开始时间为 0 并且必须在第 40 天之前完成。

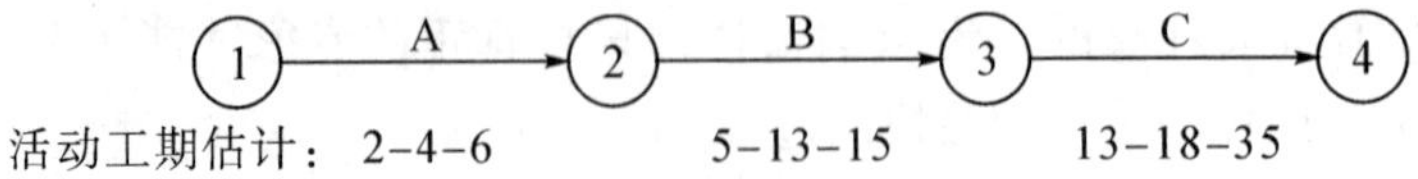

活动工期估计：2-4-6   5-13-15   13-18-35

图 7-10 项目工期估计示意图

图 7-10 中每个活动工期的期望值计算如下：

A 活动 $t_e = \dfrac{2 + 4 \times 4 + 6}{6} = 4 \text{（天）}$

B 活动 $t_e = \dfrac{5 + 4 \times 13 + 15}{6} = 12 \text{（天）}$

C 活动 $t_e = \dfrac{13 + 4 \times 18 + 35}{6} = 20 \text{（天）}$

把这三个项目活动估算工期的期望值加总，可以得到一个总平均值，即项目整体的期望工期 t_e。具体做法可以见表 7-1。

表 7-1 项目活动工期估算汇总表　　　　　　　　　　　　单位：天

活动	乐观时间 t_o	最可能时间 t_m	悲观时间 t_p	期望工期 t_e
A	5	4	6	4
B	5	13	15	12
C	13	18	35	20
项目整体	20	35	56	36

由表 7-1 可以看出，三项活动的乐观时间为 20 天，最可能时间为 35 天，而悲观时间为 56 天，据此计算出的项目整体期望工期与根据三项活动的期望值之和（4+12+20=36）的结果是相同的，这表明对整个项目而言，那些长于期望工期和短于期望工期的项目活动所耗时间是可以相互抵消的，因此项目整体工期估算的时间分布等于三项活动消耗时间平均值或期望值之和。另外，这一工期估算中的方差有如下关系：

活动 A　　　　$\delta^2 = \left(\dfrac{6-2}{6}\right)^2 = 0.444$

活动 B　　　　$\delta^2 = \left(\dfrac{15-5}{6}\right)^2 = 2.778$

活动 C　　　　$\delta^2 = \left(\dfrac{35-13}{6}\right)^2 = 13.444$

由于总分布是一个正态概率分布，所以它的方差是三项活动的方差之和，即 16.666。总分布的标准差 δ 为：

标准差 $= \delta = \sqrt{\delta^2} = \sqrt{16.666} = 4.08$（天）

图 7-11 给出了总概率曲线与其标准差的图示。

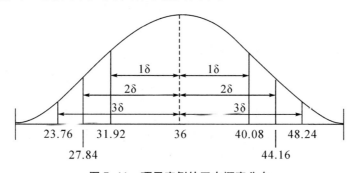

图 7-11 项目实例的正态概率分布

上图是一个正态曲线，其在 ±1δ 的范围内（在 31.92 与 40.08 天之间）包含的总面积是 68%；在 27.84 天和 44.16 天之间包含的总面积是 95%；在 23.76 天与 48.24 天之间包含了总面积的 99%。对于这些概率分布可以解释如下：在 23.76 天到 48.24 天之间完成项目的可能性为 99%（概率为 0.99）；在 27.84 天到 44.16 天之间完成项目的可能性为 95%（概率为 0.95）；在 31.92 天到 40.08 天之间完成项目的可能性为 68%（概率为 0.68）。

7.4 项目工期计划的制订

7.4.1 项目工期计划制订的概念

项目工期计划的制订是根据项目活动界定、项目活动顺序安排、各项活动工期估算和所需资源所进行的分析和项目计划的编制与安排。制订项目工期计划要定义出项目的起止日期和具体的实施方案与措施。在制订出项目工期计划之前必须同时考虑这一计划所涉及的其他方面问题和因素,尤其是对于项目工期估算和成本预算的集成问题必须予以考虑。

7.4.2 制订项目工期计划的方法

项目工期计划是项目专项计划中最为重要的计划之一,这种计划的编制需要反复地试算和综合平衡,因为它涉及的影响因素很多,而且它的计划安排会直接影响到项目集成计划和其他专项计划。所以这种计划的编制方法比较复杂,使用的主要方法有如下几种:

7.4.2.1 网络计划技术

网络计划技术是指利用网络图的绘制来制订项目进度计划以及对项目进度计划进行控制的计划方法。该方法是目前制订项目进度计划十分有用的工具,利用网络计划技术通过计算所有项目活动的最早开始和结束时间、最晚开始和结束时间可以得到项目的总工期,同时还可以考虑项目成本以及资源投入来制订综合优化的项目进度计划。

项目计划评审技术(PERT)和关键路径法(CPM)是比较常用的两种网络计划技术,除了这两种网络计划方法之外,还出现了新的网络计划技术,像风险评审技术(VERT)、图示评审技术(GERT)等。网络计划技术这种方法的几个基本知识点如下:

(1)项目的开始和结束时间。

为建立一个项目所有活动的工期计划安排的基准,就必须为整个项目选择一个预计的开始时间(estimated start time)和一个要求的完工时间(required completion time)。这两个时间的间隔规定了项目完成所需的时间周期(或叫项目的时间限制)。整个项目的预计开始时间和结束时间通常是项目的目标之一,需要在项目合同或项目说明书中明确规定。然而,在一些特殊情况下可能会使用时间周期的形式来表示项目的开始和结束日期(如,项目要在开始后90天内完成)。

(2)项目活动的最早开始和结束时间、最迟开始和结束时间。

为了使项目在要求的时间内完成,还必须根据项目活动的工期和先后顺序来确定出各项活动的时间。这需要给出每项活动的具体时间表,并在整个项目预计开始和结束的时间基础上确定出每项活动能够开始和完成的最早时间和最迟时间。其中,一项活动的最早开始时间(ES)是根据整个项目的预计开始时间和所有紧前活动的工期估计得来的;一项活动的最早结束时间(EF)是用该活动的最早开始时间加上该活动的工期估计得来的。项目活动的最迟完工时间(LF)是用项目的要求完工时间减去该项目活动所有紧后活动的工期估计计算出来的，而项目活动的最迟开始时间（LS）是用该活动最迟结束时间减去活动的工期估计计算出来的。

（3）关键路径法（CPM）。

关键路径法又称为关键线路法，是一种运用特定的、有顺序的网络逻辑和估算出的项目活动工期，确定项目每项活动的最早与最晚开始和结束时间，并做出项目工期网络计划的方法。关键路径法关注的核心是项目活动网络中关键路径的确定和关键路径总工期的计算，其目的是使项目工期能够达到最短。关键路径法通过反复调整项目活动的计划安排和资源配置方案使项目活动网络中的关键路径逐步优化，最终确定出合理的项目工期计划。因为只有时间最长的项目活动路径完成之后，项目才能够完成，所以一个项目最长的活动路径被称为"关键路径"（critical path）。如图 7-12 的双代号网络图中，画粗实线的线路上的时间最长，所以这条线路为关键线路，据此可以制订出该项目的计划工期为 20 个日历天。

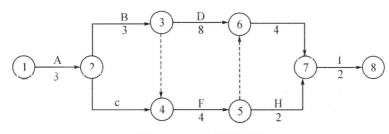

图 7-12　双代号网络图

（4）计划评审技术（PERT）。

计划评审技术就是把工程项目当成一种系统，用网络图或者表格或者矩阵来表示各项具体工作的先后顺序和相互关系，以时间为中心，找出从开工到完工所需要时间的最长路线，并围绕关键线路对系统进行统筹规划，合理安排以及对各项工作的完成进度进行严密的控制，以达到用最少的时间和资源消耗来完成系统预定目标的一种计划与控制方法。

PERT 网络是一种类似流程图的箭线图。它描绘出项目包含的各种活动的先后次序，标明每项活动的时间或相关的成本。对于 PERT 网络，项目管理者必须考虑要做哪些工作，确定时间之间的依赖关系，辨认出潜在的可能出问题的环节，借助 PERT 还可以方便地比较不同行动方案在进度和成本方面的效果。

PERT 网络技术适用于不可预知因素多且从未做过的新项目和复杂项目，它的画法与网络图相同，区别在于项目的各项活动时间的估算。各项活动的时间估算程序是：先根据乐观时间、最可能的时间、悲观时间进行该项活动的时间估计，再计算出活动时间的期望值和标准差。期望值代表该活动耗费时间的多少，标准差代表在期望的时间里完成该活动的概率。标准差越小，表明在期望时间里完成活动的可能性越大；标准差越大，表明在期望时间里完成活动的可能性越小。具体的计算过程可以参考本章7.3 的知识内容。

例如，图 7-13 中给出的是一个只有三项活动的项目案例，项目的最早结束时间是36 天，项目最可能的结束时间是 39 天，而项目的最迟结束时间是 42 天。项目的最早、最迟完工时间是根据三项项目具体活动的工期估算求出的，它们的发生概率符合

图 7-13 给出的正态分布。

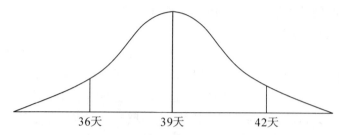

图 7-13　案例项目完工时间发生概率的正态分布示意图

7.4.2.2　模拟法

模拟法是根据一定的假设条件和这些条件发生的概率，运用像蒙特卡罗模拟、三角模拟等方法，确定每个项目活动可能工期的统计分布和整个项目可能工期的统计分布，然后使用这些统计数据去编制项目工期计划的一种方法。同样，由于三角模拟法相对比较简单，一般都使用这种方法去模拟估算项目单项活动的工期，然后再根据各个项目可能工期的统计分布做出整个项目的工期估算，最终编制出项目的工期计划。

7.4.2.3　资源水平法

使用系统分析法制订项目工期计划的前提是项目的资源充足，但是在实际中多数项目都存在有资源限制，因此有时需要使用资源水平法去编制项目的工期计划。这种方法的基本指导思想是"将稀缺资源优先分配给关键路线上的项目活动"。这种方法制订出的项目工期计划常常比使用系统分析法编制的项目工期计划的工期要长，但是更经济和实用。这种方法有时又叫作"基于资源的项目工期计划方法"。

7.4.2.4　甘特图法

甘特图（Gantt chart）又叫作横道图、条状图（Bar chart），是制订项目进度计划最常用的一种工具，它是在第一次世界大战期间由亨利·甘特发明并以其名字命名的，它是用一个完整的条形图来表示进度的标志系统。

甘特图是以图示的方式通过活动列表和时间刻度（横道）形象地表示出任何特定项目的活动顺序与持续时间。甘特图是线条图，其横轴表示时间，纵轴表示具体的活动，线条表示在整个期间上计划活动的开始和完成时间，它直观地表明活动计划在什么时间开始和什么时间结束，以及实际进度与计划要求的对比。管理者据此可以比较方便地弄清一个项目还剩下哪些工作要做，并可评估工作进度。另外，在图中也可以加入一些表明每项活动由谁负责等方面的信息。甘特图的绘制可以利用某些软件进行，比如 Excel，Microsoft Project 等。简单项目的甘特图如图 7-14 所示。

7.4.2.5　项目管理软件法

项目管理软件是广泛应用于项目工期计划编制的一种辅助方法。使用特定的项目管理软件就能够运用系统分析法的计算方法和对于资源水平的考虑，快速地编制出多个可供选择的项目工期计划方案，最终决策和选定一个满意的方案。这对于优化项目工期计划是非常有用的。当然，尽管使用项目管理软件，最终决策还是需要由人来做出。

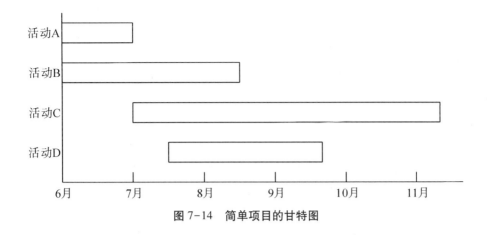

图7-14 简单项目的甘特图

7.5 项目工期计划控制

7.5.1 项目进度控制的概念

项目进度控制是对项目工期计划的实施与项目工期计划的变更所进行的管理控制工作。其具体指项目管理者围绕目标工期的要求编制进度计划,付诸实施,并在实施过程中不断检查计划的实际执行情况、分析进度偏差的原因、进行相应调整和修改;通过对进度影响因素实施控制及各种关系协调,综合运用各种可行方法、措施,将项目的计划工期控制在事先确定的目标工期范围之内,在兼顾费用、安全、质量控制目标的同时,努力做好进度的有效控制。

7.5.2 影响项目进度的因素

由于在项目实施过程中存在着许多影响进度的因素,因此,进度管理人员必须事先对这些影响因素进行调查分析,预测其影响程度,确定合理的进度管理目标,编制可行的进度计划,使项目始终按计划进行。

影响工程项目进度的因素比较多,大体可包括人员因素、技术因素、组织因素、材料、设备与构配件因素、资金因素和环境因素。

7.5.3 项目进度计划的检查

在项目实施过程中,项目管理者收集到实际进度的信息以后,通常都要与计划进度进行对比分析,才能确定是否存在进度偏差,以此去深究产生进度拖延的原因。进度检查对比方法是进度控制中的基本分析方法。

常用的进度计划的检查对比方法主要有横道图比较法、S形曲线比较法、香蕉形曲线比较法和前锋线比较法。下面分别给予介绍。

7.5.3.1 横道图比较法

横道图比较法是指将在项目实施中检查实际进度收集的信息,经整理后直接用横道线并列标于原计划的横道线外,进行直观比较的方法,是最常用的方法。

（1）工期比较法。用该种比较法可以清楚地反映实际工期和计划工期的对比情况。

（2）实际工程量比较法。该种方法在图中不仅反映工程活动的开始结束时间，且对于已经开始，但尚未结束的工程活动估计其已完工程量的百分比，按实际完成工程量百分比来标注实际横道线的长度。横道线可以较好地反映已经开始但尚未结束工作的进度是拖延还是提前。

图7-15为某项目施工计划的横道图。

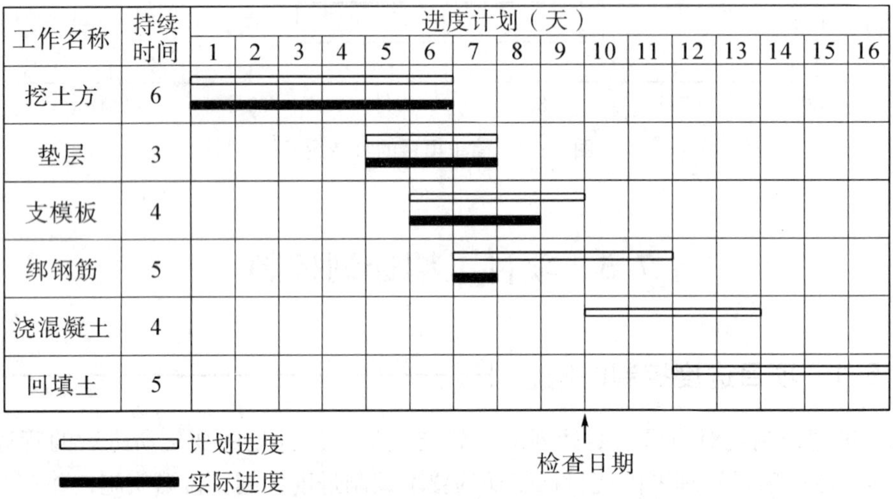

工作名称	持续时间	进度计划（天）														
		1	2	3	4	5	6	7	8	9	10	11	12	13	14	15	16
挖土方	6																
垫层	3																
支模板	4																
绑钢筋	5																
浇混凝土	4																
回填土	5																

▭ 计划进度

▬ 实际进度

↑
检查日期

图7-15　施工计划横道图

7.5.3.2　S形曲线比较法

S形曲线（见图7-16）是一个以横坐标表示时间、纵坐标表示累计工作量完成情况的曲线图。该图工作量的表达方式可以是实物工程量、工时消耗或费用支出额，也可用相应的百分比表示。由于该曲线形如"S"，故而得名。

（1）S形曲线绘制。S形曲线是以时间为横坐标，以累计工作量（或者完成的累计价值、工时消耗量）为纵坐标绘出的时间—累计工作量图。作图步骤如下：

①确定工程进展速度曲线。该曲线主要反映不同时间工作量完成情况。

②计算不同时间累计完成的工作量。

③将不同时间累计完成的工作量用曲线连接起来，形成S形曲线。

（2）S形曲线比较法。S形曲线比较法是将实施过程中定期检查收集的累计工程量数据与计划进度S形曲线进行比较。进度控制人员在计划实施前绘制出计划S形曲线，在项目实施过程中，按规定时间将检查的实际完成任务情况，绘制在与计划S形曲线同一张图上，可得出实际进度S形曲线，通过分析可以得到以下方面信息：

①实际工程进展状况。当实际进展点落在计划S形曲线左侧时，表明实际进度比计划超前；若落在其右侧，则表示进度落后。

②实际进度比计划进度超前或者拖延的时间。

③工程量的完成情况，体现超额完成的任务量和拖欠的任务量。

④预测工程进度。通过所绘成图体现出来的时刻做出工期预测，判断是否需要调整进度。

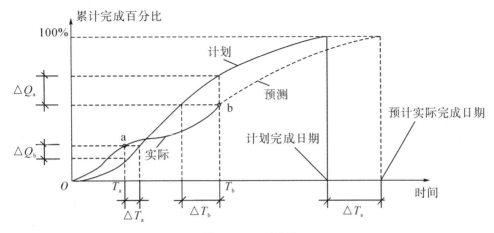

图 7-16 S 形曲线

7.5.3.3 香蕉形曲线比较法

香蕉形曲线（见图 7-17）是两种 S 形曲线合成的闭合曲线，香蕉曲线的作图方法与 S 形曲线的作图方法一致，不同之处在于它是以工作的最早开始与最迟开始时间分别绘制两条 S 形曲线，用于表示建设项目总体进展情况。

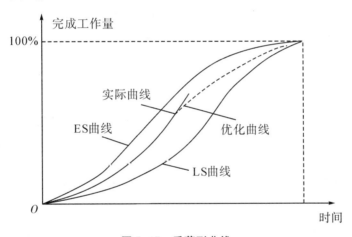

图 7-17 香蕉形曲线

7.5.3.4 前锋线比较法

前锋线，是指在原时标网络计划上，从检查时刻的时标点出发，用点画线依次将各项工作实际进展位置点连接而成的折线。前锋线比较法就是通过实际进度前锋线与原进度计划中各工作箭线交点的位置来判断工作实际进度与计划进度的偏差，进而判定该偏差对后续工作及总工期影响程度的一种方法。

采用前锋线比较法进行实际进度与计划进度的比较，其步骤如下：

（1）绘制时标网络计划图。工程项目实际进度前锋线是在时标网络计划图上标示，为清楚起见，可在时标网络计划图的上方和下方各设一时间坐标。

（2）绘制实际进度前锋线。一般从时标网络计划图上方时间坐标的检查日期开始绘制，依次连接相邻工作的实际进展位置点，最后与时标网络计划图下方坐标的检查日期相连接。

工作实际进展位置点的标定方法有两种：一是按该工作已完成任务量比例进行标定，二是按尚需作业时间进行标定。

（3）进行实际进度与计划进度的比较。前锋线可以直观地反映出检查日期实际进度与计划进度之间的关系。对某项工作来说，其实际进度与计划进度之间的关系可能情况如下：

①工作实际进展位置点落在检查日期的左侧，表明该工作实际进度拖后。

②工作实际进展位置点与检查日期重合，表明该工作实际进度与计划进度重合。

③实际进展位置点落在检查日期的右侧，表明该工作实际进度超前，超前的时间为二者之差。

（4）预测进度偏差对后续工作及总工期的影响。通过实际进度与计划进度的比较，根据工作的自由时差和总时差，预测该进度偏差对后续工作及项目总工期的影响。

网络计划在执行过程中，应根据现场实际情况不断进行检查，根据检查结果进行调整，这样才能充分发挥进度控制功能，实现进度计划的动态控制。进度拖延是施工项目实施过程中经常发生的现象。当检查时发现进度偏差，要考虑对总工期和后续工作的影响。

图 7-18 是某网络计划前锋线比较图，在第 4 天下班时检查，C 工作完成了该工作 1/3 的工作量，D 工作完成了该工作 1/4 的工作量，E 工作已全部完成该工作的工作量，则实际进度前锋线如图上点画线构成的折线。

通过比较可以看出：

（1）C 工作实际进度拖后 1 天，其总时差和自由时差均为 2 天，既不影响总工期，也不影响其后续工作的正常进行。

（2）D 工作实际进度与计划进度相同，对总工期和后续工作也无影响。

（3）E 工作实际进度提前 1 天，对总工期无影响，将使其后续工作 F、I 的最早开始时间提前 1 天。

综上所述，该检查时刻各工作的实际进度对总工期无影响，将使工作 F、I 的最早开始时间提前 1 天。

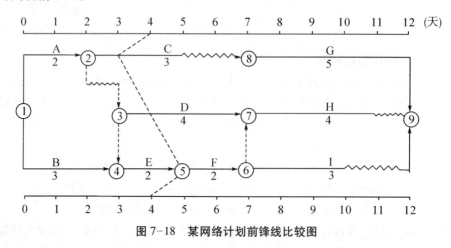

图 7-18　某网络计划前锋线比较图

7.5.4　项目进度控制的措施 ├────────────────────────────

为了有效实施进度控制，进度控制人员必须根据项目的具体情况，认真制定进度控制措施，以确保进度管理目标的实现。进度控制的措施应包括组织措施、经济措施、技术措施和管理措施。

组织措施包括落实各层次的控制人员、具体任务和工作责任；建立进度控制的组织系统，确定事前控制、事中控制、事后控制、协调会议、集体决策等进度控制工作制度；监测计划的执行情况，分析与控制计划执行情况等。

经济措施包括实现项目进度计划的资金保证措施，资源供应及时的措施，实施激励机制。

技术措施包括采取加快项目进度的技术方法。

管理措施包括加强合同管理、信息管理、沟通管理、资料管理等综合管理，协调参与项目的各有关单位、部门和人员之间的利益关系，使之有利于项目进展。

7.5.5　项目进度控制的方法 ├────────────────────────────

项目进度控制的方法多种多样，但是最常用的有以下四种：

7.5.5.1　项目进度计划变更的控制方法

项目进度计划变更的控制方法是针对项目进度计划变更的各种请求，按照一定的程序对于项目进度计划变更进行全面控制的方法。这包括：项目工期变更的申请程序、项目工期变更的批准程序和项目工期变更的实施程序等一系列的控制程序及相应的方法。

7.5.5.2　项目进度计划实施情况的度量方法

项目进度计划实施情况的度量方法是一种测定和评估项目实施情况，确定项目工期计划完成程度和实际情况与计划要求的差距大小与幅度的管理控制方法，它是项目工期计划控制中使用的重要方法之一。这一方法的主要内容包括：定期收集项目实施情况的数据，将实际情况与项目计划要求进行比较，报告项目工期计划实施情况存在的偏差和是否需要采用纠偏措施。这一方法要求有固定的项目工期计划实施情况报告期，并定期和不定期地度量和报告项目工期计划的实施情况。在一个报告期内，需要为项目工期计划的控制而收集和积累的数据或信息包括：项目实施情况的数据、项目各种变更的信息等。其中，必须确保这些数据或信息的收集及时、准确，以便为更新项目工期计划服务。例如，如果项目报告期是一个月，这些数据和信息就应该在月末之前收集完毕，这样才能保证信息的及时和有效。相反，如果信息已经过时或不准确就易引起项目工期计划和控制方面的决策失误。一般从对项目的控制角度来看，这种报告的报告期越短，越有利于及早发现问题并采取纠正措施。特别是当项目的不确定性因素较多，风险较大或项目出现问题时，一定要缩短报告期，增加报告的频率，直到项目计划进度恢复正常为止。例如，如果对于一个工期 5 年的项目而言，其报告期可以是一个月，但是当出现偏离项目工期进度计划或超出项目预算等情况时，就应该立即将这一项目的报告期缩减至一周，以便更好地控制项目工期计划的实施。

7.5.5.3 追加计划法

在整个项目的实施过程中，很少有项目能完全依照工期计划实施。一些项目活动会提前完成，而另一些项目活动则会延期完成。实际项目工期计划实施情况无论是快还是慢都会对项目的最终完工时间产生影响。因此，项目工期计划控制方法中还有一种是追加计划法（或叫附加计划法），这种方法可以根据可能出现的工期计划变化，去修订项目活动的工期估算、项目的活动排序和整个项目的工期计划。在整个项目实施的过程中可能发生的各种变更也会对项目工期计划产生影响，这也要求对项目的范围、预算或工期计划进行修改。这些都需要使用项目工期计划控制的附加计划法。追加计划法包括四个步骤：首先是分析项目实施进度并找出存在的问题；其次是确定应采取哪些具体的纠偏措施；再次是修改项目工期计划并将纠偏措施列入计划中；最后是重新计划安排项目工期，估算和评价采取纠偏措施的效果并编制出项目工期的追加计划。这种方法需要重点分析两种活动，其一是近期需要开展的项目活动，其二是所需时间较长的项目活动。因为积极控制正在进行或随后即将开展的项目活动的工期比未来很久以后开始的项目活动工期要有效得多。同时，如果能够减少所需工期较长的项目活动的工期，显然要比在所需工期较短的项目活动上想办法有用得多。有多种方法可以用于缩短项目活动的时间，其中最显而易见的方法是投入更多的资源。例如，分派更多的人来完成同一项活动，或者要求工作人员增加每天的作业时间就可以缩短项目工期。另外，缩小项目的范围或降低项目的质量要求也是缩短项目工期的常用方法。在一些非常情况下，甚至可以取消一些项目活动来缩短项目工期。当然，通过改进项目工作方法或技术、提高劳动生产率才是缩短项目活动工期的最佳方法。

7.5.5.4 项目工期管理软件法

对项目工期计划的管理控制而言，运用项目管理软件也是很有用的方法之一。这种方法可以用来追踪和对比项目实际实施情况与工期计划要求的差距，预测项目工期计划的变化及其影响和调整、更新与追加项目工期计划。

本章小结

1. 项目进度计划的目的包括：保证按时获利以补偿已经发生的费用支出；协调资源；使资源在需要时可以使用；预测在不同时间上所需的资金和资源的级别以便赋予项目以不同的优先级；满足严格的完工时间约束。

2. 在计划执行过程中采取相应措施来进行管理，具有非常的重要性。在计划执行过程中，要随时掌握项目实施动态，检查计划的执行情况。更应随着情况的变化对计划进行调整，这对保证计划目标的顺利实现有决定性的意义；否则，就会使整个网络计划变得毫无意义。

3. 计划执行中的管理工作应抓住以下两个方面：决定应该采取的相应措施或补救办法；及时调整计划。

一、填空题

1. 项目进度计划按照主体不同可以划分为（　　　　）、（　　　　）、（　　　　）、（　　　　）四种。

2. 影响施工进度计划的因素主要包括（　　　　）、（　　　　）、（　　　　）、（　　　　）、（　　　　）等。

3. 项目活动之间的关系包括（　　　）、（　　　）、（　　　）三种。

4. 常见的项目网络计划有（　　　　）、（　　　　）、（　　　　）、（　　　　）。

5. 通常安排和描述项目活动顺序关系的方法有（　　　　）、（　　　　）、（　　　　）三种。

6. 进度计划检查的方法主要有（　　　　）、（　　　　）、（　　　　）、（　　　　）。

二、问答题

1. 什么是项目进度管理，主要包含哪些工作步骤？

2. 项目工作分解结构在项目进度管理中的作用是什么？

3. 大型和较复杂的项目活动界定的方法主要有哪些？各自的特点是什么？

4. 关键路径法和计划评审技术有何异同？

5. 项目工期计划控制的方法有哪些？

6. 项目进度控制的措施有哪些？

8

项目质量管理

知识要点	掌握程度	相关知识
质量规划	掌握	质量策略、成本效益
质量控制	掌握	确定因素、工具、技术
质量保证	掌握	质量保证计划、控制流程

■关键词

质量管理；质量计划；质量保证；质量控制

■导入案例

海尔质量管理三部曲—求零缺陷

许多到海尔参观的人反映："海尔的许多口号我们都提过，很多制度我们也有，为什么在我们企业没有效果，在海尔却这么有效呢？"正是海尔的制度与机制，保证了员工对"理念与价值观"广泛接受并认同，即所谓的"海尔管理三部曲"的运行模式。这一规律，在海尔管理的每一个方面几乎都有体现，对海尔的成功起到了至关重要的作用。其中所包含的深层次规律，更值得从理论上进行总结。本文拟选择其中的质量管理方面进行分析。

第一部：提出质量理念——有缺陷的产品就是废品

海尔在转产电冰箱时，面临的市场形势是严峻的：在规模、品牌都是绝对劣势的情况下，靠什么在市场上占有一席之地？只能靠质量。于是，张瑞敏提出了自己的质量理念——"有缺陷的产品就是废品",对产品质量实行"零缺陷,精细化"管理,努力做到用户使用的"零抱怨、零起诉"……理念的提出是容易的,但是,让员工接受、认同,最后变成自己的理念,则是一个长期且艰难的过程。一开始,许多员工并不能真正理解,更难自觉接受。所以,产品质量不稳定,客户投诉不断。1986 年,有一次投产的 1 000 台电冰箱,就检查出 76 台不合格。面对这些不合格品,许多人提出,便宜一点,卖给员工。张瑞敏强烈意识到,企业提出的质量理念,大部分员工还没有树立起来,而理念问题解决不了,只靠事后检验,是不可能提高质量的。

第二部:推出"砸冰箱"事件

许多人都非常熟悉"砸冰箱"事件,但是对"砸冰箱"之后发生的事,却知之甚少。当员工们含泪眼看着张瑞敏总裁带头把有缺陷的 76 台电冰箱砸碎之后,内心受到的震动是可想而知的,人们对"有缺陷的产品就是废品"有了刻骨铭心的理解与记忆,对"品牌"与"饭碗"之间的关系有了更切身的感受。但是,张瑞敏并没有就此而止,也没有把管理停留在"对责任人进行经济惩罚"这一传统手段上,他要充分利用这一事件,将管理理念渗透到每一位员工的心里,再将理念外化为制度,构造成机制。在接下来的一个多月里,张瑞敏发动和主持了一个又一个会议,讨论的主题却非常集中:"我这个岗位有质量隐患吗?我的工作会对质量造成什么影响?我的工作会影响谁?谁的工作会影响我?从我做起,从现在做起,应该如何提高质量?"在讨论中,大家相互启发,相互提醒,深刻地内省与反思。于是,"产品质量零缺陷"的理念得到了广泛的认同,人们开始了理性的思考:怎样才能使"零缺陷"得到机制的保证?

第三部:构造"零缺陷"管理机制

在海尔每一条流水线的最终端,都有一个"特殊工人"。流水线上下来的产品,一般都有一些纸条,在海尔被称为"缺陷条"。这是在产品经过各个工序时,工人检查出来的上一个工序留下的缺陷。这位特殊工人的任务,就是负责把这些缺陷维修好。他把维修每一个缺陷所用的时间记录下来,作为向"缺陷"的责任人索赔的依据。他的工资就是索赔所得。同时,当产品合格率超过规定标准时,他还有一份奖金,合格率越高,奖金越高。这就是著名的"零缺陷"机制。这个特殊工人的存在,使零缺陷有了机制与制度上的保证。目前,这一机制有了更加系统、科学的形式,这就是被海尔称为市场链机制的"SST",即索赔、索酬、跳闸。这一制度的推出,使海尔的产品、服务等各项工作都有了更高的质量平台。

资料来源:高贤峰. 海尔质量管理的三部曲 [J]. 当代经理人, 2004 (2): 92.

【案例思考】如何理解海尔的质量理念?产品的质量对一家企业意味着什么?

8.1　项目质量管理及其管理体系

8.1.1　质量管理概述

关于质量，不同的专家学者有不同的意见：克劳斯比（Crosby）认为质量是产品符合规定要求的程度。戴明（Deming）认为质量是产品与标准的偏差。从用户的角度看，朱兰（Juran）认为质量是产品的适应性。随着技术的发展，社会的进步以及人们认识水平的提高，质量定义的对象进一步扩展到了服务和过程。国际质量管理体系 ISO 认为质量是一组固有特性满足要求的程度。所谓固有的就是指在某事和某物中本来就有的，尤其是那种永久的特性；特性是指可区分的特征，特性可以是固有的或赋予的，可以是定性的或定量的，可以是各种各样的特性，如物理的、感官的、行为的、时间的、人体工效的、功能的等；要求是指明示的、通常隐含的或必须履行的需求或期望。通常隐含是指组织、顾客和其他相关方的惯例或一般做法，所考虑的需求或期望是不言而喻的。

质量的主体可以是产品，也可以是某项活动或过程的工作质量，还可以是质量管理体系运行的质量。项目质量的主体是项目，项目的结果可能是有形产品，也可能是无形产品，更多的则是两者的结合。例如：工程项目质量就包括建筑工程产品实体（有形产品）和服务（无形产品）这两类特殊产品的质量。根据项目的一次性特点，项目质量取决于由 WBS 所确定的项目范围内所有的阶段、子项目、各工作单元的质量，即项目的工作质量。要保证项目质量，首先应保证工作质量。

人们普遍认为质量管理是指在质量方面指挥和控制组织的协调活动。在质量方面的指挥和控制活动，通常包括制定质量方针和质量目标以及质量策划、质量控制、质量保证和质量改进。可见，质量管理是质量管理主体围绕着使产品质量能满足不断更新的质量要求，而开展的策划、组织、计划、实施、检查和监督、审核等所有管理活动的总和。

质量管理的产生和发展是伴随着整个社会发展的客观需要而发展的，它与科技的进步、经济和管理科学的发展紧密相关，从近代质量管理的发展历史来看，大体经历了质量检验管理、统计质量控制和全面质量管理三个阶段。

8.1.1.1　质量检验阶段

20 世纪初到 20 世纪 40 年代，质量管理是以严格的检验作为手段来控制产出物的质量的，我们把这一阶段称为质量检验阶段。该阶段的质量管理属于"事后检验"，存在诸多弱点，出现质量问题容易扯皮、缺乏系统的管理，无法在生产过程中起到预防、控制作用；该阶段的质量管理要求对产品进行 100%的检验，质量管理的成本较高。因此，这种方法的管理效能很差。

8.1.1.2　统计质量控制阶段（SQC）

20 世纪 40 年代至 50 年代，质量管理由事后的终端把关剔除不合格品转到对生产过程的控制，并广泛采用统计的思考方法和分析方法进行质量抽样检查或对生产过程进行质量控制。该阶段较上一阶段有明显的进步，但它过分强调对于一般人为说深奥难懂的数理统计方法，给人一种"质量管理就是数量统计"的印象，在一定程度上妨碍了质量管理的普及、推广和应用。

8.1.1.3 全面质量管理阶段（TQM）

20 世纪 50 年代后，随着系统工程及管理科学的快速发展，统计质量控制广泛吸收各种现代学科的理论，把技术管理、行政管理和现代经营管理方法结合起来，形成了一整套全面质量管理的理论、方法体系，使质量管理发展到一个新的阶段，即全面发展管理阶段。该阶段追求客户满意、注重预防而不是检查，承认管理层对质量的责任，追求"在最经济的水平上，考虑到充分满足客户要求的前提下，进行市场研究、设计、生产和服务，将企业的设计质量、维持质量和提高质量的活动构成整个有效的体系"[①]。

目前正在全球推广的全面质量管理是全面的质量管理、全过程的质量管理及全员参加的质量管理的统一。所谓全面的质量管理不仅要求对产品本身的质量进行管理，还要求对组织各职能部门的工作和工序进行管理。所谓全过程的质量管理是指质量管理涉及由产品到商品的全过程，包括市场调查、产品设计、制造、检验、运输、储存、销售、安装、使用和维修等各个环节。所谓全员的质量管理即要求企业的全体人员无论是经营管理者还是生产、销售人员都参与到质量管理工作中来，及时从技术上和组织上解决工作现场出现的质量问题。

全面质量管理的实施分四个阶段、八个步骤：计划阶段（plan）、实施阶段（do）、检查阶段（check）和处理阶段（action）。即 PDCA 循环，因其最早由美国质量管理专家戴明博士所创造，因此又称"戴明环"或"戴明轮"[②]。PDCA 管理循环在具体实施中又细分为八个步骤，详见表 8-1。

表 8-1 PDCA 循环的典型模式

四阶段	阶段概括	八步骤活动内容	工具方法
计划（plan）	按用户需求和市场情报制订出符合用户需要的产品品质计划，并根据生产需要制定操作标准作业指导书等	1. 分析现状，发现品质问题	排列图、直方图、控制图、亲和图、矩阵图
		2. 分析产生品质问题的各种因素	因果图、关联图、矩阵数据解析法、散布图
		3. 分析影响品质问题的主要原因	排列图、散布图、关联图、树状图、矩阵图、亲和图
		4. 针对主要原因，制订解决方案	关联图、树状图、箭形图、pdpc 法
实施（do）	按上述计划认真贯彻执行	5. 执行，按照措施计划实施	树状图、箭形图、矩阵图、PDPC 法
检查（check）	检查计划执行情况，找出差距，分析原因	6. 检查，把执行结果与要求达到的目标进行对比	排列图、控制图、树状图、PDPC 法、检查表

① 菲根鲍姆. 全面质量管理［M］. 杨文士，廖永平，等译. 北京：机械工业出版社，1991.
② 该概念由休哈特提出，经戴明完善，详见《美国质量协会 ASQ 手册》第 13~14 页。

表8-1(续)

四阶段	阶段概括	八步骤活动内容	工具方法
处理（action）	总结经验教训，并加以标准化，指导下一循环的品质管理	7. 标准化，把成功经验总结出来，加以标准化	亲和图
		8. 把未解决或新出现的问题转入下一个循环	

PDCA 循环有以下三个明显特点：

（1）周而复始。

PDCA 循环（见图 8-1）的四个过程不是运行一次就完结，而是周而复始地进行。一个循环结束了，解决了一部分问题，可能还有问题没有解决，或者又出现了新的问题，再进行下一个 PDCA 循环，依此类推。

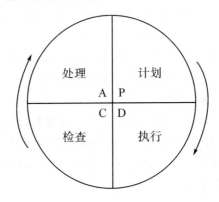

图 8-1　PDCA 循环（无限循环）

（2）大环带小环。

类似行星轮系，一个公司或组织的整体运行体系与其内部各子体系的关系，是大环带动小环的有机逻辑组合体（见图 8-2）。

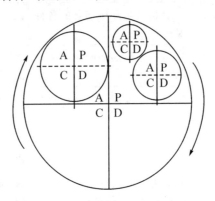

图 8-2　PDCA 循环（大环套小环）

（3）阶梯式上升。

PDCA 循环不是停留在一个水平上的循环，不断解决问题的过程就是水平逐步上升的过程（见图 8-3）。

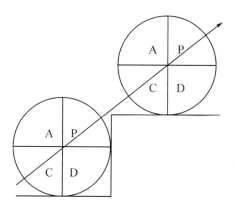

图 8-3 PDCA 循环（阶梯循环）

全面质量管理从提出到现在，各种理论支撑趋于完善。人们也逐渐认识到，产品质量的形成不仅与生产制造过程有关，还涉及其他许多过程、环节等因素。只有将影响质量的所有因素统统纳入质量管理的轨道，并保持系统、协调的运作，才能确保产品质量，因此全面质量管理具有"三全一多样"的基本要求。

进入 21 世纪，企业管理的理论也有了很大的发展，这些发展同时也为全面质量管理的研究和拓展打下了基础。全面质量管理的研究和应用本身也出现了许多新的发展趋势和研究领域。研究这些新发展、新趋势对于正处在激烈的国际竞争环境中，致力于提升国家综合竞争力，谋求可持续性发展道路的中国，有着很实际的研究意义。

8.1.2　项目质量管理

在早期的《项目管理知识体系指南》（第三版）中：项目质量管理是为保证项目达到原先规定的各项要求而进行的组织活动，即确定质量方针、目标与责任，并通过质量规划、质量保证、质量控制、质量持续改进（如适用）等加以实施的各项管理活动的总和，其过程包括：

质量规划——判断哪些质量标准与本项目相关，并决定应如何达到这些质量标准。

质量保证——开展规划确定的系统的质量活动，确保项目实施满足要求所需的所有过程。

质量控制——监控项目的具体结果，判断它们是否符合相关质量标准，并找出消除不符合绩效的方法。

上述过程不仅相互作用，而且还与其他知识领域的过程相互作用。根据项目需要，每个过程可能涉及一个或多个个人或者集体所付出的努力。一般说来，每个过程在每个项目阶段至少出现一次。虽然过程被描述为泾渭分明的独立组成部分，但在实践中，它们却可能交错重叠与相互作用。

随着现代全面质量管理的进一步发展，对于项目质量的定义也在发生变化。最新的《项目管理知识体系指南》（第七版）中，针对项目质量管理的论述更着重于"对产生可交付物的质量保持关注"。项目质量管理的目标是帮助确保交付结果以最直截了当的方式达到客户和其他相关干系人的目标。从而使资源浪费最小化，并最大化地提高实现期望成果的可能性。项目质量管理过程和实践有助于生成可交付物和成果，它们

·169·

达到项目目标，且符合组织和相关干系人所表达的期望、用途和验收标准。密切关注项目过程和可交付物的质量会产生积极成果，包括：

- ▶ 项目可交付物符合验收标准所定义的目的；
- ▶ 项目可交付物达到干系人的期望和商业目标；
- ▶ 项目可交付物缺陷最少或无缺陷；
- ▶ 交付及时或有所加快；
- ▶ 强化成本控制；
- ▶ 提高产品交付质量；
- ▶ 减少返工和报废；
- ▶ 减少客户投诉；
- ▶ 良好供应链整合；
- ▶ 提高生产力；
- ▶ 提高项目团队的士气和满意度；
- ▶ 强健的服务交付；
- ▶ 改进决策；
- ▶ 持续改进过程。

综上所述，项目的质量管理是指围绕项目质量所进行的指挥、协调和控制等活动。进行项目质量管理的目的就是确保项目按规定的要求满意地实现，它包括使项目所有的功能活动能够按照原有的质量及目标要求得以实施。项目的质量管理是一个系统过程，在项目实施过程中，应创造必要的资源和条件，使之与项目质量要求相适应。项目各参与者都必须保证其工作质量，做到工作流程程序化、标准化和规范化，围绕一个共同的目标——实现项目质量的最佳化，开展质量管理工作。

本书介绍的质量管理基本方法以美国项目管理知识体系相关内容为基础，力求与国际标准化组织（ISO）介绍的方法、一些拥有专有权的质量管理方法（如戴明、朱兰、克劳斯比推荐的方法）和某些非专有方法，如全面质量管理（TQM）、六西格玛、质量成本（COQ）和持续改进法等保持兼容。

8.1.3 项目质量管理体系

8.1.3.1 质量管理体系概述

质量管理体系是指在质量方面指挥和控制项目组织及其活动的管理体系。这一管理体系是由建立质量方针和目标与实现目标的相互关联或相互作用的一组要素所组成的。质量管理体系将影响质量的技术、管理、人员和资源等因素都综合在一起，使之为一个共同的目的——达到质量目标而互相配合、努力工作。

质量管理体系包括硬件和软件两大部分。组织在进行质量管理时，首先根据达到质量目标的需要，准备必要的条件，如人员素质、试验、加工、检测设备等资源。其次通过设置组织机构、分析确定需要开发的各项质量活动和过程、分配、协调各项活动的职责和接口，通过程序的制定明确从事各项质量活动的工作方法，使各项质量活动能经济、有效、协调地进行，这样组成的有机整体就是质量管理体系。

一般来说，项目的实施总是以组织（企业）为依托的。所以，组织（企业）是否建立质量管理体系及建立的质量管理体系能否有效运行将直接关系到项目质量的保证程度。

8.1.3.2　建立质量管理体系所依据的国际标准和国家标准

ISO 的前身是国际标准化协会（ISA），ISA 成立于 1926 年（1926 年美国、英国、加拿大等七国标准化机构第三次代表联席会议决定成立国际标准化协会，并于 1928 年成立）。第二次世界大战的爆发，迫使 ISA 停止工作。

在第二次世界大战中，电子元器件的不可靠导致武器和军用设施的战斗力难以发挥，从而推动军工及航空、航天部门发展质量保证技术。1959 年，美国军工系统制定了 MIL-Q-9858《质量大纲》，这是最早出现的质量保证标准。此后，美国又针对各种军工产品制定了一系列的质量保证标准，MIL-Q-45208A《检验系统要求》、MIL-HDBR-50《承包商质量大纲评定》和 MIL-Q-HDBR-51《承包商检验系统评定》，形成了一套完整的军需用品质量保证标准。随后一些附加值高、安全责任重大的民用工业率先借鉴军工质量保证技术，开展质量保证活动。

战争结束后，大环境为工业恢复提供了条件，于是 1946 年 10 月，来自 25 个国家标准化机构的领导人在伦敦聚会，讨论成立国际标准化组织的问题，并把这个新组织称为国际标准化组织（ISO），即 International Organization for Standardization 的简称。会议一致通过了 ISO 章程和议事规则。1947 年 2 月 23 日 ISO 开始正式运行，ISO 的中央办事机构设在瑞士的日内瓦。中国既是发起国又是首批成员国。

国际标准化组织（ISO）分别于 1986 年发布了 ISO8402《质量——术语》和 1987 年发布了 ISO9000《质量管理和质量保证标准——选择和使用指南》、ISO9001《质量体系——设计开发、生产、安装和服务的质量保证模式》、ISO9002《质量体系——生产和安装的质量保证模式》、ISO9003《质量体系——最终检验和试验的质量保证模式》、ISO9004《质量管理和质量体系要素——指南》六项国际标准，通称为 ISO9000 系列标准。该系列标准发布后经两次修改，于 2000 年 12 月 15 日正式发布了 ISO9000：2000《质量管理体系——基础和术语》、ISO9001：2000《质量管理体系——要求》、ISO9004：2000《质量管理体系——业绩改进指南》。该系列标准用于指导组织建立质量管理体系并使之有效运行，同时也是进行质量管理体系认证的依据。

我国于 1992 年采用了 ISO 国际标准，并发布了 GB/T19000 系列标准，用于指导我国的质量体系认证工作。根据 ISO9000：2000 系列标准，于 2000 年 12 月 28 日发布了 GB/T19000—2000《质量管理体系——基础和术语》、GB/T19001—2000《质量管理体系——要求》、GB/T19004—2000《质量管理体系——业绩改进指南》。这一系列标准将是我国在今后一段时间内指导组织建立质量管理体系，进行质量体系认证的主要依据，其主要作用体现在：

（1）GB/T19000—2000 标准起着奠定理论基础、统一术语概念和明确指导思想的作用，具有很重要的地位。该标准在合并修订 1994 版相关标准的基础上，增加了八项质量管理原则和质量管理体系的 12 条基础说明。GB/T19000—2000 标准的八项质量管理原则主要包括：以顾客为关注焦点、领导作用、全员参与、过程方法、管理的系统方法、持续改进、基于事实的决策方法和与供方互利的关系。而质量管理体系的 12 条基础说明包括两大部分内容：一部分是八项质量管理原则具体应用于质量管理体系的说明；另一部分是对其他问题的说明，包括质量管理体系要求与产品要求、质量管理体系方法、质量方针和质量目标。

（2）GB/T19001—2000 标准取代了 1994 版的 GB/T19001、GB/T19002 和 GB/T19003 标准，组织主要依据该标准建立质量管理体系并进行质量管理体系认证工作。

（3）GB/T19004—2000 标准是组织为改进业绩而策划、建立和实施质量管理体系的指南性标准。该标准为那些希望超出 GB/T19001 的要求，寻求对组织业绩持续改进的组织的最高管理者提供了指南，然而，用于认证和合同不是本标准的目的。

（4）现在最新标准为 2008 年执行标准，有四个核心标准：ISO9000：2008 质量管理体系基础和术语；ISO9001：2008 质量管理体系要求；ISO9004：2008 质量管理体系业绩改进指南；ISO19011：2008 质量和（或）环境管理体系审核指南。其中《ISO9001：2008 质量管理体系要求》是认证机构审核的依据标准，也是想进行认证的企业需要满足的标准。

8.2 项目质量规划

项目质量管理必须兼顾项目规划和项目实施。任何一方面未满足质量要求都可能导致对部分或全部项目产生严重的负面效果。例如：通过项目团队的超量工作来满足客户的要求，可能产生不断上升的雇员跳槽率形成的负面效果；通过加速完成列入计划的质量检验工作来满足项目进度，当错误没有被发现而放过时，就可能产生负面效果。

项目经理在进行项目质量规划时要注意，不能把质量与等级相互混淆。等级是"一种具有相同使用功能，不同质量要求的实体的类别或级别"。低质量通常是个问题，级别低却可能不是。例如，一个软件产品可能会是高质量（没有明显问题，具备可读性较强的用户手册）和低等级（功能有限）的，或者是低质量（问题多，用户文件组织混乱）和高等级（功能众多）的。

8.2.1 质量规划概述

质量管理规划或者称为质量规划，指识别哪些质量标准适用于本项目，并确定如何满足这些标准的要求。例如，为了达到已确认的质量标准，对项目产品所做的变更，可能要求对费用或进度进行调整；或者所要求的产品质量可能需要对某项已确认的问题做详细的风险分析。

在项目规划中，它是实施规划过程中和制定项目计划期间的若干关键过程之一，也是项目程序推进的主要推动力之一，因此，项目团队应当有规律地执行质量规划，并且与其他项目规划程序结合起来一起执行。例如，对管理质量的要求可能是对成本或进度计划的调节，对生产质量的要求则可能是对确定问题的风险分析。因此，事先不进行规划，仅仅指望在项目实施过程中靠检查和督促来保证项目质量是行不通的。

项目经理在质量规划过程中首先要注意以下一些问题：

8.2.1.1　质量策略

质量策略是指"项目实施组织领导层就质量问题明确阐明的所有努力和决策，通常称为顶级管理"。项目实施组织的质量策略经常能为项目所采用。例如，某项目实施组织提出"向用户提供最佳的产品和服务"的质量策略，而该组织中的某个项目团队就可能提出的质量策略是"为下面工序提供的成果无可挑剔"。然而，如果项目实施组织没有正式的质量策略，或者如果项目中包含了多个实施组织（比如合资企业），则项目团队就需要单独为这个项目提出一次质量策略。但是，不管质量策略的理由是什么，或者来自何处，项目经理都有责任确保项目所有的相关人员了解它。

8.2.1.2　范围说明和产品说明

范围阐述不仅规定了项目的主要成果，而且也规定了项目的目标，是项目规划的基础和依据，同时也规定了什么样的事项是影响项目的质量问题。虽然产品说明的因素可以在范围阐述中加以具体化，但通常仍需要产品说明来阐明技术要点的细节和其他可能影响质量规划的因素。

8.2.1.3　标准和规则

项目经理必须考虑可能对该项目产生影响的任何领域的专门标准和规则，考虑这些标准和规则对本项目的质量会带来什么影响，进而为本项目的质量规划所用。

8.2.1.4　其他过程的结果

除了范围说明和产品说明外，其他过程也可能和质量规划有一定的联系。例如，采购计划就可能对承包商提出各种质量要求，因此，这些也应该在质量管理规划中有所反映。

8.2.2　质量规划的工具与技术

8.2.2.1　成本效益分析

质量规划过程必须考虑成本与效益两者之间的取舍权衡。符合质量要求所带来的主要效益是减少返工，它意味着劳动生产率提高，成本降低，利益相关者更加满意。为达到质量要求所付出的主要成本是开展项目质量管理活动的开支。而质量成本却包括呈反方向变动的两类成本：

（1）质量纠正成本，包括交货前内部故障成本和交货后的外部故障成本。

（2）质量保证成本，包括预防成本和鉴定成本。

进行质量成本分析的目的，即寻求最佳质量成本。

质量成本的四个项目的比例，在不同项目和项目的不同阶段是不相同的，但它们的发展趋势总带有一定的规律性：如在开展质量管理的初期，质量水平不太高时，一般鉴定成本和预防成本较低；随着质量要求的提高，这两项费用就会逐渐增加；当质量达到一定水平后如再需提高，这两项费用将急剧上升。内部损失成本和外部损失成本的情况正好相反，当合格率较低时，内、外部损失成本较大；随着质量要求的提高，质量内部和外部损失的费用都会逐步下降。质量和成本的关系如图8-4所示。

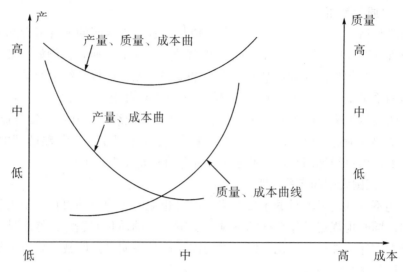

图 8-4　项目质量与成本关系图

8.2.2.2　排列图

排列图又叫帕累托因素分析图，是建立在帕累托原理的基础上的。所谓帕累托原理，是指意大利经济学家帕累托在分析意大利社会财富分布状况时得到的"关键的少数和次要的多数"的结论。应用这一原理，就意味着在质量改进的项目中，少数的项目往往产生主要的、决定性的影响。通过区分最重要和最次要的项目，就可以用最少的努力获得最大的改进。在工厂里，要解决的问题很多，但往往不知从哪里着手。事实上大部分的问题，只要能找出几个影响较大的原因，并加以处置和控制，就可以解决 80% 以上的问题。排列图是根据整理的数据，以不良原因、不良状况发生的现象，有系统地加以（层别）分类，计算出各项目所产生的数据（如不良率、损失金额）以及所占的比例，再依照大小顺序排列，最后加上累积值的图形。

排列图分析的步骤：

（1）选择要进行质量分析的项目，即将要处置的事，以状况（现象）或原因加以层别。

（2）选择用于质量分析的量度单位，如出现的次数（频数）、成本、金额或其他量度单位。

（3）选择进行质量分析的数据的时间间隔。

（4）画横坐标。按项目频数递减的顺序自左至右在横坐标上列出项目。

（5）画纵坐标。在横坐标的两端画两个纵坐标，左边的纵坐标按量度单位规定，其高度必须与所有项目的量值和相等，右边的纵坐标应与左边纵坐标等高，并从 0% 至100% 进行标定。

（6）在每个项目上画长方形，其高度表示该项目量度单位的量值，长方形显示出每个项目的作用大小。

（7）由左到右累加每一项目的量位，并画出累计频数曲线（帕累托曲线），用来表示各项目的累计作用。

（8）利用排列图确定对质量改进最为重要的项目。

【例8-1】某产品的不合格统计资料，如表8-2所示。根据该表可画出如图8-5所示的排列图，从图中可以判断，A、B项缺陷是产生不合格的主要原因，如果解决了这两个原因，将使产品的不合格率极大降低。

表8-2　某产品的不合格统计资料

批号	缺陷项目	频数/件	累计/件	累计率/%
1	A	3 367	3 367	69.14
2	B	521	3 888	79.84
3	C	382	4 270	87.68
4	D	201	4 471	91.81
5	E	156	4 627	95.01
6	F	120	4 747	97.47
7	其他	123	4 870	100

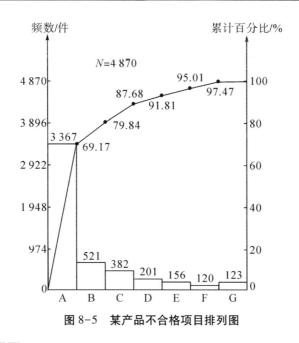

图8-5　某产品不合格项目排列图

8.2.2.3　因果图

因果图，又叫石川图、特性要因图、树枝图、鱼刺图，表示质的特性波动与其潜在原因关系，亦即以图来表达结果（特性）与原因（要因）之间的关系。因果图如能做得完整，就容易找出问题之症结，采取相应的对策措施，解决质量问题。

因果图的应用程序如下：

（1）简明扼要地规定结果，即规定需要解决的质量问题。

（2）规定可能发生的原因的主要类别。这时要考虑的类别因素主要有：人员（man）、机器设备（machine）、材料（material）、方法（method）、测量（measure）和环境（environment），称之为"5M1E"。

（3）开始画图，把"结果"画在右边的矩形框中，然后把各类主要原因放在它的左边，作为"结果"框的输入。

（4）寻找所有下一个层次的原因，画在相应的主（因）枝上，并继续一层层地展开下去。一张完整的因果图展开的层次至少应有2层，许多情况下还可以有3层、4层或更多层。

（5）从最高层次（最末一层）的原因（末端因素）中选取和识别少量（一般为3~5个）看起来对结果有最大影响的原因（一般称为重要因素，简称要因），并对它们做进一步的研究，如收集资料、论证、试验、控制等。因果图展开示意图如图8-6所示。

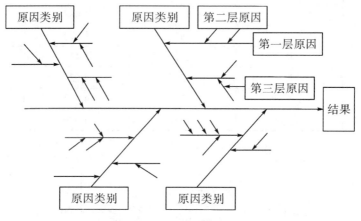

图8-6　因果图展开示意图

【例8-2】质量规划工具在PDCA循环中的运用（应用QC方法降低大承载空气轴承干扰力矩）

气浮轴承是气浮转台的关键部件，502所降低干扰力矩质量管理小组（简称QC小组）承担的是一项单轴气浮转台任务，该任务的关键是要解决大承载空气轴承的干扰力矩问题。由于大型空气轴是研制、加工周期长的大型昂贵设备，不允许做多个，因此没有进行大PDCA循环的条件，为此，QC小组把试验件工作通过一个小PDCA循环来进行，在此基础上，开展大PDCA工作。

第一阶段——PDCA循环的计划阶段（P）。

第1步，存在的质量问题使干扰力矩变大。

第2步，用因果分析图分析影响干扰力矩的诸多因素，见图8-7。

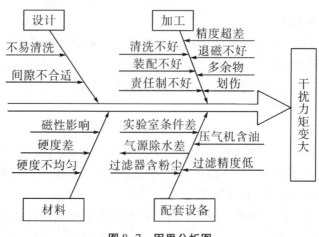

图8-7　因果分析图

第 3 步，原理性分析表明，设计上承载系数的提高是降低轴承干扰力矩水平的主要因素；通过对试验件节流嘴的检验发现，工艺上影响干扰力矩水平的主要因素是节流嘴多余物多，以及加工精度和退磁情况等。

第 4 步，针对上述主要原因，制定相应的措施如表 8-3 所示。

表 8-3   主要原因及措施

主要因素	提高承载系数	减少多余物	控制加工精度	退磁
相应措施	双排孔方案	加强清洗	坐标磨加工	边检边退

第二阶段——实施阶段（D）。

在 P 阶段工作的基础上，将双排孔结构放大，并将清洗工艺规定编入有关文件以便执行，同时结合其他因素，制定相应的措施，如表 8-4 所示，并予以实施。

表 8-4   因素及相应措施

因素	间隙选取	过滤器	压气机含油	预处理
措施	实验决定	取消含尘过滤、加末级过滤	用无油烟压气机	加预处理

第三阶段——检查阶段（C）。

通过承载、刚度、旋转精度、涡流力矩等试验，其结果全部达到或超过设计要求。

第四阶段——处理阶段（A）。

QC 小组将已取得降低干扰力矩的技术、方法等全部反映在设计图纸、资料和工艺文件中，形成标准化的规范。对尚未解决的退磁、清除多余物以及进一步降低干扰力矩的几种潜在能力做了详细分析，准备下一步将干扰力矩降到更低。

8.2.2.4   分层法

分层法也称分类法或分组法，把"类"或"组"称为"层"。所谓分层法就是把收集来的数据，根据一定的使用目的和要求，按其性质、来源、影响因素等进行分类整理，以便分析质量问题及其影响因素的一种方法。

分层的目的是将杂乱无章的数据和错综复杂的因素系统化和条理化，以便进行比较分析，找出主要的质量原因，并采取相应的技术措施。分层的依据和方法是根据问题的需要自由选择确定的，但应掌握其基本要领。在进行分层时，常常按层把数据进行重新统计，做出频数频率分表。在分层时，要求同一层的数据波动较小，而不同层的数据的波动较大，这样便于找出原因，改进质量。一般情况下分层原则如下：

（1）按时间分：例如按日期、季节、班次等；

（2）按操作者分：例如按性别、年龄、技术等级等；

（3）按使用的设备分：例如按机床的型号、新旧程度等；

（4）按原材料分：例如按原材料的成分、规格、生产厂家、批号等；

（5）按操作方法分：例如按工艺规程、生产过程中所采用的温度等；

（6）按检测手段分：例如按测量方法、测量仪器等；

（7）按其他分：例如按使用单位、使用条件等。

【例 8-3】表 8-5 列出了某轧钢厂某月份的生产情况数据。如果只知道甲、乙、丙班共轧钢 6 000 吨，其中轧废钢为 169 吨，仅这个数据，则无法对质量问题进行分析。

如果对废品产生的原因等进行分类，则可看出甲班产生废品的主要原因是"尺寸超差"，乙班的主要原因是"轧废"，丙班的主要原因是"耳子"。这样就可以针对各自产生废品的原因采取相应的措施。

表 8-5 某轧钢厂某月废品分类

废品项目	废品数量			
	班次			合计
	甲	乙	丙	
尺寸超差	30	20	15	65
轧废	10	23	10	43
耳子	5	10	20	35
压痕	8	4	8	20
其他	3	1	2	6
合计	56	58	55	169

8.2.2.5 基准对照

基准对照指通过将项目的实际做法或计划做法与其他项目的做法进行对照，启发改善项目质量管理的思路，产生改进的方法，或者提供一套度量绩效的标准。这其中所说的其他项目既可在实施组织内部，也可在其外部；既可在同一应用领域，也可在其他领域。

8.2.3 质量规划的结果

项目经理在质量规划结束后，应该得到如下成果：

8.2.3.1 质量管理计划

质量管理计划用来说明项目管理团队如何具体执行质量策略。用 ISO9000 的术语来描述，对质量体系的描述是："组织结构、责任、工序、工作过程及具体执行质量管理所需的资源"。质量管理计划为整个项目计划提供了输入资源，并必须兼顾项目的质量控制、质量保证和质量提高。

8.2.3.2 实施说明

实施说明是用非常专业化的术语描述各项操作的实际内容以及如何通过质量控制程序对它们进行检测。例如，仅仅把满足计划时间进度作为管理质量的检测标准是不够的；项目经理还应指出是否每项工作都应准时开始，还是只要准时结束即可；另外，是否要检测个人的工作，还是仅仅对特定的子项目进行检测。在这些标准确定了之后，项目经理还要明确哪些工作或者哪些工作报告需要检测。

8.2.3.3 核对单

有关质量的核对单的具体内容因行业的不同而不同，但有一点共同之处，用它来检查需要执行的一系列步骤是否已经得到贯彻实施。国外许多组织都提供标准化的核对单，以确保对常规工作的要求保持前后一致。在一些应用领域中，核对单可能会由专业协会或商业服务机构来提供。

8.3 项目质量控制

8.3.1 质量控制概述

8.3.1.1 质量控制的含义

质量控制是质量管理的一部分，致力于满足质量要求。质量控制的目标就是确保项目质量能满足有关方面所提出的质量要求（如适用性、可靠性、安全性等）。质量控制的范围涉及项目质量形成全过程的各个环节。项目质量受到质量环各阶段质量活动的直接影响，任一环节的工作没有做好，都会使项目质量受到损害而不能满足质量要求。质量环的各阶段是由项目的特性所决定的，根据项目形成的工作流程，由掌握了必需的技术和技能的人员进行一系列有计划、有组织的活动，使质量要求转化为满足质量要求的项目或产品，并完好地交付给用户，还应根据项目的具体情况进行项目成果交付后的服务，这是一个完整的质量循环。

质量控制的工作内容包括了作业技术和活动，即包括专业技术和管理技术两方面。在项目形成的每一个阶段和环节，即质量环的每一阶段，都应对影响其工作质量的人、机、料、法、环（4M1E）因素进行控制，并对质量活动的成果进行分阶段验证，以便及时发现问题，查明原因，采取措施，防止类似问题重复发生，并使问题在早期得到解决，减少经济损失。为使每项质量活动都能有效，质量控制对干什么、为何干、如何干、由谁干、何时干、何地干等问题应做出规定，并对实际质量活动进行监控。项目的进行是一个动态过程，所以，围绕项目的质量控制也具有动态性。

8.3.1.2 质量控制的特点

项目不同于一般产品，对于项目的质量控制也不同于一般产品的质量控制，其主要特点是：

（1）影响质量的因素多。项目的进行是动态的，影响项目质量的因素也是动态的。项目的不同阶段、不同环节、不同过程，影响因素也不尽相同；这些因素有些是可知的，有些是不可预见的；有些因素对项目质量的影响程度较小，有些对项目质量的影响程度较大，有些对项目质量的影响则可能是致命性的，这些都给项目的质量控制造成了难度。所以，加强对影响质量因素的管理和控制是项目质量控制的一项重要内容。

（2）质量控制的阶段性。项目需经历不同的阶段，各阶段的工作内容、工作结果都不相同，所以每阶段的质量控制内容和控制的重点亦不相同。

（3）易产生质量变异。质量变异就是项目质量数据的不一致性。产生这种变异的原因有两种，即偶然因素和系统因素。偶然因素是随机发生的，客观存在的，是正常的；系统因素是人为的，异常的。偶然因素造成的变异称为偶然变异，这种变异对项目质量的影响较小，是经常发生的，是难以避免的，难以识别的，难以消除的；系统因素所造成的变异称为系统变异，这类变异对项目质量的影响较大，易识别，通过采取措施可以避免，也可以消除。由于项目的特殊性，在项目进行过程中，易产生这两类变异。所以在项目的质量控制中，应采取相应的方法和手段对质量变异加以识别和控制。

（4）易产生判断错误。在项目质量控制中，经常需要根据质量数据对项目实施的过程或结果进行判断。项目的复杂性、不确定性，造成质量数据的采集、处理和判断的复杂性，人们往往会对项目的质量状况做出错误判断。如将合格判为不合格，或将不合格判为合格；将稳定判为不稳定，或将不稳定判为稳定；将正常判为不正常，或将不正常判为正常。这就需要在项目的质量控制中，采用更加科学、更加可靠的方法，尽量减少判断错误。

（5）项目一般不能解体、拆卸。已加工完成的产品可以解体、拆卸，对某些零部件进行检查。但项目一般做不到这一点，例如，对于已建成的楼房，就难以检查其地基的质量；对于已浇筑完成的混凝土构筑物，就难以检查其中的钢筋质量。所以，项目的质量控制应更加注重项目进展过程，注重对阶段结果的检验和记录。

（6）项目质量受费用、工期的制约。项目的质量不是独立存在的，它受费用和工期的制约。在对项目进行质量控制的同时，必须考虑其对费用和工期的影响，同样应考虑费用和工期对质量的制约，使项目的质量、费用、工期都能实现预期目标。

8.3.1.3 质量控制的主要工作内容

（1）预防（不让错误进入项目程序）和检验（不让错误进入客户手中）。

（2）静态调查（其结果要么一致，要么不一致）和动态调查（其结果依据衡量一致性程度的一种持续性标准而评估）。

（3）确定因素（非常事件）和随机因素（正态过程分布）。

（4）误差范围（如果其结果落入误差范围所界定的范围内，那么这个结果就是可接受的）和控制界限（如果其成果落入控制界限内，那么该项目也在控制之中）。

8.3.2 质量控制的步骤

就项目质量控制的过程而言，质量控制就是监控项目的实施状态，将实际状态与事先制定的质量标准做比较，分析存在的偏差及产生偏差的原因，并采取相应对策。这是一个循环往复的过程，对任一控制对象的控制一般都按这一过程进行。该控制过程主要包括以下步骤：

（1）选择控制对象。项目进展的不同时期、不同阶段，质量控制的对象和重点也不相同，这需要在项目实施过程中加以识别和选择。质量控制的对象可以是某个因素、某个环节、某项工作或工序及某项阶段成果等一切与项目质量有关的要素。

（2）为控制对象确定标准和目标。

（3）制订实施计划，确定保证措施。

（4）按计划执行。

（5）跟踪观测、检查。

（6）发现、分析偏差。

（7）根据偏差采取对策。

上述步骤可归纳为全面质量管理的四个阶段：计划（plan），实施（do）、检查（check）和处理（action）。在项目质量控制中，这四个阶段循环往复，形成了 PDCA 循环。

计划阶段的主要工作任务是确定质量目标、活动计划和管理项目的具体实施措施。本阶段的具体工作是分析现状，找出质量问题及控制对象；分析产生质量问题的原因和影响因素；从各种原因和因素中确定影响质量的主要原因和影响因素；针对质量问题及影响质量的主要因素制定改善质量的措施及实施计划，并预计效果。在制订计划时，要反复分析思考，明确回答以下问题：

（1）为什么要提出该计划，采取哪些措施？为什么应做如此改进？回答采取措施的原因。

（2）改进后要达到什么目的？有何效果？

（3）改进措施在何处（哪道工序、哪个环节、哪个过程）执行？

（4）计划措施在何时执行和完成？

（5）计划由谁执行？

（6）用什么方法完成？

实施阶段的主要工作任务是根据计划阶段制定的计划措施，组织贯彻执行。本阶段要做好计划措施的交底、组织落实、技术落实和物资落实。

检查阶段的主要工作任务是检查实际执行情况，并将实施效果与预期目标对比，进一步找出存在的问题。

处理阶段的主要工作任务是对检查的结果进行总结和处理。其具体工作包括：总结经验，纳入标准。即通过对实施情况的检查，明确有效果的措施，制定相应的工作文件、工艺规程、作业标准以及各种质量管理的规章制度，总结好的经验，防止问题再次发生。

将遗留问题转入下一个控制循环。通过检查，找出效果仍不显著或效果仍不符合要求的措施，作为遗留问题，进入下一个循环，为下期计划提供数据资料和依据。

8.3.3 质量控制的工具与技术 ├───────────────

8.3.3.1 调查表

调查表也称为查校表、核对表等，它是用来系统地收集和整理质量原始数据，确认事实并对质量数据进行粗略整理和分析的统计图表。因产品对象、工艺特点、调查和分析目的的不同，其调查表的表式也有不同。常用的调查表有不合格品项目调查表、不合格原因调查表、废品分类统计表、产品故障调查表、工序质量调查表、产品缺陷调查表等。

（1）调查表的应用程序。

①明确收集资料的目的。

②确定为达到目的所需搜集的资料（这里强调问题）。

③确定对资料的分析方法（如运用哪种统计方法）和负责人。

④根据目的不同，设计用于记录资料的调查表格式，其内容应包括调查者及调查的时间、地点、方式等栏目。

⑤对收集和记录的部分资料进行预先检查，目的是审查表格设计的合理性。

⑥如有必要，应评审和修改该调查表格式。

（2）调查表的形式。

一般可分为点检用调查表和记录用调查表。

①点检用调查表。

此类表在记录时只做"有、没有、好、不好"的注记。

制作程序：制作表格，决定记录形式；将调查项目列出；查核；异常事故处理。

【例8-4】管理人员日常调查表，见表8-6。

表8-6　管理人员日常点检调查表

项目	日期							
人员服装								
工作场地								
机器保养								
机器操作								
工具使用								
……								
查核者								
异常处理								

记录用调查表用来收集计量或计数资料，通常使用划记法。其格式如表8-7所示。

表8-7　产品缺陷项目频数调查表

检验项目	产品							
	产品 A	产品 B	产品 C	产品 D	产品 E	产品 F	产品 G	产品 H
尺寸不良								
表面斑点								
装配不良								
电镀不良								
其他								

②缺陷位置调查表。

许多产品或零件常存在气孔、疵点、碰伤、脏污等外观质量缺陷。缺陷位置调查表可用来记录、统计、分析不同类型的外观质量缺陷所发生的部位和密集程度，进而从中找出规律性，为进一步调查或找出解决问题的办法提供事实依据。

这种调查分析的做法是：画出产品示意图或展开图，并规定不同外观质量缺陷的表示符号，然后逐一检查样本，把发现的缺陷按规定的符号在示意图中的相应位置上表示出来。这样，这种缺陷位置调查表就记录了这一阶段（这一批）样本所有缺陷的分布位置、数量和集中部位，便于进一步发现问题、分析原因、采取改进措施。

8.3.3.2　直方图

直方图又称柱状图，可将杂乱无章的资料，解析出其规律性。借助直方图，可以对资料中心值或分布状况一目了然。

（1）绘制步骤。

①收集数据，并记录于纸上。统计表上的资料很多，都要一一记录下来，其总数以 N 表示。

②确定数据的极差。找出最大值（L）及最小值（S），并计算极差（R），R=L-S。

③定组数。数据为 50~100 时，选 5~10 组；数据为 100~250 时，选 7~12 组；数据为 250 以上时，选 10~20 组，一般情况下选用 10 组。

④定组距（C）。C=R/组数

⑤定组界。

最小一组的下组界=S-测量值的最小位数（一般是 1 或 0.5）×0.5

最小一组的上组界=最小一组的下组界+组距

第二组的下组界=最小的上组界

依此类推

⑥决定组的中心点。（上组界+下组界）/2=组的中心点

⑦制作次数分布表。依照数值大小记入各组的组界内，然后计算各组出现的次数。

⑧制作直方图。横轴表示测量值的变化，纵轴表示次数。将各组的组界标示在横轴，各组的次数多少，则用柱形画在各组距上。

【例 8-3】某厂测量钢板厚度，尺寸按标准要求为 6 毫米，现从生产批量中抽取 100 个样品的尺寸如表 8-8 所示，试画出直方图。

表 8-8　钢板厚度尺寸数据　　　　　　　　　　　　　　单位：毫米

组号	组界值	组中值 x_i	频数标志	频数 f_i	变换后组中值 u_i	$x_i u_i$	$x_i u_i^2$
1	5.555-5.645	5.60	丅	2	-4	-8	32
2	5.645-5.735	5.69	下	3	-3	-9	27
3	5.735-5.825	5.87	正正下	13	-2	-26	52
4	5.825-5.915	5.78	正正正	15	-1	-15	15
5	5.915-6.005	5.96	正正正正正一	26	0	15	0
6	6.005-6.095	6.05	正正正	15	1	0	15
7	6.095 6.185	6.14	正正正	15	2	30	60
8	6.185-6.275	6.23	正丅	7	3	21	63
9	6.275-6.365	6.32	丅	2	4	8	32
10	6.365-6.455	6.14	丅	2	5	10	50
合计	100		26	346			
平均			0.26	3.46			

①收集数据。本例取 100 个数据，即 n=100。

②求极差值，找出数据的最大值与最小值，计算极差 R。本例中最大值 XL=6.45，最小值，XS=5.56，极差，R=XL-XS=6.45-5.56=0.89

③确定分组的组数 k 和组距 h。本例 $k=10$，组距 $h=R/k=0.89/10≈0.09$。

确定各组的界限值。本例中测量单位为 0.01，所以第一组的下界值为：

XS-测量单位/2 = 5.56-0.01/2 = 5.56-0.005 = 5.555

第一组的上界值为：5.555+0.09=5.645

第二组的上界值为：5.645+0.09=5.735

……

④记录数据。记录各组中的数据，整理成频数表（见表8-8），并记入：①组界值；②频数标志；③各组频数（fi）。

⑤画直方图。在方格纸上，横坐标取分组的组界值，纵坐标各组的频数，用直线连成直方块，即成直方图，如图8-8所示。

⑥标注。在直方图上，要注明数据以及平均值和标准偏差，要画出规格或公差标准（公差上限用 Tu、下限用 Tl 表示），采取数据的日期和绘图者等供参考的项目也要标注。

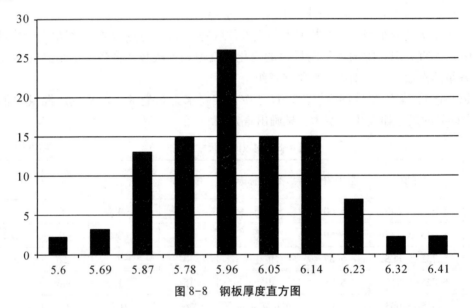

图8-8　钢板厚度直方图

（2）直方图的分布。

正常生产条件下计量的质量特性值的分布大多为正态分布，从中获得的数据的直方因为中间高、两边低，所以得到左右基本对称的正态型直方图。但在实际问题中还会出现另一些形状的直方图，分析出现这些图形的原因，便于采取对策，改进质量。

①正态型。这是生产正常情况下常常呈现的图形，如图8-9（a）所示。

②偏态型。这里有两种常见的形状，一种是峰值在左边，而右面的尾巴较长；另一种是峰偏在右边，而左边的尾巴较长。造成这种形状的原因是多方面的，有时是剔除了不合格品后作的图形，也有的是质量特性值的单侧控制造成的，譬如加工孔的时候习惯于孔径"宁小勿大"，而加工轴的时候习惯于"宁大勿小"等，如图8-9（b）所示。

③双峰型。这种情况的出现往往是将两批不同的原材料生产的产品混在一起，或将两个不同操作水平的工人生产的产品混在一起等造成的，如图8-9（c）所示。

④孤岛型。这种图形往往表示出现产品异常，譬如原材料发生了某种变化，生产过程发生了某种变化，有不熟练的工人替班等，如图8-9（d）所示。

⑤平顶型。这种情况往往是由于生产过程中有某种缓慢变化的因素造成的，譬如刀具的磨损等，如图8-9（e）所示。

⑥锯齿型。这个图形的出现可能是出于测量方法不当，或者是量具的精度较差引起的，也可能是分组不当引起的，如图8-9（f）所示。

当观察到的直方图不是正态型的形状时，需要及时加以研究，譬如出现平顶型时可以检查一下有无缓慢变化的因素，又譬如出现孤岛型时可以检查一下原材料有无变化等，这样便于及时发现问题，采取措施，改进质量。

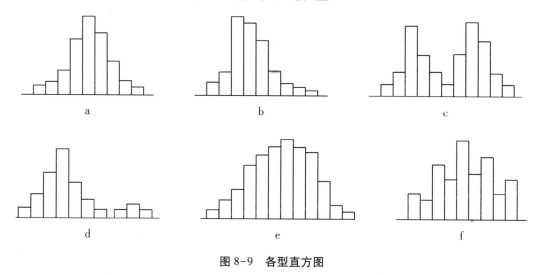

图8-9 各型直方图

8.3.3.3 头脑风暴法

（1）概念。

头脑风暴法就是邀请有关方面的专家，通过开会的形式讨论，进行信息交流并互相启发，从而诱发专家们发挥其创造性思维，促使他们产生"思维共振"，以达到互相补充的效果，并在专家们分析判断的基础上，综合其意见，作为预测的依据。它既可以获取所要预测事件的未来信息，也可以弄清问题，形成方案，搞清影响，特别是一些交叉事件的相互影响。

（2）应用头脑风暴法的优缺点。

运用头脑风暴法进行定性预测时，既有一定的优点，也存在着一些缺陷。

①头脑风暴法的优点。

a. 能得到创造性成果。头脑风暴法通过思维的集体迸发，能得到创造性的成果。

b. 获取信息量大。通过头脑风暴会议，获取的信息量大，考虑的问题比较全面，提供的方案综合性强。

c. 节约、灵活。头脑风暴法节省费用和时间，应用灵活方便。

②头脑风暴法的缺点。

a. 易受到权威的影响。容易受权威人士的意见影响，不利于充分发表意见。

b. 易受表达能力的影响。有些专家的论据有时候不一定充分，但因表达能力强，仍能产生较大的影响力，给预测结果的准确性带来影响。

c. 易受心理因素的影响。有的专家爱垄断会议或听不进不同意见，明知自己有错，也不愿意当众修改自己的意见，尤其是预测组织者和权威专家。

这些缺点可以通过下节的德尔菲法减弱影响，但头脑风暴法的效率高于德尔菲法。

（3）头脑风暴法的工作步骤。

①会前准备。在头脑风暴会议召开之前，组织者应做好充分的准备工作，以保证会议的高效率、高质量。

②确定与会人员。头脑风暴法的参与者分为三类：主持人、记录员和提出设想的专家。确定与会人员需要遵循以下原则：a. 尽可能选择互不相识的专家参加，不应公布参加人员的职称，避免对参加者造成压力；b. 如果参加者彼此认识，为了避免上下级之间会造成压力，则要从同一职称或级别的人员中选取；c. 除了选择与所讨论问题相一致的领域的专家外，还应该选择一些对所讨论问题有较深理解的其他领域的专家；d. 与会者一般以 8~12 人为宜，也可略有增减（5~15 人）。

③开展头脑风暴会议。首先由主持人扼要地介绍本次会议的主题，宣布会议规则。随后引导大家畅所欲言，充分发挥想象力，使彼此相互启发。专家们依次发表意见，不必对意见进行解释，也不应受到质疑。每出现一个新想法，记录人员应立即写出来，使每个人都能看见，以激发大家的思维。会议讨论的时间控制在 20~60 分钟之间，如果要讨论的问题较多，可以分别召开多次会议。

④处理想法，得出最佳方案。经过头脑风暴会议之后，组织者会得到大量与议题有关的设想，这时就需要对这些设想进行归纳整理，综合分析，以选出最有价值、最富创造性的想法。设想处理的方式有两种：一种是专家评审，可聘请有关专家及与会代表若干人（5 人左右为宜）承担这项工作；另一种是二次会议评审，即所有与会人员集体进行设想的评价处理工作。通过评审将大家的想法整理成若干方案，经过多次反复比较，最后确定 1~3 个最佳方案。

8.3.3.4 QC 小组活动

（1）QC 小组的概念。

QC 小组是在生产或工作岗位上从事各种劳动的职工，围绕企业的经营战略、方针目标和现场存在的问题，以改进质量、降低消耗、提高人的素质和经济效益为目的组织起来，运用质量管理的理论和方法开展活动的小组。

（2）QC 小组活动的特点。

①明显的自主性。QC 小组以员工自愿参加为基础，实行自主管理，自我教育，互相启发，共同提高，充分发挥小组成员的聪明才智和积极性、创造性。

②广泛的群众性。QC 小组是吸引广大员工积极参与质量管理的有效组织形式，不仅包括领导人员、技术人员、管理人员，而且更注重吸引在生产、服务工作第一线的操作人员参加。

③高度的民主性。这不仅是指 QC 小组的组长可以是民主推选，可以由 QC 小组成员轮流担任课题小组长，以发现和培养管理人才；同时还指在小组内部讨论问题、解

决问题时，小组成员是平等的，不分职位与技术等级，高度发扬民主，各抒己见，互相启发，集思广益，以保证既定目标的实现。

④严密的科学性。QC 小组在活动中遵循科学的工作程序，步步深入地分析问题、解决问题；在活动中坚持用数据说明事实，用科学的方法来分析与解决问题，而不是凭"想当然"或个人经验。

（3）QC 小组的工作步骤。

①质量管理小组的组建。QC 小组选题应以企业（或部门）方针目标与主要问题为基本依据，并以班组或部门为基础，组建现场型、服务型、攻关型及管理型小组，选好组长。

②质量管理小组的登记。QC 小组成立后，填写 QC 小组课题注册登记表，内容包括小组名称、课题名称、小组成员、选题理由、现状及目标等，经本企业质量管理部门注册登记。

③选定课题确定目标。选题要先易后难，以小为主，方法选择要由浅入深，综合应用。

8.3.3.5 其他常用的质量控制方法

（1）趋势图。

趋势图可反映偏差的历史和规律。它是一种线形图，按照数据发生的先后顺序将数据以圆点形式绘制成图形。趋势图可反映一个过程在一定时间段的趋势，一定时间段的偏差情况，以及过程的改进或恶化。趋势分析是借助趋势图来进行的。趋势分析指根据过去的结果用数学工具预测未来的成果。趋势分析往往用于监测技术绩效（多少错误或缺陷已被确认，其中多少尚未纠正）和费用与进度绩效（每个时期有多少活动在活动完成时出现了明显偏差）。

（2）散点图。

散点图显示两个变量之间的关系和规律。通过该工具，质量团队可以研究并确定两个变量的变更之间可能存在的潜在关系。将独立变量和非独立变量以圆点绘制成图形。两个点越接近对角线，两者的关系就越紧密。

8.3.4 质量控制的结果

质量控制的成果是形成质量改进措施：

（1）可接受的决定：每一项目都有接受和拒绝的可能，不被接受的工作需要重新进行。

（2）重新工作：不被接受的工作需要重新执行，项目工作组的目标是使得返工的工作最少。

（3）完成检查表：当检查的时候，应该完成对项目质量的记录，即完成检查表格。

（4）过程调整：过程调整包括对质量控制度量结果的纠正以及预防工作。

8

项目质量管理

8.4 项目质量保证

8.4.1 质量保证概述

根据中华人民共和国国家标准《质量管理体系——基础和术语》（GB/T19000-2000），质量保证是质量管理的一部分，致力于提供质量要求会得到满足的信任。由该定义可知，"质量保证"是一个专用名词，具有特殊的含义，与一般概念"保证质量"有较大区别。保证满足质量要求是质量控制的任务，就项目而言，用户有权提出质量保证要求，项目实施者应当进行质量控制，以保证项目的质量满足用户的要求。用户是否提出质量保证要求，这对项目实施者来说是有区别的。用户不提质量保证要求，项目实施者在项目进行过程中如何进行质量控制就不需让用户知道，用户与项目实施者之间只是提出质量要求与提供项目验收这样一种交往关系。如果项目较简单，其性能完全可由最终检验反映，用户只需把住"检验"关，就能得到满意的项目成果，而不需知道项目实施者是如何操作的。但是，随着技术的发展，项目越来越复杂，对其质量要求也越来越高，项目的有些性能已不能仅仅通过检验来鉴定。就这些项目来说，用户为了确信项目实施者所完成的项目达到了所规定的质量要求，就要求项目实施者证明项目设计、实施等各个环节的主要质量活动确实做得很好，且能提供合格项目的证据，这就是用户提出的"质量保证要求"。针对用户提出的质量保证要求，项目实施者就应开展外部质量保证活动，就应对用户提出的设计、项目实施等全过程中的某些环节的活动提供必要的证据，使用户放心。

质量保证的内涵已不是单纯地为了保证质量。保证质量是质量控制的任务，而"质量保证"是以保证质量为基础，进一步引申到提供"信任"这一基本目的。要使用户能"信任"，项目实施者应加强质量管理，完善质量体系，对项目有一套完善的质量控制方案、办法，并认真贯彻执行，对实施过程及成果进行分阶段验证，以确保其有效性。在此基础上，项目实施者应有计划、有步骤地采取各种活动和措施，使用户能了解其实力、业绩、管理水平、技术水平以及对项目在设计、实施各阶段主要质量控制活动和内部质量保证活动的有效性，使对方建立信心，相信完成的项目能达到所规定的质量要求。所以，质量保证的主要工作是促进完善质量控制，以便准备好客观证据，并根据对方的要求有计划、有步骤地开展提供证据的活动。美国质量管理专家朱兰（Juran）在《质量计划与分析》一书中指出，"保证"一词的含义非常类似于"保险"一词。保证和保险都是试图得到某种保护以避免灾祸，而进行少量的投资。就保险来说，这种保护是在万一出现了灾害或事故之后，能得到一笔损失赔偿费。而就保证而言，这种保护反映为所得到的信息，这种信息为下述两种信息之一：

（1）使对方确信万无一失。例如，项目满足用户要求；过程正在正常进行；工艺规程正被遵循等。

（2）向对方提供并非一切如意和某种故障可能正在酝酿之中的早期报警。通过这种早期报警，对方可以预先采取措施，以防止故障或事故的发生。

可见，质量保证的作用是从外部向质量控制系统施加压力，促使其更有效地运行，并向对方提供信息，以便及时采取改进措施，将问题在早期加以解决，以避免更大的经济损失。

内部质量保证是为使企业领导"确信"本企业所完成的项目能满足质量要求所开展的一系列活动。企业领导对项目质量负全责，一旦出现质量事故，要由其承担法律和经济责任。而项目的一系列质量活动是由项目经理部或项目团队进行的，虽然项目团队明确了职责分工，也有相应的质量控制方法和程序。但是，是否严格按程序进行，这些方法和程序是否确实有效，企业领导需要组织一部分独立的人员（国外称质量保证人员）对直接影响项目质量的主要质量活动实施监督、验证和质量审核活动（内部质量保证活动），以便及时发现质量控制中的薄弱环节，提出改进措施，促使质量控制能更有效地实施，从而使领导"放心"。所以，内部质量保证是企业领导的一种管理手段。正如朱兰所指出的那样，"质量保证"概念与财政保证概念极为相似。财务状况之确实可信，是通过"独立的"审计核定以下事实来保证的：

（1）良好的会计制度（相当于质量控制程序），若能无误，财务报告（相当于质量活动的成果）就能正确地反映公司的财政情况（相当于满足质量要求）。

（2）这种制度止在得到有效的贯彻执行。

8.4.2 项目质量保证工作的基本内容

项目质量保证的基本内容包括：

8.4.2.1 制定质量标准

要制定各种定性、定量的指标、规划、方案等质量标准，力求在质量管理过程中达到或超过质量标准。

8.4.2.2 制定质量控制流程

对不同行业和不同种类的项目，同一项目的不同组成部分或不同实施阶段，其质量保证可以采取不同的深度和力度。如医药、食品生产所需要的卫生环境及产品质量都要有严格的标准和要求；对高新技术项目、新开发研究的项目，应该注意摸索一套新的质量管理办法和质量标准，要抓住一些新的问题和主要矛盾，不能一概照搬传统的方法和标准。另外，项目有关各方应各负其责，各有侧重地开展质量保证工作。

8.4.2.3 建立质量保证体系并使之有效运行

以某大型产品研制生产企业质量保证系统为例，质量保证体系由质保管理、质保工程、质保材料、质量检验和质量审计五个部门组成。常见的项目管理质量保证体系由项目经理、生产经理、技术负责人、项目质检员及各专业责任工程师、经营组、材料组和施工班组组成，如图8-10所示。

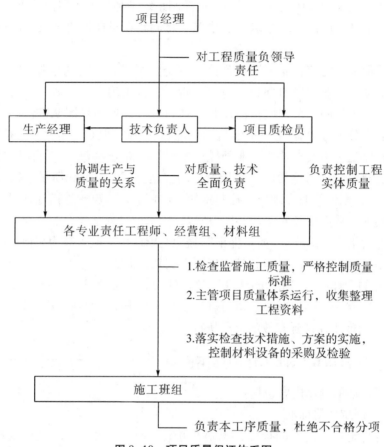

图 8-10　项目质量保证体系图

8.4.3　项目质量保证计划

项目质量保证计划依照项目《质量保证计划编制指导》，由项目经理主持编写。

8.4.3.1　项目质量保证计划的编制依据

（1）项目概况；

（2）质量目标；

（3）组织机构；

（4）质量控制及管理组织协调的系统描述；

（5）必要的质量控制手段，施工过程、服务、检验和试验程序等；

（6）确定关键工序和特殊过程及作业的指导书；

（7）与施工阶段相适应的检验、试验、测量、验证要求；

（8）更改和完善质量计划的程序。

8.4.3.2　项目质量计划的实施

质量管理人员应按照分工控制质量计划的实施，并应按规定保存质量控制记录。当发生质量缺陷或事故时，必须分析原因、分清责任、进行整改。

8.4.3.3　项目质量计划的验证

（1）项目技术负责人应定期组织具有资格的质量检查人员和内部质量审核员验证

质量计划的实施效果。当项目质量控制中存在问题或隐患时，应提出解决措施。

（2）重复出现的不合格和质量问题，责任人应按规定承担责任，并应依据验证评价的结果进行处罚。

本章小结

1. 项目的质量管理应建立并保持文件化的质量体系，在项目各阶段的策划中，应识别适当过程及其相互关系。

2. 项目质量管理必须兼顾项目规划和项目实施。任何一方面未满足质量要求都可能导致对部分或全部项目产生严重的负面效果。

3. 质量保证的内涵已不是单纯地为了保证质量。保证质量是质量控制的任务，而"质量保证"是以保证质量为基础，进一步引申到提供"信任"这一基本目的。要使用户能"信任"，项目实施者应加强质量管理。

4. 质量控制是质量管理的一部分，致力于满足质量要求。质量控制的目标就是确保项目质量能满足有关方面所提出的质量要求，需要用一系列的方法实施。

习 题

1. 简述 PDCA 循环的内容和特点。

2. 简述全面质量管理原理。

3. 简述项目质量管理的内容。

4. ISO9000 质量管理体系的最新执行标准是什么？

5. 画图说明项目质量和成本的关系。

6. 什么是项目质量控制？它的特点是什么？

7. 简述质量控制的主要工作内容。

8. 质量规划和质量控制分别使用的工具与技术是什么？

9. 简述项目质量保证计划编制的依据。

9 项目成本管理

■本章教学要点

知识要点	掌握程度	相关知识
项目资源计划	掌握	项目工作分解结构、特尔斐法
项目成本估算	掌握	类比估算法、参数估计法
项目成本预算	掌握	项目进度计划、甘特图
项目成本控制	掌握	项目成本绩效度量方法、附加计划法

■关键词

成本管理；项目资源计划；项目成本估算；项目成本预算；项目成本控制

■导入案例

陈先生在项目内部成本控制中的困惑

陈先生在一工程公司做销售部项目经理，对于公司所投标的每个项目采用的是销售部项目经理负责制，而其结构属于强矩阵性结构。现公司所参与的每个项目都需要销售部、技术部、执行部等的强力支持，而每个部门的人都想使自己的利益最大化，所以作为销售项目经理总是很难把竞标价控制下来。

项目经理：因参与每个项目需要花费太多的时间，每年能参与投标的也就几个项目，所以我是尽量想取得该项目。

技术部项目经理：因对于每个项目参与的时间并不算太多，因此每年经过他们手上的项目可能多达几十个，因此，他们根本不在乎该项目是否取得。他们希望将该项目的设计成本预算做高。因为：①若中标后在该项目执行完毕时，实际设计费用比预算费用节省很多，则说明他们在施工图设计中采用了许多优化设计（很多无法判断），这样他们便能得到更多的年终奖金。②若中标后，因该项目的预算费用较高，他们可以指定选用一些先进的设备（这种设备往往仅一家生产或两三家生产）并写进技术协议（他们总能找到许多理由），这样他们便能从厂家得到大量的回扣，可谓一举两得。

执行部项目经理：他们同技术部项目经理一样希望该项目的设备采购成本做高。因为：①若中标后在该项目执行完毕时，实际执行费用比预算费用节省得多，则说明他们将设备采购执行得很好，成本得到控制，最终单位会多给予奖励。②若中标后，因该项目的预算费用较高，他们可以以较高的价格（当然肯定会低于该预算价）分包出去，这样他们也能从分包厂家处得到大量的回扣，同样是一举两得。陈先生应该考虑如何使他自己在竞标中位于优势地位。

资料来源：《当代经理世界》，2018-5-17。

9.1 项目成本管理的概念

项目成本管理是为保障项目实际发生的成本不超过项目预算而开展的项目成本估算、项目预算编制和项目预算控制等方面的管理活动。项目成本管理也是为确保项目在既定预算内按时、按质、经济、高效地实现项目目标所开展的一种项目管理过程。长期以来，我国在项目成本管理方面的认识基本上停留在对工程项目的成本确定和控制上。随着现代项目管理对项目本身内涵的拓宽，人们开始认识各种其他项目的成本管理规律和方法，这对不断深化和发展项目成本管理的内涵起到了很大的推动作用。这种对于项目成本管理认识上的发展主要表现在两个方面：其一是现代项目成本管理包括各种各样项目的成本管理（工程建设项目的成本管理只是一个组成部分），其二是现代项目成本管理的方法与传统的工程项目成本管理方法有很大不同。

9.1.1 项目成本管理的内容

现代项目成本管理首先考虑的是以最低的成本完成项目的全部活动，但同时也必须考虑项目成本对项目成果和质量的影响，这是现代项目成本管理与传统项目成本管理的重要区别。例如，在决策项目成本时，为了降低项目成本而限制项目辅助管理或项目质量审核工作的要求和次数，就会给项目成果和质量带来影响，甚至最终可能会提高项目的成本或增加项目用户的使用成本。同时，项目成本管理不能只考虑项目成本的节约，还必须考虑项目带来的经济收益的提高。特别是对一些特殊项目，如资本投资项目、新产品开发项目、信息系统建设项目等，预测和分析项目产出物未来的经济价值与收益是项目成本管理重要的核心工作之一。在项目成本管理中还需要运用像投资回收期分析、现金流量表分析、收益回报分析等方法去管理好项目的成本和收益。

现代项目成本管理的主要内容：

9.1.1.1　项目资源计划

项目资源计划是指通过分析、识别和确定项目所需资源种类（人力、设备、材料、资金等）、多少和投入时间的这样一种项目管理活动。在项目资源计划工作中最为重要的是确定出能够充分保证项目实施所需各种资源的清单和资源投入的计划安排。

9.1.1.2　项目成本估算

项目成本估算是指根据项目资源需求和计划，以及各种资源的市场价格或预期价格等信息，估算和确定出项目各种活动的成本和整个项目全部成本这样一种项目成本管理工作。项目成本估算最主要的任务是确定用于项目所需人、机、料、费等成本和费用的概算。

9.1.1.3　项目成本预算

项目成本预算是一项制订项目成本控制基线或项目总成本控制基线的项目成本管理工作。这主要是根据项目的成本估算为项目各项具体活动或工作分配和确定其费用预算，以及确定整个项目总预算这样两项工作。项目成本预算的关键是合理、科学地确定出项目的成本控制基准（项目总预算）。

9.1.1.4　项目成本控制

项目成本控制是指在项目的实施过程中，努力将项目的实际成本控制在项目成本预算范围之内的一项成本管理工作。这包括：依据项目成本的实施发生情况，不断分析项目实际成本与项目预算之间的差异，通过采用各种纠偏措施和修订原有项目预算的方法，使整个项目的实际成本能够控制在一个合理的水平。

9.1.1.5　项目成本预测

项目成本预测是指在项目的实施过程中，依据项目成本的实施发生情况和各种影响因素的发展与变化，不断地预测项目成本的发展和变化趋势与最终可能出现的结果，从而为项目的成本控制提供决策依据的工作。

事实上，上述这些项目成本管理工作相互之间并没有严格独立而清晰的界限，在实际工作中，它们常常相互重叠和相互影响。同时在每个项目阶段，上述项目成本管理的工作都需要积极开展，只有这样项目团队才能够做好项目成本的管理工作。

9.1.2　项目成本管理的方法

项目成本管理有许多不同的方法，每种方法都有自己的优缺点，都有自己的适用情况和条件。但是在现代项目成本管理中，比较科学和客观地反映项目成本管理规律的理论和方法有三种：其一是全过程项目成本管理的理论与方法，其二是全生命周期项目成本管理的理论与方法，其三是全面项目成本管理的理论与方法。对于项目成本管理者来说，这些项目成本管理的理论与方法都是非常有用的。

9.1.2.1　全过程项目成本管理的理论与方法

全过程成本管理理论与方法是自20世纪80年代中期开始，由我国项目成本管理领域的理论工作者和实际工作者提出的一种从项目全过程的角度来确定和管理项目成本的思想和方法。进入90年代以后，我国项目成本管理界的学者和实际工作者进一步地对全过程项目成本管理的思想与方法做了进一步的完善和验证。这使得我国的项目成本管理理论和实践正在从简单的造价定额管理逐步走上全过程项目成本管理的道路。应该说，在项目成本管理科学中的全过程项目成本管理的理论和方法，是我们中国项目管理工作者提出和发展的，这是我们对项目成本管理科学所做的重要贡献之一。

9.1.2.2 全生命周期项目成本管理的理论与方法

全生命周期项目成本管理理论（life cycle costing，LCC）主要是由英美的一些学者和实际工作者于 20 世纪 70 年代末和 80 年代初提出的。进入 80 年代，以英国成本管理界的学者与实际工作者为主的一批人，在全生命周期项目成本理论方面做了大量的研究并取得了突破。全生命周期项目成本管理的方法既是一种项目投资决策工具，又是一种分析和评价项目备选方案的方法，同时还是项目成本控制的一种指导思想和技术方法。全生命周期项目成本管理要求对一个项目的建设期和运营期的所有成本进行全面的分析和管理，以实现项目全生命周期（包括项目前期、建设期和使用期）总成本最小化的目标。

9.1.2.3 全面项目成本管理的理论与方法

根据国际全面成本管理促进会（原美国造价工程师协会）前主席 R. E. Westney 的说法[1]，全面项目成本管理的思想是他于 1991 年 5 月在美国休斯敦海湾海岸召开的春季研讨会上所发表的论文"90 年代项目管理的发展趋势"一文中提出的。这套方法借用"全面质量管理"的思想，提出了一套"全面成本管理"的理论和方法，以实现对所有的尚未发生的成本进行全面管理的目标。根据 R. E. Westney 的定义："全面成本管理就是通过有效地使用专业知识和专门技术去计划和控制项目资源、成本、盈利和风险。"当然，全面项目成本管理发展到今天，在理论和具体技术方法上仍然还有许多地方需要进一步研究和开发，但是它将是 21 世纪项目成本管理的新技术和方法。

由于不同项目在不同的时间，不同的场合，由不同的项目组织实施就可能会采用不同的项目成本管理方法，所以上述现代项目成本管理的方法都是需要学习和掌握的项目成本管理理论和方法，项目成本管理工作者可以根据不同项目的需要而选用不同的项目成本管理理论与方法。

9.2 项目资源计划

任何一个项目目标的实现都需要消耗一定的资源，而在实际社会中资源永远是短缺的，是不可能无限制得到和使用的，实际上几乎所有的项目都要受到资源的限制。所以在项目管理活动中，项目资源能够满足需求的程度以及它们与项目实施进度的匹配都是项目成本管理必须计划和安排的。如果一个项目的资源配置不合理或使用不当，就会使项目工期拖延或使项目实际成本比预算成本有大幅度增加。例如，项目的设备成本可能会因提前租赁或在急需时租赁不到而使项目成本出现额外的增加。所以在项目成本管理过程中必须科学、经济、合理地做好项目的资源计划，以保证项目的顺利

---

① WESTNEY R E. Total Cost Management：AACE-I Vision for Growth ［J］. Cost Engineering, 1992, 34 (10).

实施和项目成本目标的实现。

9.2.1　项目资源计划的概念

项目资源计划是指通过分析和识别项目的资源需求，从而确定出项目所需投入资源的种类（如人力、设备、材料、资金等）、资源的数量和资源投入的时间，从而制订出项目资源计划的项目成本管理活动。这项计划工作必须同项目成本的估算与评价等项目成本管理活动紧密结合进行，这样才能够制订出合理、科学、可行的项目资源计划。

9.2.2　项目资源计划编制的依据

项目资源计划编制的依据涉及项目的范围、时间、质量等各个方面的计划和要求的文件以及相关各种支持细节与信息资料。这主要包括：

9.2.2.1　项目工作分解结构

项目工作分解结构（work breakdown structure，WBS）是既定项目工作的结构图和项目工作包细目。一个项目的目标确定以后，就需要确定需开展哪些工作来实现这些目标，这些为实现项目目标所需开展的工作一览表和它们的组成结构就是项目工作分解结构。项目工作分解结构是项目团队在项目实施过程中要完成的全部任务和工作，但是要完成这些任务就必须投入各种资源，不同的项目工作会有不同的资源需要，因此有了项目工作分解结构是安排项目资源计划的主要依据之一。

9.2.2.2　项目工作分解结构的支持细节

仅有项目工作分解结构并不能够做出全部的项目资源需求和计划，还必须知道项目工作分解结构的相关支持细节。这类支持细节信息包括：

（1）项目历史信息。

这是指已完成同类项目在项目所需资源、项目资源计划和项目实际实施消耗资源等方面的历史信息。此类信息可以作为新项目资源计划的参考资料，人们可以借鉴以前同类项目中的经验和教训。这种信息既可以使人们在建立新项目的工作分解结构和资源计划时更加科学、合理和更具操作性；而且还可以使人们建立的项目资源需求、项目资源计划和项目成本估算更加科学和符合实际。通常，一个项目结束后就应该确认项目有关文件的备份和存档，以便将来作为历史信息使用。例如：2004 年奥运会的各个项目就可以借鉴 2000 年悉尼奥运会的经验和历届奥运会的经验，去做好 2004 年奥运会的项目资源需求计划。

（2）项目范围计划。

任何一个项目都有一个特定的范围，项目范围计划从某种角度说，确定了项目的目标、边界及其衡量标准。如果项目范围中的某个项目方面被忽略，就会在项目资源计划与保障方面出现漏洞，最终使项目的成功受到影响。例如，某个住宅项目的范围计划包括：建造房屋、修建社区道路和环境绿化等工作，但是如果项目范围计划中遗漏了环境绿化工作，项目业主/用户就会不全部接受项目的成果，甚至会提出索赔。因此，项目范围计划文件也是项目资源需求计划制订中的一个重要参考依据之一，在制订项目资源计划时必须全面评审项目资源需求计划是否能够满足实项目范围的需要。

（3）项目资源描述。

任何项目资源的种类、特性和数量都应该是限定的。所以，要制订项目资源计划就必须对一个项目所需资源的种类、数量、特性和质量予以说明和描述。这种描述的内容包括：项目需要哪些种类的资源；这些资源的特性要求是什么；这些资源的价格多少；何时需要这些资源等。比如说，在项目的早期设计阶段需要哪些种类的设计工程师和专家顾问，他们的专业技术水平有什么要求；而在项目的实施阶段需要哪些专业技术人员和项目管理人员，需要那些种类的物料和设备等。这种项目资源的描述对于制订项目资源计划同样是至关重要的依据。

9.2.2.3 项目组织的管理政策

项目组织的管理政策也会影响项目资源计划的编制。项目组织的管理政策包括：项目组织的企业文化、项目组织的组织结构、项目组织获得资源的方式和手段方面的方针策略和项目组织在项目资源管理方面的有关方针政策。例如，一个项目组织对于设计、施工和研究设备是采用购买、租赁的政策还是采用租用的政策，项目组织是采用零库存的资源管理政策还是采用经济批量订货的资源管理政策等。这些也是制订项目资源计划所必需的依据之一。

9.2.2.4 各类资源的定额、标准和计算规则

这是指项目资源计划编制中需要参考的项目工作量和资源消耗量的国家、地方或民间组织发布的各种定额、标准和计算规则。在项目资源计划编制中有些项目的资源需求是按照国家、行业、地区的官方或民间组织的统一定额或统一工程量计算规则确定的。例如，英国和英联邦国家与地区（包括我国香港特别行政区）在工程建设项目方面就有统一的工程量和工料测量标准及计算规则，我国有自己的建设项目资源消耗定额和标准，美国也有许多民间组织发布的标准和指数。这些都是工程项目人员在进行项目资源计划编制时需要参照的依据。

9.2.3 项目资源计划编制的方法

项目资源计划的编制同样有许多种方法，其中最主要的是：

9.2.3.1 专家判断法

这是指由项目成本管理专家根据经验和判断去确定和编制项目资源计划的方法。这种方法通常又有两种具体的形式：

（1）专家小组法。

这是指组织一组有关专家在调查研究的基础上，通过召开专家小组座谈会的方式，通过共同探讨，提出项目资源计划方案，然后制订出项目资源计划的方法。

（2）特尔斐法。

这是由一名协调者通过组织专家进行资源需求估算，然后汇集专家意见，整理并编制项目资源计划的方法。为了消除不必要的迷信权威和相互影响，一般协调者只起联系、协调、分析和归纳结果的作用，专家们互不见面，互不通气，只与协调者发生联系，并做出自己的判断。

专家判断法的优点是：主要依靠专家判断，基本不需要历史信息资料，适合于全新的项目。它的缺点是：如果专家的水平不一，专家对于项目的理解不同，就会造成

项目资源计划出现问题。

9.2.3.2　统一定额法

这是指使用统一标准定额和工程量计算规则去制订项目资源计划的方法。所谓"统一标准定额"是指由权威部门所制定的，在一定的技术装备和组织条件下为完成一定量的工作，所需消耗和占用的资源质量和数量限定标准或额度。这些统一标准定额都是一种衡量项目经济效果的尺度，套用这些统一标准定额去编制项目资源需求是一种很简便的方法。但是由于统一标准定额相对比较固定，无法适应技术装备、工艺和劳动生产率的快速变化，所以近年来发达国家正在逐步放弃使用这种编制项目资源计划的方法。

9.2.3.3　资料统计法

这是指使用历史项目的统计数据资料，计算和确定项目资源计划的方法。这种方法中使用的历史统计资料必须有足够的样本量，而且有具体的数量指标以反映项目资源的规模、质量、消耗速度等。通常这些指标又可以分为实物量指标、劳动量指标和价值量指标。实物量指标多数用来表明物质资源的需求数量，这类指标一般表现为绝对数指标。劳动量指标主要用于表明人力的使用，这类指标可以是绝对量也可以是相对量指标。价值量指标主要用于表示资源的货币价值，一般使用本国货币币值表示活劳动或物化劳动的价值。利用资料统计法计算和确定项目资源计划能够得出比较准确合理和切实可行的项目资源计划。但是这种方法要求有详细的历史数据，并且要求这些历史数据要具有可比性，所以这种方法的推广和使用有一定难度。

9.3　项目成本估算

项目成本估算是项目成本管理的一项核心工作，其实质是通过分析去估计和确定项目成本的工作。这项工作是确定项目成本预算和开展项目成本控制的基础和依据。

9.3.1　项目成本估算的概念

项目成本估算是指根据项目的资源需求和计划，以及各种资源的价格信息，估算及确定项目各种活动的成本和整个项目总成本的项目管理工作。当项目有承发包合同时应仔细区分项目造价与项目成本这两个概念，因为项目造价中不仅包括项目的成本，还包括有承包商的赢利部分。

项目成本估算根据估算精度的不同可分为多种项目估算。一般情况下有：初步项目成本估算、技术设计后的成本估算和详细设计后的项目成本估算等几种不同精度的项目成本估算。因为在项目初始阶段许多项目的细节尚未确定，所以只能粗略地估计项目的成本；但是在项目完成了技术设计（属于一种较为详细的设计）之后就可以进行更详细的项目成本估算；而等到项目各种细节已经确定之后就可以进行详细的项目成本估算了。因此，项目成本估算在一些大型项目的成本管理中都是分阶段做出不同精度的成本估算，而且这些成本估算是逐步细化和精确的。

项目成本估算既包括识别各种项目成本的构成科目，也包括估计和确定各种成本的数额大小。例如，在大多数项目应用领域中，人工费、设备费、管理费、物料费、开办费等都属于构成项目成本的科目（其下面可以进一步细分出二级科目）；而项目各项工作需要发生的费用要确定其数额大小。项目成本估算也包括综合分析和考虑各种可选择项目成本方案与估算的协调问题。例如，在许多项目应用领域中，如果在设计阶段增加一些工作会提高项目设计成本，但是设计质量的提高可能会大大减少项目实施的成本。因此在项目成本估算过程中必须考虑项目设计成本与项目实施成本的这种关系，努力使项目预期的收益最大。

9.3.2 项目成本构成与其影响因素

项目成本的构成是指项目总成本的构成成分，项目成本影响因素是指能够对项目成本的变化造成影响的因素。二者的具体说明与描述如下：

9.3.2.1 项目成本的构成

项目成本是指项目形成全过程所耗用的各种费用的总和。项目成本是由一系列的项目成本细目构成的。主要的项目成本细目包括：

（1）项目定义与决策成本。

项目定义与决策是每个项目都必须要经历的第一个阶段，项目定义与决策的好坏对项目实施和项目建成后的经济效益与社会效益会产生重要影响。为了对项目进行科学的定义和决策，在这一阶段要进行翔实的各种调查研究，收集和掌握第一手信息资料，进行项目的可行性研究，最终做出抉择。要完成这些工作需要耗用许多人力、物力资源，需要花费许多的资金，这些资金构成了项目成本中的项目定义与决策成本。

（2）项目设计成本。

根据项目的可行性研究报告，通过分析、研究和试验等环节以后，项目就可以进入设计阶段了。任何一个项目都要开展项目设计工作，不管是工程建设项目（它的设计包括：初步设计、技术设计和施工图设计），还是新产品开发项目（它的设计就是对新产品的设计），还是科学研究项目（它的设计是对整个项目的技术路线和试验方案等方面的设计）。这些设计工作同样要发生费用，同样是项目成本的一个重要组成部分，这一部分通常被称为项目设计成本。

（3）项目采购成本。

所谓项目采购成本是指为获得项目所需的各种资源（包括物料、设备和劳务等），项目组织就必须开展询价、选择供应商、广告、承发包、招投标等一系列的工作。对于项目所需商品购买的询价、供应商选择、合同谈判与合同履约的管理需要发生费用，对于项目所需劳务的承发包，从发标、广告、开标、评标、定标、谈判到签约和履约同样也需要发生费用。这些就是项目为采购各种外部资源所需要花费的成本，即项目的采购成本。

（4）项目实施成本。

在项目实施过程中，为生成项目产出物所耗用的各项资源构成的费用统一被称为"项目实施成本"。这既包括项目实施过程中所耗费物质资料的成本（这些成本以转移价值的形式转到了项目产出物中），也包括项目实施中所消耗活劳动的成本（这些以工资、奖金和津贴的形式分配给了项目团队成员）。项目实施成本的具体科目包括：

①项目人工成本。这是给各类项目实施工作人员的报酬。这包括项目施工、监督管理和其他方面人员（但不包括项目业主/客户）的工资、津贴、奖金等全部发生在活劳动上的成本。

②项目物料成本。这部分是项目组织或项目团队为项目实施需要所购买的各种原料、材料的成本。比如，油漆、木料、墙纸、灌木、毛毯、纸、艺术品、食品、计算机或软件等。

③项目顾问费用。当项目组织或团队因缺少某项专门技术或完成某个项目任务的人力资源时，他们可以雇用分包商或专业顾问去完成这些任务。为此项目就要付出相应的顾问费用。

④项目设备费用。项目组织为实施项目会使用到某种专用仪器、工具，不管是购买这些仪器或设备，还是租用这些仪器和设备，所发生的成本都属于设备费用的范畴。

⑤项目其他费用。这部分是不属于上述科目的其他费用。例如，项目期间有关人员出差所需的差旅费、住宿费、必要的出差补贴、各种项目所需的临时设施费等。

⑥项目不可预见费。项目组织还必须准备一定数量的不可预见费（意外开支的准备金或储备），以便在项目发生意外事件或风险时使用。例如，由于项目成本估算遗漏的费用，由于出现质量问题需要返工的费用，发生意外事故的赔偿金，因需要赶工加班而增加的成本等。

项目实施成本是项目总成本的主要组成部分，在没有项目决策或设计错误的情况下，项目实施成本会占项目总成本的90%左右。因此项目成本管理的主要工作是对项目实施成本的管理与控制。

9.3.2.2　影响项目成本的因素

影响项目成本的因素有许多，而且不同应用领域中的项目，其影响项目成本的因素也会不同。但是最为重要的项目成本影响因素包括如下几个方面：

（1）耗用资源的数量和价格。

项目成本自身（或叫狭义的项目成本）受两个因素的影响，其一是项目各项活动所消耗和占用的资源数量，其二是项目各项活动所消耗与占用资源的价格。这表明项目成本管理必须要管理好项目消耗及占用资源的数量和价格这两个要素。通过降低项目消耗及占用资源的数量和价格去直接降低项目的成本。在这两个要素中，资源消耗与占用数量是第一位的，资源价格是第二位的。因为通常资源消耗与占用数量是一个相对可控的内部要素；而资源价格是一个相对不可控的外部要素，主要是由外部市场条件决定的。

（2）项目工期。

项目的工期是整个项目或项目某个阶段或某项具体活动所需要或实际花费的工作时间周期。从这层意义上说，项目工期与时间是等价的。在项目实现过程中，各项活动消耗或占用的资源都是在一定的时点或时期中发生的。所以项目的成本与工期是直接相关并随着工期的变化而变化的。这种相关与变化的根本原因是项目所消耗的资金、设备、人力等资源都具有自己的时间价值，这表现为：等额价值量的资源在不同时间消耗或占用，其价值之间的差额。实际上，项目消耗或占用的各种资源都可以看成是对货币资金的一种占用。这种资金的占用，不管是自有资金还是银行贷款，都有其时间价值，这种资金的时间价值的根本表现形式就是资金占用所应付的利息。这种资金的时间价值既是构成项目成本的主要科目之一，又是造成项目成本变动的重要影响因素之一。

（3）项目质量。

项目质量是指项目能够满足业主或客户需求的特性与效用。一个项目的实现过程就是项目质量的形成过程，在这一过程中为达到质量要求需要开展两个方面的工作。其一是质量的检验与保障工作，其二是质量失败的补救工作。这两项工作都要消耗资源，从而都会产生项目的质量成本。其中，如果项目质量要求越高，项目质量检验与保障成本就会越高，项目的成本也就会越高。因此，项目质量也是项目成本最直接的影响因素之一。

（4）项目范围。

任何一个项目的成本最根本取决于项目的范围，即项目究竟需要做些什么事情和做到什么程度。从广度上说，项目范围越大，显然项目的成本就会越高，而项目范围越小，项目的成本就会越低；从深度上说，如果项目所需完成的任务越复杂，项目的成本就会越高，而项目的任务越简单，项目的成本就会越低。因此，项目范围更是一个项目成本的直接影响因素。

根据上述分析可以看出，要实现对项目成本的科学管理，还必须通过开展对项目资源耗用和价格、项目工期和质量以及项目范围等要素进行集成的管理与控制。如果仅仅只对项目资源耗用量和价格要素进行管理和控制，无论如何也无法实现项目成本管理的目标。然而，这仍然是我们当今项目成本管理中经常存在的一种通病。

9.3.3　项目成本估算的方法

项目成本估算的方法有：类比估算法、参数估计法、工料清单法和软件工具法等。

9.3.3.1　类比估算法

这是一种在项目成本估算精确度要求不高的情况下使用的项目成本估算方法。这种方法也被叫作自上而下法，是一种通过比照已完成的类似项目实际成本，估算出新项目成本的方法。类比估算法通常比其他方法简便易行，费用低，但它的精度也低。有两种情况可以使用这种方法，其一是以前完成的项目与新项目非常相似，其二是项目成本估算专家或小组具有必需的专业技能。类比估算法是最简单的成本估算技术，它将被估算项目的各个成本科目与已完成同类项目的各个成本科目（有历史数据）进行对比，从而估算出新项目的各项成本。这种方法的局限性在于很多时候没有真正类似项目的成本数据，因为项目的独特性和一次性使得多数项目之间不具备可比性。类比估算法的优点是这种估算是基于实际经验和实际数据的，所以可信度较高。

9.3.3.2　参数估计法

这也叫参数模型法，是利用项目特性参数建立数学模型来估算项目成本的方法。例如，工业项目可以使用项目生产能力做参数，民用住宅项目可以使用每平方米单价等做参数去估算项目的成本。参数估算法很早就开始使用了，如赖特 1936 年在航空科学报刊中提出了基本参数的统计评估方法后，又针对批量生产飞机提出了专用的参数估计法的成本估算公式。参数估计法使用一组项目费用的估算关系式，通过这些关系式对整个项目或其中大部分的费用进行一定精度的估算。参数估计法重点集中在成本动因（影响成本最重要因素）的确定上，这种方法并不考虑众多的项目成本细节，因为是项目成本动因决定了项目成本总量的主要变化。参数估计法能针对不同项目成本元素分别进行计算。参数估计法是许多国家规定采用的一种项目成本的估算和分析方法，它的优点是快速并易于使用，只需要一小部分信息，并且其准确性在经过模型校验后能够达到较高精度。这种方法的缺点是：如果不经校验，参数估计模型可能不精确，估算出的项目成本差距会较大。

9.3.3.3 工料清单法

工料清单法也叫自下而上法，这种方法首先要给出项目所需的工料清单，然后再对工料清单中各项物料和作业的成本进行估算，最后向上滚动加总得到项目总成本。这种方法通常十分详细而且耗时但是估算精度较高，它可对每个工作包进行详细分析并估算其成本，然后统计得出整个项目的成本。这种方法的优点是，使用工料清单为项目成本估计提供了相对详细的信息，所以它比其他方式的成本估算更为精确。这种基于项目详细工料资源需求清单的项目成本估算方法能够给出一个项目最接近实际成本的成本估算。这种方法的缺点是要求有详细的工料消耗和占用量信息，这种信息本身就需要大量的时间和经费的支持。另外，这种成本估算方法所需的工料消耗与占用数据本身也需要有数据来源，而且这些数据经常是过时的数据，所以这种方法往往需要在成本估算中做出各种各样的项目成本费率调整。

9.3.3.4 软件工具法

这是一种运用现有的计算机成本估算软件去确定项目成本的方法。项目管理技术的发展和计算机技术的发展是密不可分的，计算机的出现和运算速度的迅猛提升使得使用计算机估算项目成本变得可行以后，涌现出了大量的项目成本估算软件。经过近20年的发展，目前项目成本管理软件根据功能和价格水平被分为两个档次：一种是高档项目成本管理软件，这是供专业项目成本管理人士使用的软件，这类软件功能强大，价格高，能够较好地估算项目的成本。另一类是低档次的项目成本管理软件，这类软件虽功能不是很齐全，但价格较便宜，可用于做一些中小型项目的成本估算。大部分项目成本管理软件都有项目成本估算的功能，但是这种功能很大程度上还要依靠人的辅助来完成，而且人的作用仍然占据主导地位，这是这种方法的关键缺陷。

9.3.4 现有项目成本估算方法的问题

现有项目成本估算方法是按照基于资源消耗和基于部门的成本确定方法建立的，存在有下列几个方面的问题：

9.3.4.1 基于资源消耗的成本估算问题

现有项目成本估算方法是基于资源原理建立的，这种方法对项目成本的估算是从一个项目所需消耗和占用"资源"的多少入手，根据项目所需资源的消耗和占用量做出项目成本的估算。这种项目成本估算方法不是从消耗资源的具体活动和过程的分析入手，不是从确定项目要开展哪些活动和采用什么样的方式方法去开展这些活动，以及采用哪些具体的项目组织管理技术和项目实施技术等事务的根源入手，而是使用基于项目资源消耗定额或项目消耗统计数据等办法，通过套用标准定额或比照历史统计数据来确定出项目成本。这种方法不考虑项目所需活动、所用技术和方法、项目具体的时间和地点，千篇一律地套用标准定额或统计数据，所以具有很大的不科学性。最新的项目成本管理理论与方法研究证明，现有基于资源的项目成本估算方法实际上存在原因与结果倒置的问题。因为一个项目的具体活动以及具体活动的过程和方法是形成项目成本的根本动因，而资源消耗和占用数量只是开展项目活动的结果，要科学正确地确定项目成本就应该首先从分析项目具体活动的内容与过程入手，然后依据开展项目活动所用的技术与方法去确定出项目的资源消耗和占用数量，最终才能科学地确定出项目成本。但是，现有成本估算方法与此正好相反，所以存在结果与原因颠倒的问题。

9.3.4.2 基于部门的成本估算问题

现有项目成本估算方法同时还是一种基于部门的成本估算方法。这种项目成本估算方法将那些不直接形成项目实体的活动费用，按照以部门津贴发放和分摊的方式去估算和确定。例如，构成项目成本的企业管理费、其他费用等项目成本科目就属于此类。这类费用的确定多数按照项目直接费乘上一个规定的取费比率的办法来确定。而且我国还规定要根据不同施工单位的资质套用不同的取费比率去估算和确定这类费用。这种基于部门的成本估算方法存在两个方面的问题：其一，这种基于部门的估算项目间接费的办法不是依据项目真实需要开展的管理和其他辅助活动去估算和确定它们的费用；其二，这种办法根据一个规定的比率估算和确定项目的间接费和其他费用很难保证规定取费比率是科学和准确的。所以这种基于部门的成本估算方法是有问题的。同时，由于这种方法关于间接取费和其他费用多少的确定以直接取费的成本部分为基数，这样一方面会引发和造成由于国家的干预而在取费比率和方法上形成对于一些落后企业的保护或偏袒，从而破坏市场竞争；另一方面，这种方法还会鼓励各种项目组织（设计单位、承包商、分包商等）和部门（如，承包商下属的各个部门）为了争取较高的间接费取费绝对量，而对项目成本的直接费部分进行高估冒算。

9.3.4.3 成本估算依据方面的问题

现行项目成本的估算和确定的依据有两种。第一种是由国家或地区统一制定的项目成本标准定额，我国和世界上其他一些国家仍在采用统一标准定额作为确定项目成本的依据。我们全国和各省市的成本管理部门仍在不断地制定和发布有关项目的作业量、项目成本、取费指标等方面的标准定额以及工料价格指数、取费调整指数等各种各样的定额修订参数等，这些都是我国官方规定的成本估算依据。第二种是历史统计数据。世界其他国家多数是按照历史统计数据作为参考依据去确定具体项目的成本。例如，美国的项目成本估算主要是依据历史统计数据做出的。美国有许多项目咨询企业专门从事不同项目的成本数据收集、整理和加工，并将加工后的历史统计数据作为项目成本的确定依据。例如，设立在美国弗吉尼亚州的美国项目独立分析公司（Independent Project Analysis Corporation）就是一家专门从事化工工程项目的咨询公司，在该公司的项目成本数据库中有 3 000 多个化工项目的成本历史统计数据。另外，还有一些国家是标准定额和历史统计数据这两种依据混用的。例如，英国就有自己的工程量测量标准和政府性项目的标准定额。所有这些标准定额或历史统计数据作为估算和确定项目成本依据都存在一个问题，即估算和确定项目成本的依据在一定时间内相对固定不变的问题。对于一个具体项目而言，不管是标准定额还是历史统计数据，这种"相对固定不变"的成本估算依据存在有一定的局限性和时滞性。对于标准定额而言，在编制出来以后的相当一段时期内是固定不变的，然而项目所用的实施技术、管理技术和实施环境等都是动态的，尤其是当今技术进步和技术创新都在高速发展，各种新工艺、新方法、新材料层出不穷，这些动态的变化一方面会影响项目实施的工作绩效，另一方面会影响项目所耗人力、物力资源的数量，从而全面影响项目的成本。所以现有相对静态的项目成本估算依据，在一定程度上说是不科学的，它无法很好地适应市场与技术的不断变化，至少无法满足科学估算和确定项目成本的客观需要。

9.3.5 项目成本估算的结果

项目成本估算的结果主要包括如下几个方面：

9.3.5.1 项目成本估算文件

这是通过采用前述项目成本估算方法而获得的项目成本估算最终结果文件。项目成本估算文件是对完成项目所需费用的估计和计划安排，是项目管理文件中的一个重要组成部分。项目成本估算文件要对完成项目活动所需资源、资源成本和数量进行概略或详细的说明。这包括对于项目所需人工、物料、设备和其他科目成本估算的全面描述和说明。另外，这一文件还要全面说明和描述项目的不可预见费等内容。项目成本估算文件中的主要指标是价值量指标，为了便于在项目实施期间或项目实施后进行对照，项目成本估算文件也需要使用其他的一些数量指标对项目成本进行描述。例如，使用劳动量指标（工时或工日）或实物量指标（吨、千克、米等）。在某些情况下，项目成本估算文件将必须以多种度量指标描述，以便于开展项目成本管理与控制。

9.3.5.2 相关支持细节文件

这是对于项目成本估算文件的依据和考虑细节的说明文件。这类文件的主要内容包括：

（1）项目范围的描述。

因为项目范围是直接影响项目成本的关键因素，所以这一文件通常与项目工作分解结构和项目成本估算文件一起提供。

（2）项目成本估算的基础和依据文件。

这包括：制定项目成本估算的各种依据性文件，各种成本计算或估算的方法说明，以及各种参照的国家规定等。

（3）项目成本估算各种假定条件的说明文件。

这包括：在项目成本估算中所假定的各种项目实施的效率、项目所需资源的价格水平、项目资源消耗的定额估计等假设条件的说明。

（4）项目成本估算可能出现的变动范围的说明。

这主要是关于在各种项目成本估算假设条件和成本估算基础与依据发生变化后，项目成本可能会发生什么样的变化，多大的变化的说明。

9.3.5.3 项目成本管理计划

这是关于如何管理和控制项目成本变动的说明文件，是项目管理文件的一个重要组成部分。项目成本管理计划文件可繁可简，具体取决于项目规模和项目管理主体的需要。一个项目开始实施后有可能会发生各种无法预见的情况，从而危及项目成本目标的实现（如，某些原材料的价格可能会高于最初估计的成本价格）。为了防止、预测或克服各种意外情况，就需要对项目实施过程中可能出现的成本变动，以及相应需要采取的措施进行详细的计划和安排。项目成本管理计划的核心内容就是这种计划和安排，以及有关项目不可预见费的使用管理规定等。

9.4　项目成本预算

9.4.1　项目成本预算概念

项目成本预算是一项制订项目成本控制标准的管理工作，它涉及根据项目成本估算为项目各项具体工作分配及确定预算和定额，以及确定整个项目总预算的一系列管理工作。项目的成本预算工作内容包括：根据项目成本估算向项目各项具体工作与活动的分配预算定额和确定项目成本控制的基线（项目总预算），制定项目成本控制标准和规定项目不可预见费的划分与使用规则等。

9.4.2　项目成本预算的依据

项目预算控制的依据包括：

9.4.2.1　项目成本估算文件

这是上一节讨论的项目成本估算所形成的结果文件。在项目成本预算工作中，项目各项工作与活动的预算定额确定主要是依据这一文件制定的。

9.4.2.2　项目工作结构分解

这是在前面讨论的项目范围界定和确认中生成的项目工作分解结构文件。在项目成本预算工作中要依据这一文件，分析和确定项目各项工作与活动成本估算的合理性和项目预算定额。

9.4.2.3　项目工期进度计划

这是一种有关项目各项工作起始与终结时间的文件。依据这一文件可以安排项目的资源与成本预算方面的投入时间。项目工期进度计划通常是项目业主/客户与项目组织共同商定的，它规定了项目范围必须完成的时间及每项任务所需时间和资源，所以也是项目预算编制的依据之一。

9.4.3　项目成本预算计划的编制

项目成本预算计划是按照时间分阶段给出的项目成本预算的计划安排，是项目成本控制的基线。一般这种分阶段的成本预算基线是呈"S"曲线分布的，具体见图9-1。由图中可以看出，项目的成本预算包括两个因素，一个是项目成本预算的高低，另一个是项目成本的投入时间。图9-1中的Tc1、Tc2、Tc3给出了三种不同的项目成本预算方案，在实际应用中项目成本预算并不是越低越好，因为这样会造成由于成本预算过低而出现项目实施资源供给不足的情况，从而使项目的质量或效率下降。当然，项目的成本预算也不是越高越好，因为这样虽然项目实施的资源供给会比较充裕，但却会造成各种各样的浪费。因此项目成本预算编制实际上主要是三件事：

（1）确定项目总的预算。

（2）确定项目各项活动的预算。

（3）确定项目各项活动预算的投入时间。

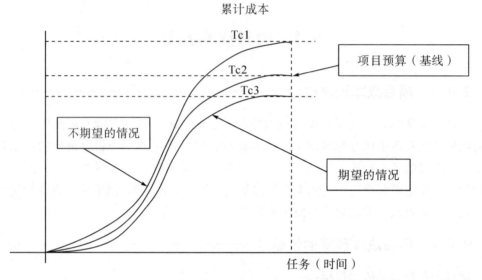

图9-1　项目成本预算及其不同情况示意图

9.4.4　项目成本预算计划的方法

由于影响项目成本预算的因素很多，所以项目成本预算的方法必须考虑各种影响因素。因此在项目成本管理中，有很多项目成本预算的方法可供选择。

9.4.4.1　项目预算计划的方法

项目预算的方法包括各种常规的预算确定方法、预算分配和安排的方法以及用于项目成本估算的一些方法。项目成本预算的这些方法各自适用于不同的项目和项目情况。这里只介绍一种利用甘特图进行项目预算计划编制的方法（具体如图9-2所示）。甘特图也叫作横道图，它是以横线来表示每项活动起止时间的一种项目工期进度计划方法，但是也可以用来分配一个项目的预算。甘特图的优点是简单明了、直观和易于编制，因此是小型项目中常用的计划编制工具，即使在大型项目管理中它也是高级管理层了解全局、基层安排各种计划进度的有力工具。项目的管理者可以使用甘特图去安排各项活动的开始和终结时间，从而估算和安排各个阶段的成本和预算，合理地把项目总预算分配到各个项目阶段和项目具体活动中。图9-2中的是一个带有项目预算的甘特图，图中最上面一行是项目的时间坐标，中间是项目的时间进度计划安排，最下面的一行是项目在不同时间上的预算分配累计。如果希望项目成本预算更为详尽，还可以在项目各项工作旁边标上它们的预算额度。

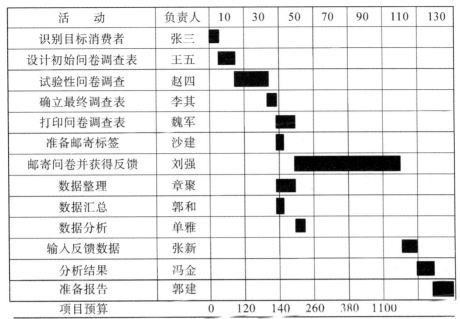

活　　动	负责人	10	30	50	70	90	110	130
识别目标消费者	张三	■						
设计初始问卷调查表	王五	■■						
试验性问卷调查	赵四		■■■					
确立最终调查表	李其			■				
打印问卷调查表	魏军			■				
准备邮寄标签	沙建			■				
邮寄问卷并获得反馈	刘强				■■■■■■			
数据整理	章聚			■				
数据汇总	郭和			■				
数据分析	单雅			■				
输入反馈数据	张新						■	
分析结果	冯金						■	
准备报告	郭建							■
项目预算		0	120	140	260	380	1100	

2 120　3 140

图 9-2　消费者市场研究项目预算的甘特图

9.4.4.2　影响项目成本预算计划方法选择的因素

究竟应该采用哪一种项目成本预算计划方法，主要应考虑下列因素：

（1）项目规模大小。

很显然，小项目应采用简单的成本预算方法，大项目需考虑选用较复杂的成本预算方法。

（2）项目复杂程度。

但是，项目规模并不一定总是与项目复杂程度成正比。例如，修一条高速公路的项目规模虽然不小，但并不复杂，所以仍然可以用较简单的成本预算方法。

（3）项目紧急程度。

在项目急需进行时，为了尽早开始工作，此时需要采用一种简易快速的项目成本预算方法。

（4）项目细节的掌握程度。

项目细节的掌握程度不同，要求采用的项目成本预算方法就会不同。如果掌握的细节越多，就可以采用越精确的项目成本预算方法。

（5）有无相应的技术设备和人员。

例如，需要借助于计算机的成本预算方法没有计算机就无法采用，没有掌握项目成本预算具体方法的合格管理人员，也无法采用有些项目成本预算方法。

此外，根据情况不同还需考虑项目业主/客户、项目组织、承包商等方面的要求。一个项目到底采用哪一种方法来编制项目成本预算，需要全面考虑以上各个因素。

9.4.5　项目成本预算计划的编制步骤

项目成本预算计划编制一般包括三个步骤。第一是分摊项目的总成本预算，即将项目成本预算分配到项目工作分解结构中的各个工作包上，第二是把每个工作包分配到的预算成本分配到工作包中的各项活动上，第三是制定项目成本预算时间安排。

9.4.5.1　项目总预算的分配

项目成本总预算的分摊是指根据项目成本估算，在确定出项目的总预算以后，将项目总预算分配到项目工作分解结构中的各个工作包上，并为每一个工作包建立自己的总预算成本这样一项管理工作。这是一种自上而下分配项目预算的方法，它将项目总预算按照项目工作分解结构和每个工作包的实际需要进行合理的分配。

9.4.5.2　工作包预算的分配

工作包预算的分配是指根据项目工作包的预算确定出一个项目工作包的各项活动具体预算定额的工作。这是一种将工作包预算按照构成工作包的各项活动内容和资源需求进行成本预算分配的工作。这可以采用自上而下的预算分配方法，也可以采用自下而上的预算分配方法。其中，自下而上法是先分析和确定一个项目工作包中的各项具体活动，然后详细分析和说明这些具体活动的资源需求，最终根据资源需求制定出各项活动的成本预算，从而分配一个工作包的预算成本。

9.4.5.3　制定项目成本预算的时间安排

项目预算编制的第三步就是从时间上分配和安排整个项目的预算，即制定项目成本预算的时间安排，最终形成项目总预算的累计时间分布（"S"曲线）。通常将项目各工作包的成本预算分配到项目工期的各个时段以后就能确定项目在何时需要多少成本预算和项目从起点开始累计的预算成本了，这是项目资金投入与筹措和项目成本控制的重要依据。

9.5　项目成本控制

9.5.1　项目成本控制的概念

项目成本控制工作是在项目实施过程中，通过开展项目成本管理努力将项目的实际成本控制在项目预算范围内的一项管理工作。随着项目的进展，根据项目实际发生成本的情况，不断修正原先的成本估算，并对项目的最终成本进行预测等工作也都属于项目成本控制的范畴。

项目成本控制涉及对那些可能引起项目成本变化的影响因素的控制（事前控制）、项目实施过程中的成本控制（事中控制）和项目实际成本发生以后的控制（事后控制）这三个方面的工作。要实现对项目成本的全面控制，最根本的任务是要控制项目各方面的变动和变更，以及项目成本的事前、事中和事后控制。

项目成本控制的具体工作包括：监视项目的成本变动，发现项目成本控制中的偏差，采取各种纠偏措施防止项目成本超过预算，确保实际发生的项目成本和项目变更都能够有据可查；防止不正当或未授权的项目变更所发生的费用被列入项目成本预算，以及采取相应的成本变动管理措施等。

有效控制项目成本的关键是要经常及时地分析项目成本的实际状况，尽早地发现项目成本出现的偏差和问题，以便在情况变坏之前能够及时采取纠正措施。一旦项目成本失控是很难挽回的，所以只要发现项目成本的偏差和问题就应该积极地着手去解决它，而不是寄希望于随着项目的展开一切都将会变好。项目成本控制问题越早发现和处理，对项目范围和项目进度的冲击会越小，项目越能够达到整体的目标要求。

9.5.2 项目成本控制的依据

项目成本控制的主要依据有如下几个方面：

9.5.2.1 项目成本实效报告

这是指项目成本管理与控制的实际绩效评价报告，它反映了项目预算的实际执行情况，其中包括哪个阶段或哪项工作的成本超出了预算，哪些未超出预算，究竟问题出在什么地方等。这种绩效报告通常要给出项目成本预算额、实际执行额和差异数额。其中，"差异数额"是评价、考核项目成本管理绩效好坏的重要标志。编制项目成本实效报告是一件细致而严肃的工作，要充分注意报告的准确性、及时性和适用性。这种项目成本实效报告是项目成本控制的主要依据之一。

9.5.2.2 项目变更请求

项目的变更请求既可以是项目业主/客户提出的，也可以是项目实施者或其他方面提出的。任何项目的变更都会造成项目成本的变动，所以在项目实施过程中提出的任何变更都必须经过业主/客户同意。如果项目实施者不经过业主同意，或是仅仅获得项目业主/客户组织中的非权威人士的口头赞同，就做了项目变更和项目成本预算的变动，那么他会面临着这类变更收不到付款的风险。

9.5.2.3 项目成本管理计划

这是关于如何管理项目成本的计划文件，是项目成本控制工作的一份十分重要的依据文件。特别值得注意的是，这一文件给出的内容很多是项目成本事前控制的计划和安排，这对项目成本控制工作是很有指导意义的。

9.5.3 项目成本控制的方法

项目成本控制的方法包括两类，一类是分析和预测项目各要素变动与项目成本发展变化趋势的方法，另一类是如何控制各种要素的变动从而实现项目成本管理目标的方法。这两个方面的具体技术方法将构成一套项目成本管理的方法。这套方法的主要技术和工具有：

9.5.3.1 项目变更控制体系

这是一种通过建立项目变更控制体系，对项目成本进行控制的方法。这包括从项目变更的请求，到变更请求批准，一直到最终变更项目成本预算的项目变更全过程控制体系。项目变更是影响项目成败的重要因素。一般可以通过两方面的工作去解决这个问题：

（1）规避。

在项目定义和设计阶段通过确保项目业主/客户和全体项目相关利益者的充分参与，真正了解项目的需求；在项目定义和设计结束后通过组织评审，倾听各方面的意见；同时保持与项目业主/客户沟通渠道的畅通，及时反馈，避免项目后期发生大的变更或返工，从而规避项目成本的变动。

（2）控制。

建立严格的项目变更控制系统和流程，对项目变更请求不要简单地拒绝或同意，而是先通过一系列评估确定该变更会带来的成本和时间代价，再由项目业主/客户判断是否接受这个代价。简单说就是项目可以变更的前提是项目业主/客户必须接受项目成本会发生变更的代价。在这里需要强调一点，有些项目变更是设计缺陷或人们不可预见的原因造成的，这样的项目变更有时是必需的。

9.5.3.2 项目成本实效度量方法

这是指项目实际成本完成情况的度量方法。在项目成本管理中"挣值"的度量方法是非常有价值的一种项目控制方法。其基本思想就是通过引进一个中间变量即"挣值"（earned value），以帮助项目成本管理者分析项目的成本和工期变化并给出相应的信息，从而能够使人们对项目成本的发展趋势做出科学的预测与判断。

9.5.3.3 附加计划法

很少有项目是按照原定计划完成的，所以可以采用附加计划法，通过新增或修订原有计划对项目成本进行有效的控制，项目成本控制也一样需要使用附加计划法。如果没有附加计划法往往会出现：当遇到意外情况时项目管理者缺少应付办法，而可能造成因实际与计划不符而形成项目成本失控的局面。所以，附加计划法是未雨绸缪、防患于未然的项目成本控制方法之一。

9.5.3.4 计算机软件工具

这是一种使用项目成本控制软件来控制项目成本的方法。目前市场上有大量这方面的软件可供选择。利用项目成本控制软件，用户可以进行的工作有：生成任务一览表（包括各项目任务的预计工期），建立项目工作任务之间的相互依存关系，以不同的时间尺度测量项目工作（包括工时、工日等），处理某些特定的约束条件（如某项任务在某天之前不得开始等），跟踪项目团队成员的薪金和工作，统计公司的假日、假期等，处理工人的轮班工作时间，监控和预测项目成本的发展变化，发现项目成本管理中的矛盾和问题，根据不同要求生成不同用途的成本或绩效报告，以不同方式整理项目信息，联机工作和网络数据共享，对项目进度、预算，或职员变动迅速做出反应，通过实际成本与预算成本比较分析找出项目实施情况中存在的问题并能提供各种建议措施，以供项目成本管理人员参考。

9.5.4 项目不确定性成本的控制

由于各种不确定性因素的存在和它们对项目成本的影响，项目成本一般都会有三种不同成分。其一是确定性成本，对这一部分成本人们知道它是确定会发生而且知道其数额大小；其二是风险性成本部分，对此人们只知道它可能发生和它们发生的概率大小与分布情况，但是人们不能肯定它一定会发生；还有一部分是完全不确定性成本，对它人们既不知道其是否会发生，也不知道其发生的概率和分布情况。这三类不同性质的项目成本的综合构成了一个项目的总成本。

项目不确定性成本的不确定性主要表现在三个方面，其一是项目具体活动本身的不确定性，其二是项目具体活动的规模及其消耗和占用资源数量的不确定性，其三是项目消耗和占用资源价格的不确定性。对于它们的特性和它们的控制与管理详细说明如下：

9.5.4.1 项目具体活动本身的不确定性

这是指在项目实现过程中有一些项目具体活动可能发生，也可能不发生。例如，如果出现雨天，项目的一些室外施工就要停工，并且需要组织排水；而如果不下雨就不需要停工，也不需要组织排水。但是否下雨是不确定的，所以停工和排水的活动就有很大的不确定性。虽然人们在安排项目实施计划时有气象资料做参考，但是气象资料给出的只是"降水"的概率，即下雨的可能性而不是确定性结论。这种项目具体活动的不确定性会直接转化成项目成本的不确定性，这是造成项目成本不确定性的根本原因之一。由于这种不确定性无法消除，对于这种不确定性成本的控制主要依赖于附加计划法和项目不可预见费等。

9.5.4.2 项目具体活动规模的不确定性

这是指在项目实现过程中有一些具体活动的规模本身的不确定性和这种活动规模变动所造成的消耗与占用资源的数量的不确定性，以及由此造成的项目成本的不确定性。例如，在一个工程建设项目的地基挖掘过程中，如果实际地质情况与地质勘查资料不一致，则地基挖掘工作量就会发生变化，从而消耗与占用资源的数量也会变化。虽然人们在确定地基挖掘工作量时有地质勘探资料做依据，但是地质勘探调查多数是一种抽样调查，由此给出的调查结果只是在一定置信区间内相对可信的资料，所以存在着不确定性。这种项目具体活动规模及其消耗和占用资源数量的不确定性也会直接转化为项目成本的不确定性，也是造成项目成本不确定性的主要根源之一。这种项目成本的不确定性是很难预测和消除的，所以多数情况下也需要使用项目不可预见费。

9.5.4.3 项目具体活动耗资和占用资源价格的不确定性

这是指在项目实现过程中有一些项目活动消耗和占用资源的价格会发生异常波动和变化（价格有规律性的变化不属于这一范畴）。例如，进口设备由于汇率短期内大幅变化所形成的价格波动就属于这一范畴。同样，人们虽然可以对项目实现活动消耗与占用资源的价格进行种种预测，但是通常这种预测都是相对条件的预测，预测结果本身都包含相对的不确定性，所以项目具体活动消耗与占用资源的价格也是不确定的。这种项目具体活动消耗与占用资源价格的不确定性同样会直接形成项目成本的波动与变化，所以这种不确定性同样是项目成本不确定性的主要根源之一。对于这种项目不确定性成本的控制多数也是需要使用项目不可预见费等项目成本控制的方法。

另外，项目所有的不确定性成本会随着项目实施的展开，从最初的完全不确定性成本逐步地转变成为风险性成本，然后转变成确定性成本。因为随着项目的逐步实施，各种完全不确定的事物和条件将逐步转化为风险性的（随着事物的进展人们对于事物发生的概率逐步了解），然后风险性事件会再进一步转化成确定性的。换句话说，随着项目的发展各种事件的发生概率会逐步向确定的方向转化，有些会随着项目的逐步实施而发生，而有些会随着项目的逐步实施而不发生。当项目完成时，一切都是确定的了，最终一个完全确定的项目成本也就形成了。因此，项目的成本控制必须从控制项目的确定性、风险性和完全不确定性三类不同性质的成本去开展控制工作。

依据上述分析可知，项目成本的不确定性是绝对的和客观存在的，这就要求在项目的成本管理中必须同时考虑对风险性成本和完全不确定性成本的管理，以实现对于项目成本的全面管理。在实现项目成本全面管理中最根本的任务是首先要识别一个项目具有的各种风险并确定出它们的风险性成本；其次是要通过控制风险的发生与发展去直接或间接地控制项目的不确定性成本。同时还要开展对风险性成本和不可预见费等风险性成本管理储备资金的控制从而实现项目成本管理的目标。

9.5.5　项目成本控制的结果

开展项目成本控制的直接结果是带来了项目成本的节约和项目经济效益的提高。开展项目成本控制的间接结果是生成了一系列项目成本控制文件。这些文件主要有：

9.5.5.1　项目成本估算的更新文件

这是对项目原有成本估算的修订和更新的结果文件。这一文件中的信息一方面可以用于下一步的项目成本控制，另一方面将来可以作为项目历史数据和信息使用。

9.5.5.2　项目预算的更新文件

这是对项目原有成本预算的修订和更新的结果文件，是项目后续阶段成本控制的主要依据。这一文件同样有作为项目成本控制使用和作为历史数据和信息使用量方面的作用。

9.5.5.3　项目活动方法改进文件

这是有关项目具体活动的方法改进与完善方面的文件，它也包括两个方面的信息。其一是项目活动方法与程序的改进方面的信息，其二是项目活动方法改进所带来的项目成本降低方面的信息。

9.5.5.4　经验教训

这是有关项目成本控制中的失误或错误以及各种经验与教训的汇总文件。这种经验与教训汇总文件的目的是总结经验和接受教训，以便改善下一步的项目成本控制工作。项目经理应及时组织项目成本控制的评估会议，并就项目成本控制工作做出相应的书面报告。

9.6　挣值分析方法

项目成本控制的关键是经常及时地分析项目成本状况，尽早地预测和发现项目成本差异与问题，努力在情况变坏之前采取纠偏措施。挣值分析与管理的方法是实现这一目标的重要方法，这一方法的基本思想是通过引进一个中间变量即"挣值"，来帮助项目管理者分析项目成本的变动情况，并给出项目成本与工期相关变化的信息，以便对项目成本发展趋势做出科学预测与判断和正确的决策。

9.6.1　挣值的定义

挣值的定义有多种不同的表述。一般的表述为，挣值是一个表示"已完成作业量的计划价值"的变量，是一个使用"计划价格"或"预算成本"表示在给定时间内已完成实际作业量的一个变量。这一变量的计算公式如下：

EV＝实际完成的作业量×已完成作业的预算成本（计划价格）

9.6.2 挣值分析方法的内涵

关于挣值分析方法，需要掌握其中的三个关键中间变量、三个绝对差异分析变量和两个相对差异分析变量（指数变量）。

9.6.2.1 三个关键中间变量

（1）项目计划作业的预算成本。

项目计划作业的预算成本（budgeted cost of work scheduled，BCWS）是按照"项目预算成本"（计划价格）乘以"项目计划工作量"而得到的项目成本中间变量。

（2）挣值。

"挣值"是项目已完成作业的预算成本（budgeted cost of work performed，BCWP），它是按照"项目预算成本"乘以"项目实际完成工作量"而得到的一个项目成本的中间变量。

（3）项目实际完成作业的实际成本。

项目实际完成作业的实际成本（actual cost of work performed，ACWP）是按照"项目实际成本"乘以"项目实际完成工作量"而得到的另一个项目成本的中间变量。

这些指标都是挣值分析方法中根据项目预算成本、实际成本、项目计划作业量及项目实际完成作业量等指标计算获得的中间变量指标，这些指标都是项目成本水平指标，反映了项目成本的计划和实际水平。

9.6.2.2 三个差异分析变量

（1）项目成本进度差异。

项目成本进度差异（cost schedule variance，CSV）的计算公式是：

CSV＝BCWS－ACWP

这一指标反映了项目"计划作业"的"预算成本"与项目"实际完成作业"的"实际成本"之间的绝对差异，它给出了项目实际发生的成本与项目预算成本之间的差异。这种差异是项目成本从"预算成本"变化到"实际成本"和项目进度从"计划作业量"变化到"实际完成作业量"这两个因素的变动综合造成的。

（2）项目成本差异。

项目成本差异（cost variance，CV）的计算公式是：

CV＝BCWP－ACWP

这一指标反映了项目"实际完成作业"的"预算成本"与项目"实际完成作业"的"实际成本"之间的绝对差异。这一指标剔除了项目作业量（从计划作业量和实际作业量）变动的影响，独立地反映了项目"预算成本"和"实际成本"差异这一单个因素对于项目成本变动造成的影响。

（3）项目进度差异。

项目进度差异（schedule variance，SV）的计算公式是：

$$SV = BCWP - BCWS$$

这一指标反映了项目"计划作业"的"预算成本"与"挣值"（项目"实际完成作业"的"预算成本"）之间的绝对差异。这一指标剔除了项目成本（从预算成本到实际成本）变动的影响，独立地反映了项目"计划作业"和"实际完成作业"差异这一单个因素对于项目成本的影响（虽然指标名称是"项目进度差异"，但是反映的是成本变化）。

9.6.2.3 两个相对差异分析变量（指数变量）

（1）成本绩效指数。

成本绩效指数（cost performance index，CPI）的计算公式如下：

$$CPI = ACWP/BCWP$$

该指标的含义是：项目"实际完成作业"的"实际成本"与项目"实际完成作业"的"预算成本"的相对数。这一指标以排除项目作业量变化的影响为基础，度量了项目成本控制工作的绩效情况，它是前面给出的"项目成本差异"指标的相对数形态。

（2）计划完工指数。

计划完工指数（schedule completion index，SCI）的计算公式如下：

$$SCI = BCWP/BCWS$$

该指标的含义是：项目"挣值"（"实际完成作业"的"预算成本"）与项目"计划作业"的"预算成本"的相对数。这一指标以排除项目成本变动因素的影响为基础，度量了项目进度变动对于项目成本的相对影响程度，它是前面给出的"项目进度差异"指标的相对数形态。

9.6.3 挣值分析的图解说明

图 9-3 给出了有关挣值分析的图解说明。

图中给出了某项目在实施之前通过项目预算与项目计划安排，其中整个项目的计划工期是 4 年，项目总预算是 400 万元。在项目的实施过程中，通过对于项目成本的核算和有关项目成本与进度的记录得知，在开工后第二年年末的实际情况是：项目工期已经过半（两年），而实际项目成本发生额是 100 万元。与项目预算相比较可知：当工期过半时，项目的计划成本发生额应该是 200 万元，而实际项目成本发生额只是 100 万元，比预算成本少 100 万元。看起来，似乎项目取得很好的业绩，但是这只是事情的一个侧面。那么，这里"减少"的 100 万元成本究竟是不是减少？是什么原因造成的呢？从图中给出的信息可知：

（1）项目进行到两年时：计划作业量的预算成本（BCWS）是 200 万元，实际完成作业量的实际成本（ACWP）是 100 万元，挣值（实际完成作业量的预算成本 BCWP）仅仅是 50 万元。

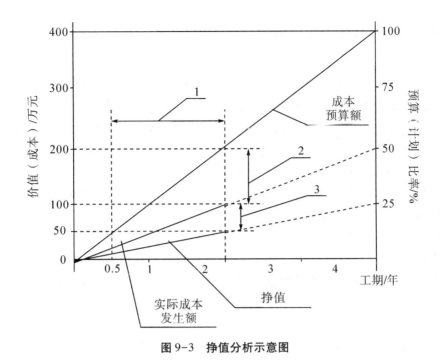

图 9-3 挣值分析示意图

（2）项目成本差异（CV＝BCWP－ACWP）为 －50 万元（在图中由"2"号线段来表示），意味着项目实际成本比"挣值"多出 50 万元的绝对差异（多发生了 50 万元）。这是在项目实施过程中实际消耗和占用资源的价格变动造成的，这是一种与项目成本控制有关的成本差异。

（3）项目进度差异（SV＝BCWP－BCWS）为 －150 万元（由图中标注"2"和"3"的两条线段之和来表示），即项目成本预算与项目"挣值"之间有高达 －150 万元的绝对差异（多发生了 150 万元），这是一种与项目进度控制有关的成本差异。

（4）项目成本绩效指数（CPI ＝ACWP/BCWP）为 2 或 200%，这意味着在项目完成作业量的过程中，实际花费的成本是预算成本的 2 倍。

（5）项目计划完工指数（SCI＝BCWP/BCWS）为 0.25 或 25%，这意味着剔除项目成本变化的影响，项目价值进度计划只完成了 25%。由图中可以看出，在项目进行到两年时，相对应的实际工期进度仅为 0.5 年，与计划工期相比有 1.5 年的拖期（在图中由标注有"1"的线段表示），这 1.5 年的拖期是一种项目时间（工期）管理的问题。

从上述分析可知，这一项目成本减少的 100 万元从根本上说是项目工期拖后造成的，是没有完成项目工期计划造成的，而不是节约造成的。实际上项目不但没有节约成本，而且在"减少"的 100 万元中，还有各种原因所造成的 50 万元的额外开支。

综上所述，引进"挣值"这一中间变量就能够明确地区分项目工期管理不善和项目成本控制问题各自所造成的项目成本差异。这类信息对于指导项目工期管理和项目成本控制是非常重要的，它使得人们能够找到造成项目变动的具体原因，可以分别定量地去分析这些具体原因所造成的后果大小。另外，引入"挣值分析"还可以预测未来项目成本的发展变化趋势，这将为项目成本管理与控制指明方向。

9.6.4 运用挣值分析进行项目成本预测

按照图9-3给出的线性变化规律（实际项目成本分布情况是非线性的"S"形），根据现有项目成本和工期管理的结果就可以进行预测项目成本进化发展变化趋势和结果了。例如，图9-3的实例表明在项目进行到4年的时候，项目"挣值"仅能达到100万元，仅能完成项目计划价值的25%，即按现有的项目实施速度，当项目时间到期末（4年末）时将会出现高达75%项目工期拖期，而其相应的项目成本发生额会达到200万元，相对于25%的作业量来说，这会出现高达100万元的超预算成本支出。

在分析整个项目实际成本控制结果的基础上，利用挣值去预测项目未来成本的发展变化趋势和结果，对于项目成本控制、项目工期进度管理和项目集成管理都是非常有价值的。但是这种预测需要有一定的数据积累，一般只有在项目已经完成作业量超过项目计划总工作量的15%以上，根据实际发生的数据去预测项目成本未来发展变化和结果才有效，当然数据积累越多这种预测就会越接近实际。因此这种项目成本预测方法的一个重要前提是在项目成本控制中必需保存项目实施过程中发生的有关项目成本和进度两个方面的数据。

利用挣值去预测项目未来成本的发展变化趋势和结果，还有一个前提条件就是要相对准确地确定出项目成本发展变化的规律（曲线走向），然后才能预测出今后项目实施进程中不同时点上的项目成本发生情况。但是要找出这种项目成本的发展变化趋势是非常困难的，多数时候需要使用一些简化的方法。这种方法不但要花很多时间，而且如果项目的不确定性较高时，今后实际项目成本的发展变化会很快背离做出的预测，所以这种预测方法多数适用于项目的预期情况不会发生很大变化的情况。

但是无论如何考虑，努力运用增值分析的方法去预测项目成本未来发展变化的趋势和结果对于指导项目的成本控制和工期管理都是很有意义和十分重要的。一般情况下，这种预测分析所获得的信息，用这种方法可以预测的成本超支或节约数额大小，并依此制定和采取相应的成本控制和纠偏措施，会使项目在尽可能节约成本的前提下完成实施作业。

▰ 本章小结 ▰

1. 项目成本控制是项目管理中的一个重要内容，是项目能否取得成功的关键因素之一。任何一个项目，不管其大小，都会进行相应的项目成本管理，这已成为项目管理中不可缺少的一部分。

2. 项目资源计划编制就是确定完成项目活动所需要的物质资源（人、设备、原材料）的种类，以及每种资源需求量。即在项目执行过程中，确定每一项工作需要什么样的资源、多少这样的资源以及资源投放的时间。同时，这个过程必须与成本估算的过程紧密联合起来考虑。

3. 项目成本估算，是对资源计划中涉及的活动所需要的成本进行近似估计。项目成本估算是项目管理的核心内容，通过成本估算，确定估算成本，从而依此为基础进行项目成本预算以及项目成本控制等活动。

4. 项目成本预算是把估算的总成本分配到各个工作细目，建立基准成本以衡量项目执行情况。项目成本预算是项目成本控制的基础，它是将项目的成本估算分配到项目的各项具体工作中，以确定项目各项工作和活动的成本定额，制定项目的控制标准，规定项目以外成本划分与使用规则的一项项目管理工作。

5. 项目成本控制是指项目组织为保证在变化的条件下实现其预算成本，按照事先拟定的计划和标准，通过各种方法，对项目实施过程中发生的各种实际成本和计划成本进行对比、检查、监督、引导和纠正，尽量使项目的实际成本控制在计划和预算范围内的管理过程。

习题

一、单选题

1. 项目成本管理的程序是（　　）。

①成本预测　②成本核算　③成本分析　④成本控制　⑤成本考核　⑥成本计划

    A. ①②③⑤④⑥　　B. ③①④②⑤⑥　　C. ②①③⑥⑤④　　D. ①⑥④②③⑤

2. 成本管理就是要在保证工期和质量满足要求的情况下，利用组织措施、经济措施、技术措施、合同措施把成本控制在（　　）范围内，并进一步寻求最大程度的节约。

    A. 成本核算　　　　B. 成本计划　　　　C. 成本预测　　　　D. 成本考核

3. 项目成本决策与计划的依据是（　　）。

    A. 成本计划　　　　B. 成本核算　　　　C. 成本预测　　　　D. 成本控制

4. 以货币形式编制施工项目在计划期内的生产费用、成本水平、成本降低率以及为降低成本所采取的主要措施和规划的书面方案，称为（　　）。

    A. 成本预测　　　　B. 成本计划　　　　C. 成本核算　　　　D. 成本考核

5. 一个项目成本计划应包括（　　）所必需的成本，它是该项目降低成本的指导文件和设立目标成本的依据。

    A. 从开工到竣工　　B. 从招标到定标　　C. 从投标到竣工　　D. 从策划到投产

6. 在成本管理过程中，（　　）贯穿于项目从投标阶段开始直到项目竣工验收的全过程，且是企业全面成本管理的重要环节。

    A. 成本考核　　　　B. 成本分析　　　　C. 成本控制　　　　D. 成本预测

二、问答题

1. 现代项目成本管理的主要内容有哪些？

2. 阐述项目资源计划编制的方法。

3. 项目成本估算的方法有哪些？

4. 项目成本控制时采用的依据有哪些？

5. 挣值分析方法的含义是什么？

9

项目成本管理

10 项目风险管理

■ **本章教学要点**

知识要点	掌握程度	相关知识
项目风险识别	掌握	系统分解法、流程图法
项目风险度量	掌握	项目风险概率、项目风险损失期望值
项目风险应对	掌握	项目风险管理计划、项目风险应急计划
项目风险控制	掌握	项目风险控制体制、项目风险控制方案

■ **关键词**

风险管理；项目风险识别；项目风险评估；项目风险应对；项目风险控制

■ **导入案例**

中国航油（新加坡）股份有限公司（以下简称"中航油新加坡公司"）成立于 1993 年，是中央直属大型国企中国航空油料控股公司（以下简称"集团公司"）的海外子公司，2001 年在新加坡交易所主板上市，成为中国首家利用海外自有资产在国外上市的中资企业。在总裁陈久霖的带领下，中航油新加坡公司从一个濒临破产的贸易型企业发展成工贸结合的实体企业，业务从单一进口航油采购扩展到国际石油贸易，净资产从 1997 年起步时的 21.9 万美元增长为 2003 年的 1 亿多美元，总资产近 30 亿元，可谓"买来个石油帝国"，一时成为资本市场的明星。中航油新加坡公司被新加坡国立大学选为 MBA 的教学案例，陈久霖被《世界经济论坛》评选为"亚洲经济新领袖"，并入选"北大杰出校友"名录。但 2004 年以来风云突变，中航油新加坡公司在高风险的石油衍生品期权交易中蒙受巨额亏损而破产，成为继巴林银行破产以来最大的投机丑闻。

2004年第一季度油价攀升，公司潜在亏损580万美元，陈久霖期望油价能回跌，决定延期交割合同，交易量也随之增加。第二季度随着油价持续升高，公司账面亏损额增加到3 000万美元左右，陈久霖决定再延后到2005年和2006年交割，交易量再次增加。10月油价再创新高，而公司的交易盘口已达5 200万桶。为了补加交易商追加的保证金，公司耗尽2 600万美元的营运资本、1.2亿美元的银团贷款和6 800万元的应收账款资金，账面亏损高达1.8亿美元，另需支付8 000万美元的额外保证金，资金周转出现严重问题。10月10日，向集团公司首次呈报交易和账面亏损。10月20日，获得集团公司提前配售15%的股票所得的1.08亿美元资金贷款。10月26日和10月28日，因无法补加合同保证金而遭逼仓，公司蒙受1.32亿美元的实际亏损。11月8日至25日，公司的衍生商品合同继续遭逼仓，实际亏损达3.81亿美元。12月1日，亏损达5.5亿美元，为此公司向新加坡证券交易所申请停牌，并向当地法院申请破产保护。

问题分析：

1. 风险评估

风险评估在于分析和确认内部控制目标实现过程中"不利的不确定因素"，帮助企业确定何处存在风险，怎样进行风险管理，以及需要采取何种措施。中航油新加坡公司从事的场外石油衍生品交易，具有高杠杆效应、风险大、复杂性强等特点，但由于内部没有合理定价衍生产品，大大低估了所面临的风险，再加上中航油新加坡公司选择的是一对一的私下场外交易，整个交易过程密不透风，因此中航油新加坡公司承担的风险要比场内交易大得多。

2. 风险反应

中航油新加坡公司进行石油衍生产品投机交易酿成大祸，直接成因并不复杂：中航油新加坡公司认定国际轻质原油价格每桶被高估约10美元，在石油期货市场大量持有做空合约。在国际石油期货价格大幅攀升的情况下，被迫不断追加保证金，直至包括信贷融资在内的现金流彻底枯竭为止。由于国际石油期货交易以5%的保证金放大20倍持有合约，中航油新加坡公司5.5亿美元巨亏意味着其"豪赌"了约110亿美元合约，而且在交易过程中充当"死空头"，没有"空翻多"进行"对冲"。在油价不断攀升导致潜亏额疯长的情况下，中航油新加坡公司的管理层连续几次选择延期交割合同，期望油价回跌，交易量也随之增加。一次次"挪盘"把到期日一次次往后推，这样导致的结果便是使风险和矛盾滚雪球似的加倍扩大，最终达到无法控制的地步。一般看涨期权的卖方基本上都会做一笔反向交易，以对冲风险、减小损失的可能性，虽然中航油新加坡公司内部有一个专业的风险控制队伍，但并没有做反向对冲交易。

3. 控制活动

中航油新加坡公司曾聘请国际"四大"之一的安永会计师事务所为其编制《风

险管理手册》，设有专门的七人风险管理委员会及软件监控系统。实施交易员、风险控制委员会、审计部、总裁、董事会层层上报、交叉控制的制度，规定每名交易员损失 20 万美元时要向风险控制委员会报告和征求意见；当损失达到 35 万美元时要向总裁报告和征求意见，在得到总裁同意后才能继续交易；任何导致损失 50 万美元以上的交易将自动平仓。中航油总共有 10 位交易员，如果严格按照《风险管理手册》执行，损失的最大限额应是 500 万美元，但中航油新加坡公司却在衍生品交易市场不断失利，最终亏损额高达 5.5 亿美元，以至申请破产保护。

【案例思考】中航油新加坡公司的风险从何而来？企业应该如何正确应对风险？

10.1 项目风险与风险管理概述

"风险"（risk）一词，我们在日常生活中经常谈论，但要从理论角度对风险下一个科学的定义并不容易。"风险"一词在字典中的解释是"损失或伤害的可能性"，通常人们对风险的理解是"可能发生的问题"。但不同的学者有不同的观点：

以研究风险问题著称的美国学者 A. H. 威雷特认为："风险是关于不愿发生的事件发生的不确定性之客观体现。"

美国经济学家 F. H. 奈特认为："风险是可测定的不确定性。"

台湾地区学者郭明哲认为："风险是指决策面临的状态为不确定性产生的结果"。

比较经典的风险定义是美国人韦氏（Webster）给出的："风险是遭受损失的一种可能性。"

还有的观点认为"风险指损失发生的确定性（或称可能性），它是不利事件发生的概率及其后果的函数。""风险是人们因对未来行为的决策及客观条件不确定而可能引起的后果与预定结果发生多种负偏离的综合"。

综上所述，风险一词包括了两方面的内涵：一是风险意味着出现了损失，或者是未实现预期的目标；二是指这种损失出现与否是一种不确定性随机现象，可以用概率表示出现的可能程度，但不能对出现与否做出确定性判断。

通过对风险含义的分析，风险作为项目中存在的普遍现象，它具有以下特征：①风险是损失或损害；②风险是一种不确定性；③风险是针对未来的；④风险是客观存在，不以人的意志而转移的，风险的度量不涉及决策人的主观效用和时间偏好；⑤风险是相对的，尽管风险是客观存在的，但它却依赖于决策目标，同一方案不同的决策目标会带来不同的风险；⑥风险是预期和后果之间的差异，是实际后果偏离预期结果的可能性。

10.1.1 项目风险

项目风险就是为实现项目目标的活动或事件的不确定性和可能发生的危险。为消除或有效控制项目风险，必须对项目风险进行科学的认识和剖析。项目风险是一种不确定事件或状况，一旦发生，会对至少一个项目目标如时间、费用、范围或质量目标（项目时间目标是按照商定的进度表交付；项目费用目标是在商定的费用范围内交付）产生积极或消极影响。例如，风险起因之一可能是项目需要申请环境许可证，或者是分配给项目的设计人员有限。而风险事件则是许可证颁发机构颁发许可证需要的时间比原计划长，或者所分配的设计人员不足，无法完成任务。这两个不确定事件无论哪一个发生，都会对项目的费用、进度或者绩效产生影响。例如，项目管理方式欠佳，缺乏整合的管理系统，并行开展多个项目或者过分依赖无法控制的外单位参与者。

在项目管理中切忌把风险视作烫手的山芋，我们既要认识到风险可能带来损失，也要认识到风险可能带来机遇及收益，要善于把握风险，把握风险带来的机会，尽管它包含着一定的威胁，这似乎带有某些哲学的味道，但情况的确如此，相信每个人都有所体会。因此，对于风险的管理，并非要消除所有的风险（这也是不可能完成的任务），而是要控制不利的风险所带来的危害和损失。在项目的进程中，一种风险由产生到成熟最后消亡，新的风险要不断出现，整个项目的管理过程可以看成是各种风险交替出现的一个过程。风险管理的过程就可以相应地看作在项目的整个生命周期内为了控制风险而采取一系列行动，风险管理贯穿于项目管理的始终。

10.1.1.1　风险的分类

对同一个事物采用不同的标准进行分类，你会得到不同的结果。对项目风险种类的认识也是这样，因分类标准不同，风险被区分为以下几个种类：

（1）按风险的来源分类。

①自然风险。自然风险是指由于自然力的作用，带来的风险。如地震、火灾、暴雨等造成财产损失或人员伤亡的可能性。

②社会风险。社会风险是指由于个人的行为反常或团体的不可预见行为所导致的风险，如战争等政治因素和汇率变动、经济紧缩等经济因素等对项目造成损失的可能性。

③经营风险。经营风险是指人们在从事经济活动中，由于经营不善、决策失误、市场竞争、供求变化等导致项目损失的可能性。

④技术风险。技术风险是指伴随科学技术的发展而带来的风险，如酸雨、化工排放物污染等。

（2）按风险的可控性分为可控风险与不可控风险。

①可控风险往往来自项目内部，如项目开发人员的技术水平低下不能胜任工作，会造成项目延误的风险，它可以通过对项目成员的事先评估进行控制。

②不可控风险往往来自项目外部，比如社会动荡、经济衰退、市场环境变化等，这些风险是项目管理者无法控制的。

（3）按风险对项目目标的作用，可分为：

①工期风险，指导致项目活动或整个项目工期延长的风险。

②费用风险，指导致成本超支、收入减少，投资回收期延长，回报率降低的风险。

③质量风险，指导致项目产出物不能通过验收或项目建成后达不到预定生产能力的风险。

④市场风险，指导致项目建成后达不到预期的市场份额，不具备市场竞争力的风险。

⑤信誉风险，指造成项目组织信誉受到损失的风险。

10.1.1.2　风险分析的实质

风险的划分方式林林总总，似乎风险深不可测，更重要的是对风险的本质进行分析，风险意味着一种不确定性，意味着可能给企业或项目带来某种影响，这种影响可从以下五个方面加以分析，它们便是风险的实质。

（1）风险发生概率，即风险发生的可能性。如成本超支的可能性将会高过50%吗？

（2）风险发生频率，即这样的风险事件在项目中多长时间发生一次。如员工流失多久发生一次？

（3）风险发生后果，即风险对项目产生的影响。如风险将会对项目实施的哪些领域产生影响？

（4）风险重要程度。并非所有的风险都会被一视同仁。如一个估计不足的项目进度计划会对项目产生致命影响吗？

（5）风险综合评价：有些风险影响比较大，而发生的概率和频率很小，而有些风险影响不大，但出现的可能性却很大。所以，我们需要对风险进行综合评价，需要将两种因素综合考虑，这就是风险综合评价。最简单的风险综合评价方式是计算风险的重要程度与风险发生概率之积。

10.1.2　项目风险管理

风险管理起源于第一次世界大战中战败的德国，德国较早建立了风险管理的系统理论，20世纪50年代初，一些公司发生的重大损失使高层决策者认识到了风险管理的重要性。自60年代起，美国的风险管理研究逐步趋向系统化、专业化，发展成为管理领域中一门独立的学科专业。项目风险管理是一种综合性的管理活动，其理论和实践涉及自然科学、社会科学、工程技术、系统科学等多种学科。

随着经济的全球化和社会活动的大型化，世界市场趋向一体化，各行业正面临着高不确定性的环境条件，面临着不同层面的风险，风险管理已成为当今社会的热门话题。

随着风险管理和项目管理的日益普及，迫切需要更为规范的项目管理科学体系作为理论基础，于是世界各国的项目管理专业组织纷纷建立各自国家的项目管理知识体系，在各国的项目管理知识体系中都把风险管理作为重要的管理内容之一。中国的项目管理知识体系文件《中国项目管理知识体系》（C-PMBOK），对风险管理也进行了详细规范，以作为项目管理规范化运作的理论基础和技术指南。

所谓风险管理就是要在风险成为影响项目成功的威胁之前，识别、着手处理并消除风险的源头。项目风险管理就是项目管理班子通过风险识别、风险估计和风险评价，并以此为基础合理地使用多种管理方法、技术和手段对项目活动涉及的风险实行有效的控制，采取主动行动，创造条件，尽量扩大风险事件的有利结果，妥善地处理风险事故造成的不利后果，以最少的成本保证安全、可靠地实现项目的总目标。简单地说：项目风险管理就是指对项目风险从识别到分析、评价乃至采取应对措施等一系列过程，它包括将积极因素所产生的影响最大化和使消极因素产生的影响最小化两方面的内容。

随着科学技术和社会生产力的迅猛发展，项目的规模化以及技术和组织管理的复杂化突出了项目管理的复杂性和艰巨性。作为项目管理的重要一环，项目风险管理对保证项目实施的成功具有重要的作用和意义。

（1）项目风险管理能促进项目实施决策的科学化、合理化，降低决策的风险水平。

（2）项目风险管理能为项目组织提供安全的经营环境。

（3）项目风险管理能够保障项目组织经营目标的顺利实现。

（4）项目风险管理能促进项目组织经营效益的提高。

（5）项目风险管理有利于资源分配达到最佳组合，有利于提高全社会的资金使用效益。

（6）项目风险管理有利于社会的稳定发展。

项目的风险来源、风险的形成过程、风险潜在的破坏机制、风险的影响范围及风险的破坏力错综复杂，单一的管理技术或单一的工程、技术、财务、组织、教育和程序措施都有局限性，都不能完全奏效。必须综合运用多种方法、手段和措施，才能以最少的成本将各种不利后果减少到最低程度。因此，项目风险管理是一种综合性的管理活动，其理论和实践涉及自然科学、社会科学、工程技术、系统科学、管理科学等多种学科。项目风险管理在风险估计和风险评价中使用概率论、数理统计甚至随机过程的理论和方法。

10.2　项目风险识别

风险识别就是确定风险的来源、风险产生的条件，描述其风险特征和确定哪些风险事件有可能影响本项目，并将其特性记载成文的管理活动。

风险识别是项目风险管理的基础和重要组成部分，通过风险识别，可以将那些可能给项目带来危害和机遇的风险因素识别出来。把风险管理的注意力集中到具体的项目上来。

项目风险识别具有如下一些特点：

（1）全员性。项目风险的识别不只是项目经理或项目组个别人的工作，而是项目组全体成员参与并共同完成的任务。因为每个项目组成员的工作都会有风险，每个项目组成员都有各自的项目经历和项目风险管理经验。

（2）系统性。项目风险无处不在，无时不有，决定了风险识别的系统性，即项目寿命期过程中的风险都属于风险识别的范围。

（3）动态性。风险识别并不是一次性的，在项目计划、实施甚至收尾阶段都要进行风险识别。根据项目内部条件、外部环境以及项目范围的变化情况，适时、定期进行项目风险识别是非常必要和重要的。因此风险识别在项目开始、每个项目阶段中间、主要范围变更批准之前进行。它必须贯穿于项目全过程。

（4）信息性。风险识别需要做许多基础性工作，其中重要的一项工作是收集相关的项目信息。信息的全面性、及时性、准确性和动态性决定了项目风险识别工作的质量和结果的可靠性和精确性，项目风险识别具有信息依赖性。

（5）综合性。风险识别是一项综合性较强的工作，除了在人员参与、信息收集和范围等方面具有综合性特点外，风险识别过程中还要综合应用各种风险识别的技术和工具。

风险识别是一项反复过程。随着项目生命周期的进程，新风险可能会不断出现。风险识别反复的频率以及谁参与识别过程都会因项目而异。风险识别不是一次就可以完成的事，应当在项目的整个生命周期自始至终定期进行。参加风险识别的人员通常可包括：项目经理、项目团队成员、风险管理团队（如有）、项目团队之外的相关领域专家、顾客、最终用户、项目利害关系者和风险管理专家。虽然上述人员是风险识别过程的关键参与者，但应鼓励所有项目人员参与风险的识别。值得特别强调的是：项目团队应自始至终全过程参与风险识别过程，以便针对风险及其应对措施的形成保持一种责任感。

10.2.1 风险识别的依据

项目风险识别的主要依据包括：项目规划、风险管理计划、风险种类、历史资料、制约因素与假设条件。

10.2.1.1 项目规划

项目规划中的项目目标、任务、范围、进度计划、费用计划、资源计划、采购计划及项目承包商、业主方和其他利益相关方对项目的期望值等都是项目风险识别的依据。

10.2.1.2 风险管理计划

风险管理计划对整个项目生命周期制定了如何组织和进行风险识别、风险评估、风险量化、风险应对及风险监控的内容，定义了项目组织及成员风险管理的行动方案及方式，指导项目组织选择风险管理方法，是项目风险识别重要的依据。

10.2.1.3 风险种类

风险种类指那些可能对项目产生正面或负面影响的风险源。一般的风险类型有技术风险、质量风险、过程风险、管理风险、组织风险、市场风险及法律法规变更等。项目的风险种类应能反映出项目所在行业及应用领域的特征，掌握了各风险种类的特征规律，也就掌握了风险识别的钥匙。

10.2.1.4 历史资料

项目风险识别的重要依据之一就是历史资料。类似项目的历史资料及其经验教训对于识别本项目的风险非常有用。项目管理人员可以翻阅过去项目的档案或向曾参与类似项目的有关各方征集历史资料，这些资料档案中常常有详细的记录，记载着一些事故的来龙去脉，这对本项目的风险识别极有帮助。

10.2.1.5 制约因素与假设条件

项目建议书、可行性研究报告、设计等项目计划和规划性文件一般都是在若干假设、前提条件下估计或预测出来的。这些前提和假设在项目实施期间可能成立，也可能不成立，故项目的前提和假设之中隐藏着风险。项目环境必然受到国家的法律、法规和规章等项目主体无法控制的因素的制约，这也隐藏着风险。因此项目计划和规划的前提、假设和限制因素，应当作为风险识别的依据。

10.2.2 风险识别的常用方法

10.2.2.1 头脑风暴会议

项目成员、高层经理和客户通过头脑风暴会议，产生潜在风险因素的清单。为了使会议更有效，对他人的观点不做评价和批评，也不应采取强制措施让大家保持一致。使用头脑风暴法的环境必须安全，鼓励所有成员畅所欲言而不需承担风险。

10.2.2.2 SWOT 分析法

SWOT 分析法是一种环境分析方法，所谓的 SWOT 是英文 strength（优势）、weakness（劣势）、opportunity（机遇）和 threat（挑战）的简写。

SWOT 分析一般分成五步：

列出项目的优势和劣势，可能的机会与威胁，填入道斯矩阵的 I、II、III、IV 区，如表 10-1 所示。

表 10-1 道斯矩阵

	III 优势 列出自身优势	IV 劣势 具体列出弱点
I 机会 列出现有的机会	V SO 战略 抓住机遇，发挥优势战略	VI WO 战略 利用机会，克服劣势战略
II 挑战 列出正面临的威胁	VII ST 战略 利用优势，减少威胁战略	VIII WT 战略 弥补缺点，规避威胁战略

（1）将内部优势与外部机会相组合，形成 SO 策略，制定抓住机会、发挥优势的战略，填入道斯矩阵的 V 区。

（2）将内部劣势与外部机会相组合，形成 WO 策略，制定利用机会克服弱点的战略，填入道斯矩阵 VI 区。

（3）将内部优势与外部威胁相组合，形成 ST 策略，制定利用优势减少威胁战略，填入道斯矩阵 VII 区。

（4）将内部劣势与外部挑战相组合，形成 WT 策略，制定弥补缺点、规避威胁的战略，填入道斯矩阵 VIII 区。

10.2.2.3 风险核对表

核对表是基于以前类似项目信息及其他渠道积累的信息与知识而编制的，也可以用风险分解结构的底层作为风险核对表，表中风险一般按照来源排列，见表 10-2。利用核对表识别项目风险的方法简单快捷，但应注意项目的可比性。核对表方法的缺点是，人们无法编制出一个穷尽所有可能因素的核对表。一个项目收尾时，应根据经验和教训改进核对表，供未来的项目使用。

表 10-2　某工程项目风险核对表

序号	风险类别	风险事件	可能引起的后果
1	安全风险	行为风险	工具或工程产品遭破坏
2		个人安全意识	不按规定操作，易受人身伤害
3		现场安全管理	员工安全意识不强
4		特殊工种	易造成质量或安全事故
5		起重伤害	造成人员伤亡
6		触电	造成人员伤亡
7		高处坠落	造成人员伤亡
8		食物中毒	造成人员伤亡
9		物体击打	造成人员伤亡
10	经济风险	要素市场价格变动	影响进度及成本
11		金融市场因素	影响工程成本
12		招标文件	影响工程成本或易遭索赔
13		资金、材料、设备供应	对进度及造价产生影响
14		国家政策调整	对造价或进度产生影响
15	技术风险	地质地基条件	对技术或成本产生影响
16		水文气象条件	对技术或成本产生影响
17		施工准备	对成本产生影响
18		设计变更或图纸供应不及时	对技术或成本产生影响
19		技术规范	对技术或成本产生影响
20		施工技术协调	对进度或成本产生影响
21	合同风险	发包方的不公平合同	造成索赔或减少工程利润
22		发包人信资因素	造成窝工，增加工程成本
23		分包合同	索赔及增加管理或工程成本
24		履约方面	索赔及增加管理或工程成本
25	管理风险	技术人员流动	对进度及质量有影响
26		劳动力的流动	对进度、成本及质量有影响
27		关键人物的责任心	对进度、造价、质量产生影响
28		管理流程	加大管理成本或达不到高效管理
29		各种文件的备案是否完备	对竣工结算有影响
30		进度风险	提高工程造价，易遭索赔

10.2.2.4　其他分析方法

风险识别过程中也常采用鱼刺图法、专家判断法及环境分析法等。鱼刺图法用于识别风险的起因，采用过程流程图分析各要素之间的相互联系。专家判断法是邀请有类似项目经验的专家，根据以往经验和专业知识指出可能的风险。环境分析法是通过分析内外部环境（包括顾客、供应商、竞争者、政府四个部分）的相互关系及其稳定程度来分析潜在的风险。

10.2.3　风险识别的结果

风险识别之后要把结果整理出来，写成书面文件，为风险分析的其余步骤和风险管理做准备。风险识别主要形成以下四方面的内容：

10.2.3.1　风险来源表

该表不管风险事件发生的频率和可能性、收益、损失、损害或伤害有多大，应尽可能全面地一一罗列所有的风险，并文字说明其来源、风险的可能后果、预计的可能发生时间及次数。

10.2.3.2　风险分类或分组

识别出的风险应进行分类或分组，分类或分组的结果应便于进行风险分析的其余步骤和风险管理。

10.2.3.3　描述风险症状

将风险事件的各种外在表现（如风险苗头和前兆等）描述出来，以便于项目管理者发现和控制风险。

10.2.3.4　对项目管理其他方面的要求

在风险识别的过程中可能会发现项目管理其他方面的问题需要完善和改进，应在风险识别结果中表现出来并向有关人员提出要求，让其进一步完善或改进工作。

10.3　项目风险分析

按照美国项目管理知识体系 PMBOK（第 6 版），项目风险分析包括风险定性、定量分析。风险定性分析指通过考虑风险发生的概率，风险发生后对项目目标的影响和其他因素（费用、进度、范围和质量风险承受度水平），对已识别风险的优先级进行评估。风险定量分析系指对定性风险分析过程中识别出的对项目需求存在潜在重大影响而排序在先的风险进行的量化分析，并就风险分配一个数值。

10.3.1　风险定性分析

风险是指损失发生的不确定性（或可能性），所以风险是不利事件发生的概率及其后果的函数，而风险定性分析就是分析风险的性质、估算风险事件发生的概率及其后果的严重程度，以降低其不确定性。

风险与概率密切相关，概率是度量某一事件发生的可能性大小的量，它是随机事件的函数。必然发生的事件，其概率为 1，记为 $P(U)=1$，其中 U 代表必然事件；不可能事件，其概率为零，记为 $P(V)=0$，其中 V 代表不可能事件；一般的随机事件，其概率在 0 与 1 之间，记为 $0 \leqslant P(A) \leqslant 1$，$A$ 代表任一随机事件。

项目风险后果是多种多样的，为了对风险及其影响进行排序，我们需要采取一些特殊的计量方式，常用的有风险标识和序数。

标识标度是标识对象或事件的，可以用来区分不同的风险，但不涉及数量。不同的颜色和符号都可以作为标识标度，例如项目管理组如果感到项目进度拖延的后果非常严重时，可用紫色表示进度拖延；如果感到很严重，用红色表示；如果感到严重，则用橘红色表示。序数标度是事先确定一个基准，然后按照与这个基准的差距大小将风险排出先后顺序，可以区别出各风险之间的相对大小和重要程度。但序数标度无法判断各风险之间的具体差别大小，只能给出一个相对的先后排列顺序，例如将风险分为已知风险、可预测风险和不可预测风险就是一种序数标度。

10.3.1.1 风险定性分析的程序

（1）系统研究项目风险背景信息；

（2）详细研究已辨识项目中的关键风险；

（3）确定风险的发生概率及其后果；

（4）做出主观判断；

（5）排列风险优先顺序。

10.3.1.2 风险定性分析的方法

风险定性分析的技术方法有风险概率分析与影响评估、概率和影响矩阵、风险紧迫性评估等。

（1）风险概率分析与影响评估。

风险概率分析指调查每项具体风险发生的可能性。风险影响评估旨在分析风险对项目目标（如时间、费用、范围或质量）的潜在影响，既包括消极影响或威胁，也包括积极影响或机会。可通过挑选对风险类别熟悉的人员，采用召开会议或进行访谈等方式对风险进行评估。

（2）概率和影响矩阵。

根据评定的风险概率和影响级别，对风险进行等级评定。通常采用参照表的形式或概率和影响矩阵（参见图10-1）的形式，评估每项风险的重要性及其紧迫程度。概率和影响矩阵形式规定了各种风险概率和影响组合，并规定哪些组合被评定为高重要性、中重要性或低重要性。

组织应确定哪种风险概率和影响的组合可被评定为高风险（红灯状态）、中等风险（黄灯状态）或低风险（绿灯状态）。在黑白两种色彩组成的矩阵中，这些不同的状态可分别用不同深度的灰色代表，如图10-1所示，深灰色（数值最大的区域）代表高风险；中度灰色区域（数值最小）代表低风险，而浅灰色区域（数值介于最大和最小值之间）代表中等程度风险。通常，由组织在项目开展之前提前界定风险等级评定程序。

风险分值可为风险应对措施提供指导。例如，如果风险发生会对项目目标产生不利影响（威胁），并且处于矩阵高风险（深灰色）区域，可能就需要采取重点措施，并采取积极的应对策略。而对于处于低风险区域（中度灰色）的威胁，只需将之放入待观察风险清单或分配应急储备额外，不需采取任何其他积极管理措施。

同样，对于处于高风险（深灰色）区域的机会，最容易实现而且能够带来最大的利益，所以，应先以此为工作重点。对于低风险（中度灰色）区域的机会，应对之进行监测。

概率和影响矩阵										
概率	威胁					机会				
0.90	0.05	0.09	0.18	0.36	0.72	0.72	0.36	0.18	0.09	0.05
0.70	0.04	0.07	0.14	0.28	0.56	0.56	0.28	0.14	0.07	0.04
0.50	0.03	0.05	0.10	0.20	0.40	0.40	0.20	0.10	0.05	0.03
0.30	0.02	0.03	0.06	0.12	0.24	0.24	0.12	0.06	0.03	0.02
0.10	0.01	0.01	0.02	0.04	0.08	0.08	0.04	0.02	0.01	0.01
	0.05	0.10	0.20	0.40	0.80	0.80	0.40	0.20	0.10	0.05

对目标的影响（比率标度）（如费用、时间或范围）
每一风险按其发生概率及一旦发生造成的影响评定级别。矩阵中所示组织
规定的低风险、中等风险与高度风险的临界值确定了风险的得分。

图 10-1　概率和影响矩阵

（3）风险紧迫性评估。

需要近期采取应对措施的风险可被视为亟须解决的风险。实施风险应对措施所需的时间、风险征兆、警告和风险等级都可作为确定风险优先级或紧迫性的指标。

定性风险分析的结果是形成风险登记册（更新），风险登记册是在风险识别过程中形成的，并根据定性风险分析的信息进行更新，将更新后风险登记册纳入项目管理计划之中。依据定性风险分析对风险登记册进行更新的内容包括：项目风险的相对排序或优先级清单、按照类别分类的风险、需要在近期采取应对措施的风险清单、需要进一步分析与应对的风险清单、低优先级风险观察清单和定性风险分析结果的趋势。

10.3.2　风险定量分析

定量风险评估是对各个风险因素进行评分，从可能性和后果两个维度给出每个风险的评分，计算整个项目的风险可能性得分和风险后果得分，最后计算出项目整体风险值。

10.3.2.1　风险可能性评估

以上面钢铁公司 ERP 项目为例，项目经理分析认为影响项目成功的关键风险是硬件设备、人员不足和职能部门不配合，对每个风险评分的标准见表 10-3。

表 10-3　某钢铁公司 ERP 项目风险的可能性

评分	硬件设备	人员不足	职能部门不配合
0.1	硬件配置符合系统运行要求	专业项目团队，项目优先级高，人员充足	高层全力支持，职能部门参与项目小组
0.3	电脑预装操作系统或浏览器版本不支持系统运行	强矩阵，部分人员跨项目使用	项目小组由 IT 人员、咨询顾问和少数业务部门人员组成
0.5	硬件品牌、型号不一致	平衡矩阵，兼职人员时间投入不能保证	

表10-3（续）

评分	硬件设备	人员不足	职能部门不配合
0.7	硬件未达到配置标准	弱矩阵，多数参与人员视项目为额外负担	
0.9	硬件不能按时到位	项目优先级低，企业所需人员匮乏	客户高层未给予项目全力支持

当项目具有多种独立风险源时，估算出每个风险的可能性后，可以采用简单的算术平均法计算整个项目的风险可能性得分。当风险源存在依赖关系时不能简单进行合成。实际上，引起项目失败的若干风险，其影响往往不是同等重要的，算术平均法没有区别对待风险类型，加权平均法计算项目风险可能性得分更合理。

算术平均法：

$$p_f = (p_1 + p_2 + \cdots + p_i)/i$$

加权平均法：

$$p_f = k_1 p_1 + k_2 p_2 + \cdots + k_i p_i, \quad k_1 + k_2 + \cdots + k_i = 1$$

式中，p_f 是项目整体风险可能性得分；p_i 是独立的风险可能性得分；k_i 是风险权重。

假设钢铁公司 ERP 项目硬件设备风险可能性得分为 0.3，人员不足风险得分为 0.7，职能部门不配合风险得分为 0.5，算术平均法计算项目整体风险可能性得分为 0.5。如果三种风险的权重分别为 0.4，0.2，0.4，则加权平均计算的合成风险可能性得分为 0.46。

10.3.2.2 风险后果评估

分析项目风险对项目目标产生的后果，根据目标偏差程度做出评分。如钢铁公司 ERP 项目风险发生后，项目团队重点关注成本超支、进度超时、技术绩效不达标等负面影响。表 10-4 是项目组对风险后果评分标准的定义，根据风险对项目产生的实际影响做出评分。

表 10-4 项目风险后果评分标准

影响值	技术绩效	成本影响	进度影响
0.1（非常低）	无性能变化或风险最小	预算内	影响可忽略
0.3（较低）	技术绩效降低程度很小	成本增加 5%	偏差很小，5%
0.5（中）	性能降低，需要调试	成本增加 15%	偏差中度，10%
0.7（较高）	绩效显著降低	成本增加 30%	偏差显著，30%
0.9（非常高）	技术目标可能无法实现	成本增加超过 50%	不可接受的偏差，>50%

算术平均法：

$$c_f = (c_1 + c_2 + \cdots + c_i)/i$$

加权平均法：

$$c_f = b_1 c_1 + b_2 c_2 + \cdots + b_i c_i, \quad b_1 + b_2 + \cdots + b_i = 1$$

式中，c_f 是项目整体风险后果得分；c_i 是独立的项目目标后果得分；b_i 是项目目标权重。

假设钢铁公司 ERP 项目技术绩效得分 0.3，成本影响得分 0.1，进度影响得分为 0.3，则算术平均法计算出的项目风险后果得分为 0.23。假设客户对技术绩效最敏感，进度目标次之，对成本超支承受能力强，技术、成本、进度三种目标的权重分别为 0.5，0.1，0.4，则加权平均计算的项目整体风险后果得分为 0.28。

10.3.2.3 项目整体风险因素

在对项目风险可能性和后果做出量化评分后，计算项目整体风险因素值和风险严重性期望值。项目整体风险因素值（R_f）计算公式为

$$R_f = p_f + c_f - p_f \cdot c_f$$

通常认为，项目评分小于 0.3 为低风险，高于 0.7 为高风险，介于 0.3~0.7 为风险中等。

钢铁公司 ERP 项目中，分别使用前面算术平均法和加权平均法得分数据，计算出的项目整体风险因素值分别为 0.615，0.611，判断项目风险为中等。

$$风险期望值 = 风险可能性 \times 风险影响$$

公式中的风险影响可以采用绝对值或相对值，绝对值指风险对项目目标造成的负面影响数量或程度，如成本超支数量、进度延误时间等。假设一个风险的可能性是 0.4，该风险出现后将使项目延期 10 天，提高费用 30 万元，则风险期望值：

风险期望值（时间）：10×0.4＝4（天）

风险期望值（费用）：30×0.4＝1.2（万元）

相对值是采用风险影响评分进行计算，钢铁公司 ERP 项目三种风险严重性后果见表 10-5，根据严重性结果比较风险大小，做出优先级排序。如果该项目采用图 10-1 的概率影响矩阵，则硬件设备风险和人员不足风险属于高风险，职能部门不配合风险为中等风险。

表 10-5　钢铁公司 ERP 项目主要风险分析结果

序号	风险名称	概率	后果（打分）	严重性（概率 X 后果）	风险排序	风险等级
1	网络环境风险	0.2	0.5	0.10	4	低
2	人员不足	0.7	0.6	0.42	1	高
3	硬件设备故障	0.3	0.8	0.24	2	高
4	职能部门不配合	0.5	0.4	0.20	3	低

风险评估时如果没有考虑风险带来的机会是不负责任的。如波音 777 研发过程中，工程师计划采用铝锂合金来降低飞机的重量，以增加可装载量，减少燃料消耗（机会）。这种材料容易出现外表划痕，虽然对飞机质量没有影响，但可能造成市场声誉影响（风险）。波音高层专门开会讨论在"燃料利用"与"市场声誉"之间进行取舍，结果放弃了这个新的想法。

10.4　项目风险应对

风险应对是针对项目目标制定提高机会降低威胁的方案和措施，根据风险的优先级制定切实可行的应对措施，减少风险事件发生的概率及降低损失程度。应对措施应指定责任人具体负责，并把风险管理所需资源和活动纳入项目成本预算、进度计划和项目管理计划。风险应对措施必须与风险的重要性匹配，既能有效地应对挑战，又切实可行，并得到主要干系人的认可。在条件允许的情况下，尽可能制订多个备选方案，以便及时选出最佳的应对措施。在项目开始之前投入风险应对的努力越多，就越有可能让项目意外降到最少。

制定项目风险应对措施的依据是项目风险管理计划、项目风险优先级、项目组组织抵抗风险的能力、可供选择的项目风险应对措施及项目风险的责任归属等。操作过程主要包括以下环节：

（1）确认风险识别和风险评价结果；

（2）分析项目内外部各种条件；

（3）分析可用于处理各种风险的资源和能力；

（4）设定风险处理后应达到的目标；

（5）针对不同风险拟订多种应对策略备选方案；

（6）比较各种方案代价与效果并做出选择；

（7）执行风险应对方案。

10.4.1　消极风险应对策略

在项目开始之前投入的努力越多越有可能让项目意外降到最少。为了应对消极风险，可分别从消除风险因素、降低风险发生概率和减轻风险后果三个方面采取措施。可供选择的策略有风险回避、风险减轻、风险转移和风险接受四种策略，实际操作时应为每个风险选择最有效的策略或策略组合，最大限度地降低风险事件发生时的压力。

10.4.1.1　回避策略

风险回避是指改变项目管理计划以完全消除威胁。项目经理也可以把项目目标从风险的影响中分离出来，或改变受到威胁的目标，如延长进度、改变策略或缩小范围，极端的回避策略是取消整个项目。在项目早期出现的某些风险，可以通过澄清需求、获取信息、改善沟通或取得专有技能加以回避。这个策略是从根本上放弃使用有风险的项目资源、项目技术、设计方案等。采取这种策略可能做出一些必要的牺牲，但比风险发生时造成的损失要小得多。特别在重大项目中，一旦发生风险将造成巨大的人员伤亡和财产损失，项目组织无力承担后果，就必须采取回避策略。

放弃项目在回避风险的同时也丧失了获得发展的机会。例如，大飞机是航空工业的王冠，研制项目技术复杂且风险巨大，20世纪80年代中期，耗资5.377亿元的"运十"飞机项目下马，虽然避免了后期可能出现的开发风险，但也使仅比空中客车公司晚两年起步的中国大飞机制造业停滞不前，与中国航空运输业飞速发展期带来的巨大商机失之交臂。2006 年 2 月，《国家中长期科学和技术发展规划纲要（2006—2020年）》确定大飞机为力争取得突破的重大科技专项，重新启动了大飞机研制项目。

软件商承担了一家汽车制造公司 ERP 项目，实施过程中客户提出将 ERP 与 OA 系统集成起来，实现系统间的数据流转和业务驱动，客户按照工作量增加资金。项目经理组织专家对此需求进行了技术评审，认为技术风险极大，决定放弃接受新增业务需求，规避了集成失败的风险。

10.4.1.2　转移策略

风险转移是将项目面临的风险转移给其他人或组织来承担的行为，通过合约将风险事故发生时的损失转移到项目以外的第三方。转移风险是把风险管理责任简单地推给另一方而非消除风险，转移策略对处理风险的财务后果最有效，适用于发生概率小但损失大，或者项目组织很难控制风险的项目。风险转移可以采用多种工具，如出售、发包、合同免责条款、责任转移条款、保险与担保、履约保函等。

（1）出售。通过买卖契约将风险转移给其他组织，在出售项目所有权的同时把风险转移给了对方。如开发商把自己的烂尾楼作价卖给其他投资机构，则项目后期所有风险都转移给了对方。

（2）发包。通过从项目组织外部获取货物、工程或服务的过程而转移风险。如建筑公司承包某写字楼建设项目，玻璃幕墙安装施工任务量很大，建筑公司缺乏高空作业的安装技术工人，为了避免产生安全和质量等风险，建筑公司把这个任务交给了一家专业的玻璃幕墙安装公司，这样就把风险转移出去了。

（3）免责条款。当无法转移蕴含项目风险的活动或者转移代价太高时，尽量通过免责条款排除己方的责任。如防洪季节承接加固河堤工程，一旦发生洪水随时就会使项目损失很大，项目实施方可以要求在合同中规定，这些不能以意志控制的事故发生后，项目实施方不承担责任。

（4）转移责任条款。在工期较长的项目中，承包商面临着原材料价格上涨导致亏损的风险，可以在承包合同中规定价格上涨超过一定幅度后，额外的采购成本由客户承担或合同价格相应上调。很多情况下，成本补偿合同可把成本风险转移给买方（客户），总价合同把风险转移给卖方（承包商），如麦加轻轨项目是总价合同，承建商承担的风险更多。

（5）保险。保险是指投保人根据合同约定向保险人支付保险费，保险人对于合同约定的可能发生的事故（风险），因其发生所造成的财产损失承担保险金责任；或者被保险人死亡、伤残、疾病或者达到合同约定的年龄、期限时承担给付保险金责任的商业保险行为。向保险公司支付小额的购买费用，将风险转移给保险公司，当风险事故发生时获得保险赔付，如为工人购买人身意外险，为财产购买盗抢险、项目质量险等，为项目购买保险是国际工程中的惯例。我国可供项目选择的险种较少，目前已经实行了建筑工程一切险和安装工程一切险，并积极推行责任险。发达国家有承建商险、安装工程险、工人赔偿险、承包商设备险、机动车辆保险、一般责任险、职业责任险、产品责任险、环境污染责任险、综合险等。

西方发达国家保险公司不仅承担出险后赔付的功能，而且积极帮助业主或承包商控制风险，我国保险公司大多数承担的还是赔付的功能。在北美洲，项目为人员购买工伤保险后，保险公司经常检查安全措施，如果发现进入工地的人员没有按规定穿戴劳保用品、不遵守安全制度，则该工程发生的任何工伤事故，无论和这些人员是否有直接关系，均可能因此失去索赔资格。

（6）担保。《中华人民共和国担保法》（以下简称《担保法》）规定了五种担保方式，在工程施工阶段比较适合采取保证和抵押两种方式。保证是指保证人和债权人约定，当债务人不履行债务时，保证人按照约定履行债务或者承担责任的行为。可以推行银行保证或企业保证，国际通行做法是在工程招投标和合同履约过程中实行银行保函制，由承发包双方开户银行根据被保证人（承包人或发包人）在银行存款情况和资信开具保函，承担代偿责任。也可以采取由实力雄厚的大型企业作为保证人，由其出具保函承担代偿责任。抵押是指债务人或者第三人不转移抵押财产的占有，将该财产作为债权的担保。债务人不履行债务时，债权人依法将该财产折价或者拍卖或变卖。采用该办法要在签订项目合同时，由承发包双方或其任何一方与第三方抵押人订立抵押合同并进行抵押物登记。

10.4.1.3 减轻策略

减轻策略包括风险预防与损失控制两种方式。风险预防是在风险发生前采取积极的措施，把风险事件的概率和影响降低到可以接受的临界值范围内，这是一种积极主动的策略选择，比风险发生后设法补救有效得多。例如：ERP系统正式上线前安排一个时期的试运行，发现并修改出现的错误，防止正式上线运行后出现问题对业务造成影响。在项目前期与用户建立伙伴关系可以降低用户风险（James，2002）。

损失控制是在风险损失已经不可避免地发生后，采取措施减少损失发生范围，遏制损失继续恶化。如承包商在业主付款超过合同规定期限时停工或撤出队伍，并提出索赔要求甚至提起诉讼；安全事故发生后对伤员采取紧急救护措施。风险预防与损失控制策略常同时使用，一个好的减轻方案既要考虑风险预防功能，也有损失控制功能。

10.4.1.4 接受策略

接受风险是指当风险不能避免或有可能获利时由自己承担风险的做法。它可分为有意识地接受和无意识地接受两种情况，无意识接受风险是不知风险的存在而未加处理，有意识接受风险是知道风险事件可能发生但自己承担风险。主动接受风险是因为项目风险是客观存在的，小概率风险可能在项目中大量出现，由于它们发生概率小（如地震、洪水）或者影响非常小，在有效的项目资源约束下，不能消除全部威胁也无法转移风险，或者控制成本很高而得不偿失时，项目组就接受这些风险。对这种风险理性的选择是什么也不做，项目团队不为处理某风险而变更项目管理计划，或者无法找到任何其他的合理应对策略。当然，这不是没注意到或没能力解决那些风险。接受策略可以是主动的或被动的，采取主动接受风险策略时，项目团队通常建立应急计划，安排一定的时间、资金或资源来应对风险。被动地接受风险则不需要采取任何行动。

风险接受策略的几个判断标准：

（1）接受费用低于保险公司收取的费用；

（2）企业认为期望损失低于保险公司的估计；

（3）项目组织认为项目最大期望损失较小；

（4）项目组织有承受最大期望损失的能力；

（5）损失和费用支付分布于很长的时间，存在很大的机会成本；

（6）项目投资机会非常好。

10.4.2 积极风险应对策略

应对积极风险可选择开拓策略、分担策略、提高策略以及风险接受四种策略，为具体的风险选择适当的策略，以充分抓住风险带来的机会，获取最大的商业回报。

10.4.2.1 开拓策略

开拓策略旨在消除与某个特定积极风险相关的不确定性，确保机会肯定出现。直接开拓包括把组织中最有能力的资源分配给项目，来缩短完成时间或节约成本。

10.4.2.2 分担策略

分担策略是指实施某个项目具有巨大商机或项目中必须进行某些活动，而又必须承担相应风险时，通过增加合作方来共同分担风险，减轻每一个投资者的压力。分担积极风险是把应对计划的部分或全部责任分配给最能为项目利益抓住该机会的第三方，包括建立风险共担的合作关系和团队，以及为特殊目的成立公司或联营体，其目的是充分利用机会，使各方都从中受益。实际上，这是一个组织面对项目机会时将风险加以分散的做法。如汽车制造公司看到混合动力汽车是未来发展的方向，但研发投资巨大、技术障碍不易突破、研发人员稀缺、国家强制标准和政策不清晰、产品制造成本与商业利润充满不确定性，一家汽车商投资要冒较高的风险，因此可以引入项目投资者或者多家公司合作，成立项目公司，共同分担项目风险，分享项目收益。

除了合伙性质的风险分担，也可以通过合同实现风险分享。例如在煤炭资源富集地区采用 BOT 模式建设发电厂，决定项目收益的主要因素是煤炭供应价格和电力销售价格。如果投资者与煤炭供应商签订长期的供货协议，稳定材料供应成本，与电网公司签订购电协议，保证合理的销售价格，就能够保证项目投资的收益。

10.4.2.3 提高策略

提高策略旨在提高机会的发生概率和积极影响，识别那些会影响积极风险发生的关键因素，并使这些因素最大化，可以提高机会发生的概率，如为尽早完成活动而增加资源。麦加轻轨项目合同期紧张，为确保项目如期竣工，铁路系统派出大批支援力量，终于按期交付使用。

10.4.2.4 接受策略

接受策略是指当机会发生时乐以利用，但不主动追求。

【例 10-1】山重水复疑无路，柳暗花明又一村

有机发光二极管显示面板（OLED）由于具备像素自身发光、超轻、超薄、对比度高、视角广、可弯曲等特性，是公认的最具发展潜力的下一代显示技术，可以用于电视机、手机、电脑、数码相机、仪器仪表等。2007 年 10 月，索尼推出史上最薄的 OLED 电视机，这款 11 英寸的 OLED 电视机厚度只有 3 毫米，价格折合人民币 14 000 元。这个时期，电视机和电脑等刚从 CRT 技术发展到 LCD 和 LED 不久，OLED 价格昂贵导致市场需求迟迟无法激活，一些日系企业逐渐退出该技术，仍在坚持的是韩国三星和 LG 公司。

OLED 主要原料之一是有机发光材料，生产商利润空间很大，2007 年年底，凌云

材料公司投资研发有机发光材料，由于相关人才缺乏，技术攻关比较困难。在开发过程中，不少人质疑 OLED 产品短期内能否获得市场发展，认为发光材料即使研发出来也不一定能有好的销路和价格，各种争议使年迈的董事长在项目投资上开始犹豫，项目开发过程断断续续。2009 年 5 月，索尼公司由于产品缺乏有效市场需求，停止了OLED 电视机的研发，董事长获得这个消息后命令研发项目正式下马，决心集中精力生产成熟的化工产品，此时，离研发成功只有一步之遥。

公司销售部的顾经理跟董事长干了近 10 年，与向韩国、美国出口有机发光材料的锦业公司保持了良好的客户关系，他预测 OLED 经过 5 年多的曲折探索，曙光就在眼前。于是从公司辞职，筹资注册了一家新材料公司，把凌云公司参与 OLED 项目的技术人员招募过来，实施了首批老员工持股制，激发了大家的积极性，在原来开发经验的基础上，只用了 3 个月就拿出了符合要求的新材料。2009 年 12 月公司实现发光材料的批量生产，通过锦业公司销往国外市场，2010 年销售收入近亿元。2011 年，OLED市场进一步蓬勃发展，预测年销售收入可达 3 亿元。

10.4.3　应急策略

应急计划是当已识别的风险事件发生时应采取的行动策略及步骤，以降低项目风险的负面效应。针对某些特定事件专门设计一些应对措施，当预定条件发生时才能实施这些应对计划。如果确信风险的发生会有预警信号就必须制定应急应对策略，对触发应急策略的事件进行定义和跟踪，如未实现阶段性里程碑、关键人员离职等。

应急应对计划要确定风险事件、应对策略、预防措施、应急措施及责任人等内容，可以采取结构化的方式建立应急计划，如表 10-6 所示。这种风险应急应对计划不仅确定了每个风险发生后应对的责任人，使他们知道该如何行动，更重要的是给项目成员和干系人心理上的积极承诺。

表 10-6　某项目风险应急应对计划

编号	风险事件	应对策略	预防措施	应急应对措施	责任人
1	项目建设工期拖延	转移减轻	合同明确工期目标与处罚标准，协调供应商与施工单位	银行出具履约保函	项目经理
2	质量缺陷	转移减轻	供应合同明确质量条款，入库材料检查，完工部分按照质量标准检查	按合同条款赔偿，追究责任人	质检员
3	高空坠物伤人	减轻	完善安全设施，严格制度	组织急救，上报支援	安全员
4	材料价格上涨	转移接受	合同中规定单价上涨幅度超过造价5%以上由客户承担，其余涨幅由项目组消化	申请客户给予成本补偿，必要时停工	采购员
5	项目审批时间过长	减轻	专人追踪审批情况，及时与管理层沟通	与客户协商，对审批部门公关	项目经理
6	主要设备不兼容	减轻	招标前咨询专家，明确设备规格、型号	更换不合格设备	技术员

10.5　项目风险监控

10.5.1　风险监控的依据

风险监控依据包括风险管理计划、实际发生了的风险事件和随时进行的风险识别结果，主要内容包括：

（1）风险管理计划。

（2）风险应对计划。

（3）项目沟通。工作成果和多种项目报告可以表述项目进展和项目风险。一般用于监督和控制项目风险的文档有：事件记录、行动规程、风险预报等。

（4）附加的风险识别和分析。随着项目的进展，在对项目进行评估和报告时，可能会发现以前未曾识别的潜在风险事件。应对这些风险继续执行风险识别、估计、量化和制订应对计划。

（5）项目评审。风险评审者检测和记录风险应对计划的有效性，以及风险主体的有效性，以防止、转移和缓和风险的发生。

10.5.2　风险监控的程序

作为项目风险管理的一个有机组成部分，项目风险监控也是一种系统过程活动，其程序如下：

（1）监控风险设想；

（2）跟踪风险管理计划的实施；

（3）跟踪风险应对计划的实施；

（4）制定风险监控标准；

（5）采用有效的风险监视和控制方法、工具；

（6）报告风险状态；

（7）发出风险预警信号；

（8）提出风险处置新建议。

10.5.3　风险监控的方法

风险监控还没有一套公认的、单独的技术可供使用，其基本目的是以某种方式驾驭风险，保证可靠、高效地完成项目目标。由于项目风险具有复杂性、变动性、突发性、超前性等特点，风险监控应该围绕项目风险的基本问题，制定科学的风险监控标准，采用系统的管理方法，建立有效的风险预警系统，做好应急计划，实施高效的项目风险监控。

风险监控技术方法可分为两大类：一类用于监控与项目、产品有关的风险；另一类用于监控与过程有关的风险。风险监控技术有很多，前面介绍的一些方法、技术也可用于风险监控，如核对表法、挣值分析法。挣值分析法将计划的工作与实际已完成的工作进行比较，确定是否符合计划的费用和进度要求。如果偏差较大，则需要进一步进行项目的风险识别、评估和量化。

下面再介绍一些有关风险监控的方法与技术。

10.5.3.1　系统的项目监控方法

风险监控，从过程的角度来看，处于项目风险管理流程的末端，但这并不意味着项目风险控制的领域仅此而已，风险控制应该面向项目风险管理全过程。项目预定目标的实现，是整个项目管理流程有机作用的结果，风险监控是其中一个重要环节。

风险监控应是一个连续的过程，它的任务是根据整个项目（风险）管理过程规定的衡量标准，全面跟踪并评价风险处理活动的执行情况。有效的风险监控工作可以指出风险处理活动有无不正常之处，哪些风险正在成为实际问题，掌握了这些情况，项目管理组就有充裕的时间采取纠正措施。建立一套项目监控指标系统，使之能以明确易懂的形式提供准确、及时而关系密切的项目风险信息，是进行风险监控的关键所在。

10.5.3.2　风险预警系统

项目的创新性、一次性、独特性及其复杂性，决定了项目风险的不可避免性；风险发生后的损失难以弥补性和工作的被动性决定了风险管理的重要性。传统的风险管理是一种"回溯性"管理，属于亡羊补牢，对于一些重大项目，往往于事无补。风险监控的意义就在于实现项目风险的有效管理，消除或控制项目风险的发生或避免造成不利后果。因此，建立有效的风险预警系统，对于风险的有效监控具有重要作用和意义。

风险预警管理，是指对于项目管理过程中有可能出现的风险，采取超前或预先防范的管理方式，一旦在监控过程中发现有发生风险的征兆，及时采取校正行动并发出预警信号，以最大限度地控制不利后果的发生。因此，项目风险管理的良好开端是建立一个有效的监控或预警系统，及时觉察计划的偏离，以高效地实施项目风险管理过程。

综上所述，风险监控的关键在于培养敏锐的风险意识，建立科学的风险预警系统，从"救火式"风险监控向"消防式"风险监控发展，从注重风险防范向风险事前控制发展。

本章小结

1. 项目风险是影响项目目标实现的所有不确定因素的集合。项目风险管理是在项目过程中识别、评估各种风险因素，采取必要对策控制能够引起不希望的变化的潜在领域和事件。项目风险管理的目的就是把有利事件的积极结果尽量扩大，而把不利事件的后果降低到最低程度。

2. 项目风险管理包括的过程有识别、评估不确定的因素，并对这些因素采取应对措施。风险识别是考察形势，对潜在风险领域的确定和分类；风险评估是分析和确定事件发生的概率和后果，进而进行风险的处理，即考虑各种风险对策（控制、自留和转移）。

3. 目前，风险管理已成为项目管理的组成部分。通过风险管理，项目管理者能有效地保证目标控制的顺利进行，寻找项目实施的最大保障，最终使项目的总目标最佳地实现。

习 题

1. 简述风险的分类。
2. 简述风险的特征。
3. 风险分析的实质是什么？
4. 项目风险管理有什么意义？
5. 简述风险识别的依据。
6. 什么是项目风险分析？
7. 制定项目风险应对措施的依据有哪些？
8. 简述风险监控的依据。
9. 什么是风险预警管理？
10. 怎样制定项目风险应对措施？

11

项目竣工验收

■本章教学要点

知识要点	掌握程度	相关知识
标准、组织	掌握	竣工验收、依据、一般标准
程序、内容	掌握	验收报告、中间验收、单项工程
竣工决算	掌握	决算表、财产明细表
决算审计	掌握	目标、完整审计

■关键词

竣工验收；竣工决算；决算审计

■导入案例

综合网络应用系统的建设

某地区政府部门建设一个面向公众服务的综合性网络应用系统，对现有的零散管理系统和服务平台进行重组和整合，整个项目由政府的信息中心负责统一规划分期建设，由各共建单位的主要领导组成了领导小组，招标选择了监理公司全程监理建设过程。一期重点建设了社保、民政和交换中心三个应用系统。建设过程中由于机构改革、职能需要重新定位等原因，需求规格说明书始终找不到最终用户签字，在监理方和承建单位的一再努力下，只有一个共建单位的主管领导在该子系统的需求分析上签字确认。为了赶进度，承建单位决定先行设计和实施，监理方认为可以理解且就目前的实际情况而言，也只好默许。

工程竣工验收时，承建单位向监理单位提交了验收申请，并将竣工验收所需的全部资料报送监理单位，申请竣工验收。总监理工程师认为系统已经过初验和3个月的试运行，并且运行情况良好，随即对验收申请予以签字，并协助建设单位进行后续的验收工作。

资料来源：《项目世界》，2018-5-27。

11.1 项目竣工验收的标准与组织

竣工验收是建设项目建设周期的最后一个阶段，它是全面考核建设工作，检查工程建设是否符合设计要求和工程质量的重要环节，也是保证工程质量的最后关口，对促进建设项目及时投产、发挥投资效果、总结建设经验起着重要作用。在这样的情况下，就需要相应的标准和组织来具体实施项目的竣工验收。

11.1.1 竣工验收的目的和作用

竣工验收是建设项目建设周期的最后一个阶段，它是全面考核建设工作、检查工程建设是否符合设计要求和工程质量的重要环节，也是保证工程质量的最后关口，对促进建设项目及时投产，发挥投资效果，总结建设经验起着重要作用。从施工企业来看，也能全面、综合考察工程质量，保证建设项目施工符合设计要求和国家规范、标准规定的质量标准，完成合同规定以及接受新的工程。

投资项目竣工验收的重要意义和作用，归纳起来，主要是：

（1）通过竣工验收，考核投资建设成果，检验工程设计、设备制造和工程施工质量，及时发现和解决一些影响正常生产使用的问题，保证项目能按设计要求的技术经济指标正常投入生产和交付使用。

（2）促进投资项目建成后及时投入生产和交付使用，批准动用固定资产，及时或提前发挥投资效益。

（3）参加投资和建设的有关部门和单位，可借此总结经验，提高项目决策和实施管理水平。

（4）可为投产企业的经营管理、生产技术和固定资产的保养及维修提供全面系统的技术经济文件、资料和图纸投资项目竣工验收，既是项目建设的结束，又是生产的开始。大量的检验工作，需要投资建设单位与各方密切合作配合去完成。涉及利益的矛盾，必须遵循有关的规定，并按合同依法履约妥善处理。竣工工程未经验收，不得投产或使用；工程不具备竣工条件，不得甩项竣工；已经具备了验收条件的工程，不得迟迟不收尾，不报验收，长期吃"基建饭"。

11.1.2　竣工验收的范围和依据

11.1.2.1　竣工验收的范围

所有列入固定资产投资计划的建设项目或单项工程，已按国家批准的设计文件，包括初步设计、技术设计以及施工图规定的内容全部建成，工业投资项目经负荷试车考核，试生产期间能够正常生产出合格产品，非工业投资项目符合设计要求，能够正常使用的，不论是属于哪种建设性质，如新建或改建、扩建等工程，都应及时组织验收，办理固定资产移交手续。使用技术改造资金进行的基本建设性质的项目，或属于基本建设与技术改造项目，按现行投资规模和限额的规定，都应按国家关于竣工验收的法规，办理竣工验收手续；有的工期较长、建设设备装置较多的大型工程，为了及时发挥其经济效益，对其能独立生产的单项工程，也可以根据建成时间的先后顺序，分期分批地组织竣工验收；对能生产中间产品的一些单项工程，不能提前投料试车，可按生产要求与生产最终产品的工程同步建成竣工后，再进行全部验收。

11.1.2.2　竣工验收的依据

投资项目竣工验收，要有一定的依据。国家规定，对已按设计文件规定的内容和施工图纸的要求全部建成需要验收的工程，其验收的依据主要有：

（1）经上级审批机关批准的可行性研究报告；

（2）初步设计、施工图和文字说明；

（3）设备技术说明；

（4）招标投标文件和工程承包合同；

（5）施工过程中设计修改签证；

（6）现行的施工技术验收标准及规范；

（7）上级主管部门有关审批、修改、调整的文件等。

建设项目的规模、工艺流程、工艺管线、建筑结构的形式、建筑面积、建筑标准、技术标准、土地使用面积、建筑物外形装饰、技术装备、环境保护、单项工程等都必须与多种批准文件内容及承包合同内容相一致。

施工过程中发生设计修改较大，如修改建筑物结构、扩大建筑面积、改变工艺流程等，则还需要有设计原批准机关的审批文件，才可作为竣工验收的依据。

从国外引进技术或成套设备项目，以及中外合资建设的项目，还必须按照签订的合同和外国提供的设计文件等资料进行验收。国外引进项目的合同中没有规定标准的，可按设计时采用国内的有关规定执行；若国内也没有明确规定的标准，则按建设单位规定的技术要求执行。对于国外设计的土木、建筑、结构安装工程及验收标准，如中外规范不一致时，可参照有关规定进行协商，研究提出可行的规范标准，加以执行。

11.1.3　竣工验收的标准和要求

11.1.3.1　竣工验收的一般标准和要求

进行建设项目验收，由于建设项目所在行业不同，验收标准也不完全相同，一般情况下必须符合以下要求：

（1）生产性项目的辅助性公用设施，已按设计要求完工，能满足生产使用。

（2）主要工艺设备配套设施经联动负荷试车合格，形成生产能力，能够生产出设计文件所规定的产品。

（3）必要的生活设施，已按设计要求建成。

（4）生产准备工作能适应投产的需要。

（5）环境保护设施、劳动安全卫生设施、消防设施已按设计要求与主体工程同时建成使用。

有的建设项目基本符合竣工验收标准，只是零星土建工程和少数非主要设备未按设计规定的内容全部建成，但不影响正常生产，亦应办理竣工手续。对剩余工程，应按设计留足投资，限期完成。有的项目投产初期一时不能达到设计能力所规定的产量，不应因此拖延办理验收和移交固定资产手续。有些建设项目或单项工程，已形成部分生产能力或实际上生产方面已经使用，近期不能按原设计规模续建，从实际情况出发，可缩小规模，报主管部门（公司）批准后，对已完的工程设备，尽快组织验收，移交固定资产。

国外引进设备项目，按合同规定完成负荷调试、设备考核合格后，进行竣工验收。其他项目在验收前是否要安排试生产阶段，按各个行业的规定执行。

11.1.3.2 生产性投资项目土建、安装、管道等工程的验收标准

生产性投资项目，如工业项目，一般土建工程、安装工程、人防工程、管道工程、通信工程等，这些工程的施工和竣工验收，必须按国家批准的《中华人民共和国国家标准XX工程施工及验收规范》和主管批准的《中华人民共和国国家标准XX工程施工及验收规范》执行。

对土木建筑工程、安装工程和大型管道工程的竣工验收标准如下：

（1）土建工程验收标准。生产性工程、辅助公用设施，均按照设计图纸、技术证明书和验收规范进行验收。工程质量应符合规定的各项要求，工程内容应按规定全部施工完毕，不留尾巴。室内工程全部做完，室外的明沟暗脚、踏步斜道也要全部完工；内外粉刷完毕；建筑物、构筑物周围2米以内场地平整，障碍物清除；道路、下水道、用电和通信畅通；经验收组织按验收规范检验合格。

（2）安装工程验收标准。按照设计要求的施工项目内容、技术质量要求及验收规范的规定，多道工序均保质保量施工完毕，不留尾巴。即工艺、物料、热力等各种管道均已安装完毕，并已做好清洗、试压、吹扫、油漆、保温等工作；各项设备、电气、空调、仪表、通信等工程项目，全部安装结束，经过单机、联动无负荷及投料试车，全部符合安装技术的质量要求，具备形成设计能力的条件，经验收组织按验收规范进行验收合格。

（3）大型管道工程验收标准。大型管道工程，主要包括铸铁管、钢管、混凝土管和钢筋混凝土预应力管等和各种泵类电动机工程，已按设计内容、设计要求、施工规范、验收规范全部（或分段）按质按量建设完工，已达到质量要求；管道内部的垃圾和障碍物已清除干净；如属于输油管道和自来水管道或热力管道等，还必须经过清洗和消毒；输气管道还要经过赶气、换气；所有这些管道均应经过泵验。在施工前，对管道的材质和防腐层（内壁与外壁），要根据质量标准的要求进行验收；对钢管要检查焊接的质量，并加以等级评定和进行验收；对设计选定的阀门产品的质量要进行慎重

验收；地下管道在施工完毕后，管道上部复土，要按施工规范要求进行分层夯实，以确保管线上部的道路质量。大型管道工程全部完工，经验收组织验收合格后，才能办理竣工验收手续，交付使用。

11.2 项目竣工验收的程序和内容

项目全部完成，经过各单项工程的验收符合设计的要求，并具备竣工图表、竣工决算、工程总结等必要文件资料，由项目（工程）主管部门或建设单位向负责验收的单位提出竣工验收申请报告，按程序验收。

11.2.1 竣工验收的程序

项目（工程）全部完成，经过各单项工程的验收符合设计的要求，并具备竣工图表、竣工决算、工程总结等必要文件资料，由项目（工程）主管部门或建设单位向负责验收的单位提出竣工验收申请报告，按程序验收。其程序一般是：

（1）报送竣工验收报告。

（2）组织竣工验收机构（按项目规模和隶属关系组织验收委员会或验收组）。

（3）整理各种技术文件材料。

建设项目竣工验收前，各有关单位应将所有技术文件进行系统整理，由建设单位分类立卷，在竣工验收时，交生产单位统一保管，同时将与所在地区有关的文件交当地档案管理部门，以适应生产、维修的需要。

（4）绘制竣工图。

竣工图是真实地记录各种地下、地上建筑物、构筑物等情况的技术文件，是对工程进行交工验收、维护、改建、扩建的依据，是国家的重要技术档案。竣工图的绘制，根据谁施工谁绘制的原则，在建设项目签订承发包合同时明确规定绘制、检验和交接问题。

（5）进行工程质量评定。

建筑工程，按设计要求和建筑安装工程施工的验收规范和质量标准进行质量评定验收。

设备安装工程，一般要进行单体无负荷试车、无负荷联动试车、负荷试车及负荷联动试车。

单体无负荷试车，是第一次启动设备，是对设备制造质量和安装质量的考核。无负荷联动试车，是在设备经过单体无负荷试车合格，并具备合格证书后方可进行无负荷联动试车。无负荷联动试车主要是检查电气连锁功能。按规定联动、连锁程序正确无误，在要求的时间内未发生异常问题，即无负荷联动试车合格，可签发无负荷联动试车合格证。

单体无负荷试车及无负荷联动试车由施工单位负责，建设单位、设计单位参加，无负荷试验合格后，施工单位向建设单位移交交工资料，办理交工手续无负荷试车合格后，进行负荷试车。负荷试车由建设单位负责，施工单位参加。

验收委员会或验收组，在确认工程符合竣工标准和合同条款规定后，签发竣工验收合格证书。

（6）编好竣工决算。

建设项目办理竣工验收手续之前对所有财产和物资进行清理，编好竣工决算，分析概（预）算执行情况，考核投资效果，报上级主管部门（公司）审查。

（7）办理固定资产移交手续。

竣工验收交接后，要求及时办理固定资产移交手续，加强固定资产的管理。

（8）签署竣工验收鉴定书。

竣工验收鉴定书，是表示建设项目已经竣工，并交付使用的重要文件，它是全部固定资产交付使用和建设项目正式动用的依据，也是承包商对建设项目消除法律责任的证件。竣工验收鉴定书，一般应包括：工程名称、地点、验收委员会成员、工程总说明、工程据以修建的设计文件、竣工工程是否与设计相符合、全部工程质量鉴定、总的预算造价和实际造价、结论，以及验收委员会对工程动用时的意见和要求等主要内容。同时竣工验收鉴定书应附有下列文件：

①验收委员会进行检查性试车的记录；

②验收委员会认为可以允许的建筑安装工程和设备偏差一览表；

③建筑安装工程质量评定表；

④动用的固定资产一览表等。

验收委员会在进行正式全部验收工作后，应签发竣工验收鉴定书，并组织有关人员签名。

11.2.2 投资项目竣工验收的内容和步骤

竣工验收是关系到投资项目是否能按期建成投产，生产出合格产品，取得良好的投资效益的关键步骤。为了确保投资项目竣工验收的顺利进行，必须按照建设总体规划的要求，有计划有步骤地进行，投资项目竣工验收，一般按下列步骤完成竣工验收工作的内容：

11.2.2.1 竣工验收的准备工作

为保证竣工验收工作的顺利进行，竣工验收前主要应做好以下几项准备工作：

（1）做好项目施工的收尾工作。

建设安装工程到接近交工阶段，有时还不可避免会存在一些零星的未完项目，这就形成所谓收尾工程。收尾工程的特点是零星、分散、工程量小、分布面广，如果不及时完成，就直接影响工程的投产和使用。做好收尾工作，必须摸清收尾工程的项目。通过交工前的预检做一次彻底清查，按生产工艺流程和图纸，逐一对照，找出漏项项目和需修补工作，制订作业计划，合理安排施工。

（2）竣工验收资料准备工作。

竣工验收资料和文件是建筑物的主要档案资料。它反映了建设项目的全面情况，对建设项目今后的使用与维护都是极其重要的。在竣工验收时，也可通过对有关文件资料的研究而发现项目存在的问题，及时纠正。

竣工验收资料，主要包括以下各项：竣工工程项目一览表。包括：

①竣工工程名称、位置、结构、层次、面积、概（预）算、装修标准、功能、开竣工日期等。

②设备清单。包括：设备名称、规格、数量、产地、主要性能、单价及附带的备品备件、随机工具等。如设备是建设单位分包给成套设备供应部门供应的，则应由建设单位负责编制设备清单。

③竣工图。

④材料、构件出厂合格证及试验检验记录。

⑤建设项目土建施工记录。

⑥设备安装调试记录，管道系统安装、试压、试漏检查记录，建筑设备（水、暖、电、卫、空调、通信）检验、试验记录。

⑦建筑物、构筑物的沉降、变形、防震、防爆、绝缘、密闭、净化、隔音、隔热等指标的测试记录，重要钢结构的焊缝探伤检查记录。

⑧隐蔽工程验收记录。

⑨工程质量记录事故的发生处理记录。

⑩图纸会审记录，设计变更通知和技术核定单。

⑪试运转、考核资料，如单机试运转记录、无负荷试运转记录、投料考核记录和考核结果表，以及"三废"治理的考核结果等。

⑫竣工决算。

（3）投资项目预验收工作。预验收是初步鉴定工程质量，避免竣工验收过程拖延，保证工程顺利移交。

11.2.2.2 项目中间验收

投资项目中间验收，是在项目实施过程中，由业主、承包单位、建设监理单位，根据工程建设进度，适时在质量检查和隐蔽工程验收的基础上进行的一项工作，它是建设项目正式竣工验收的基础和前提。搞好中间验收，可以确保项目的分部、分项工程和单位工程的质量和进度；确保项目目标的实现。

项目中间验收，是工程建设的国际惯例。菲迪克（FIDIC）合同条款第37~38条做了较详细的规定。如第38条中规定："未经工程师"批准，工程的任何部分都不能封盖或掩盖，承包商应保证工程师有充分的机会对即将覆盖的或掩盖起来的任何一部分工程进行检查、检验，以及对任何部分将置于其上的工程基础进行检查。无论何时，当任何部分的工程或基础已经或即将为检验做好准备时，承包商应通知工程师，除非工程师认为检查无必要，并就此通知了承包商，否则工程师应参加对这部分工程的检查和检验，以及对基础的检验，并且不得无故拖延。FIDIC条款的这一规定，其目的就是促使建设工程能够正常进行，使工程质量得到切实可靠保证，承包商必须无条件接受工程师对工程质量的检查。与此同时，为了防止工程师借故检查，对承包商进行无理刁难，以确保承包商正常的工程施工，FIDIC合同条款对工程师的职权也做了合理的必要限制。FIDIC合同第37条规定：承包商应同工程师商定对合同规定的任何材料和工程设备进行检查和检验的时间和地方。工程师应在24小时之前将准备进行检查或参加检验的打算通知承包商。若工程师或其授权代理人未能按商定的日期准时参加，除工程师另有指示外，承包商可继续进行检验，并可将该项检验视为是在工程师在场的情况下进行的。承包商应立即向工程师提交有适当证明的检验结果的副本。若工程师未参加检验，他应承认上述的检验结果为准确的结果。

我国在投资项目建设中，也特别强调中间验收的必要性。改革开放以来，随着我国经济与世界经济的融合，项目建设与国际惯例接轨，中间验收更显重要。

11.2.2.3　单项工程验收

单项工程验收，也称交工验收或初步验收，是指投资项目全部验收前，承包商完成其承建的单项工程施工任务以后向建设单位（或业主）交工，接受建设单位验收的过程。这个过程的程序是，建设项目的某个单项工程已按设计要求建完，能满足生产要求或具备使用条件，施工单位就可以向建设单位发出交工通知。在发出通知的同时，施工单位按照国家规定，整理好文件、技术资料，作为验收依据交给建设单位。建设单位接到施工单位交工通知后，在做好验收准备的基础上，组织施工、设计及使用等有关单位共同进行交工验收。验收中，对设备应按试车规程进行单体试车、无负荷联动试车和负荷联动试车。验收合格，建设单位与施工单位应签订交工验收证书。

11.2.2.4　建设项目竣工验收

建设项目竣工验收，简称竣工验收，指建设单位（项目业主）在建设项目按批准的设计文件规定的内容全部建成后，向国家交工，接受验收的过程。它是在第一阶段交工验收的基础上进行的全部建设项目的竣工验收。其验收程序是：整个建设项目（包括新建、扩建、改建的基本建设和技术改造项目）按设计要求全部建成，经过每一阶段的交工验收，符合设计要求，并具备竣工图表、竣工决算、工程结算等必要的文件资料后，由建设项目主管部门或建设单位，向负责验收的单位提出竣工验收申请报告，按现行竣工验收组织规定，接受由银行、物资、环保、劳动、统计、消防及其他有关部门组成的验收委员会或验收组验收，并办理固定资产移交手续。验收有关单位的工作报告，审阅工程技术档案资料，实地查验建筑工程和设备安装情况，并对工程设计、施工和设备质量等方面做出全面的评价。

当建设项目规模较小、较简单时，可以把单项工程验收和建设项目竣工验收合二为一，进行一次全部项目的竣工验收。

11.2.2.5　单项工程竣工验收与建设项目竣工验收的区别

单项工程验收与建设项目竣工验收的区别见表11-1。

表11-1　单项工程验收与建设项目竣工验收的区别

验收类别	验收对象	验收时间	验收主持单位	验收参加单位	验收目的
单项验收 （交工验收）	单项工程	单项工程 完工后	建设单位 （业主）	建设单位（业主）、 设计、施工单位	交工
建设项目竣工验收 （竣工验收）	项目总休	项目全部 建成后	项目主管部门 或国家	验收委员会、建设 单位	移交固定 资产

11.3　项目竣工决算与技术档案管理

竣工决算是由建设单位编制的，所需的施工资料部分，由施工单位（项目经理部）提供。而投资项目技术档案管理的任务是：按照一定的原则和要求，系统地收集记述项目建设全过程中具有保存价值的技术文件资料，并按归档制度加以整理，以便竣工验收后完整地移交给有关技术档案管理部门。

11.3.1 竣工决算

11.3.1.1 竣工决算内容

竣工决算，是以实物量和货币为计量单位，综合反映建设项目或单项工程的实际造价和投资效益、核定交付使用财产和固定资产价值的文件，是建设项目的财务总结。竣工决算是由建设单位编制的，所需的施工资料部分，由施工单位（项目经理部）提供。

竣工决算的内容，由文字说明和决算报表两部分组成。文字说明主要包括：工程概况、设计概算和基建计划的执行情况，各项技术经济指标完成情况，各项拨款使用情况，建设成本和投资效益分析，以及建设过程中的主要经验、存在问题和解决意见等。决算表格分大、中型项目和小型项目两种。大中型项目竣工决算表包括：竣工工程概况表（见表11-2）、竣工财务决算表（见表11-3）、交付使用财产总表（见表11-4）、交付使用财产明细表（见表11-5）。小型项目竣工决算表按上述内容合并简化为小型项目使用竣工决算表（见表11-6）。竣工决算编制出来后，根据国家规定，由建设银行负责竣工决算的审查和签证工作。

表11-2　大、中型建设项目竣工工程概况表

建设项目名称				项目	概算	实际	主要事项说明
建设地址	设计		实际				
新增生产能力	能力名称	设计	实际	建设成本	建安工程、设备工具、其他基本建设		
建设时间	计划	从××年××月开工，××年××月竣工					
	实际	从××年××月开工，××年××月竣工					
初步设计和概算批准机关、日期、文号							
完成主要工程量	名称	单位	数量	名称	单位	概算	实际
	建筑面积、设备	平方米、吨、台	设计	实际	主要材料消耗		
收尾工程	工程内容	投资额	负责收尾单位	完成时间	钢材、木材、水泥	平方米、吨	
	主要技术经济指标						

表 11-3　大、中型建设项目竣工财务决算表

建设项目名称：

资金来源	金额（元）	资金运用	金额（元）
一、经营（预算内）基金投资 二、银行贷款 二、利用外资 四、专项基金 五、自筹		一、交付使用财产 二、在建工程 三、应核销投资支出 四、应核销其他支出 五、器材 六、施工机具设备 七、专用基金财产 八、应收款 九、银行存款及现金	
	合计		合计

11.3.1.2　竣工决算表式及要求

（1）大中型和限额以上基本建设和技术改造项目竣工工程概况表（见表 11-2）主要是考核分析投资效果。表中"初步设计和概算批准日期"按最后一次填列。"收尾工程"指全部验收投产以后还遗留极少量尾工。未完工程实际成本可根据具体情况进行估算，并做说明，完工以后不再编制竣工决算。"技术经济指标"可根据概算或主管部门（总公司）规定的内容分别计算或按实际填列。对未经批准，任意增加建设内容、扩大建设规模、提高建筑标准等，要进行检查说明。

（2）大、中型和限额以上基本建设和技术改造项目竣工财务决算表（见表 11-3），反映全部竣工项目的资金来源和运用情况。表中"交付使用财产""应核销投资支出""应核销其他支出""经营（预算内）基金投资""银行贷款"等，应填列开始建设至竣工的累计数。"器材"应附设备、材料清单和处理意见。"施工机具设备"指因自行施工购置的设备，应列出清单上报主管部门（总公司）处理，如作为固定资产管理的设备，可另列有关科目。

（3）大、中型和限额以上基本建设和技术改造项目交付使用财产总表（见表 11-4），反映竣工项目新增固定资产和流动资产的全部情况，可作为财产交接依据。

表 11-4　大、中型建设项目交付使用财产总表　　　　单位：元

工程项目名称	总计	固定资产				流动资产
		合计	建安工程	设备	其他费用	

交付单位　　　　　　　　　　　　接收单位

盖章：_____　××年××月××日　　盖章：_____　××年××月××日

补充资料：由其他单位无偿拨入的房屋价值：_____，设备价值：_____

（4）交付使用财产明细表（见表 11-5）反映竣工交付使用固定资产和流动资产的详细内容，适用于大、中、小型基本建设和技术改造项目。固定资产部分，要逐项盘点填列。其中"建筑结构"指砖木结构、混合结构、钢筋混凝土框架结构、金属结构

等。工具、器具和家具等低值易耗品，可分类填报。固定资产和低值易耗品的划分标准，按主要部门（总公司）和地区规定办理。

表 11-5 大、中、小型建设项目交付使用财产明细表

建设项目名称：

工程项目名称	建筑工程			设备、工具、器具、家具					
	结构	面积/平方米	价值/元	名称	规格、型号	单位	数量	价值/元	设备安装费用/元
合计							合计		

交付单位   接收单位

盖章：_____ ××年××月××日   盖章：_____ ××年××月××日

（5）小型和限额以下基本建设和技术改造项目竣工决算总表（见表 11-6），应反映该类竣工项目的全部工程和财务情况。

表 11-6 小型建设项目竣工决算总表

建设项目名称					项目	金额/元	主要事项说明
建设地址	设计	实际		资金来源			
新增生产能力	能力名称	设计	实际		基建预算拨款、基建其他拨款、应付款		
建设时间	计划	从××年××月开工，××年××月竣工					
	实际	从××年××月开工，××年××月竣工					
建设成本	项目	概算/元	实际/元	资金运用	交付使用固定资产、交付使用流动资产、应核销投资支出等		
	建筑安装工程、设备、工具、器具、其他基本建设						

11.3.2 投资项目竣工图的绘制

业主在组织竣工验收之前，要认真组织好竣工图的绘制。竣工图是项目实施的实际情况的反映，要求准确、完整、真实地纪录投资项目地下地上建筑物、构筑物等详细情况。它是项目竣工验收、维护、扩建、技术改造的重要依据，是建设单位竣工验收办理固定资产移交的重要材料，作为技术档案长期保存。

根据现行规定，竣工图作为竣工验收的必备条件之一，要求准确、完整绘制，符合归档要求。有了合乎要求的竣工图，方能进行竣工验收。

绘制竣工图的职责和具体要求是：

（1）投资项目建设按施工图设计没有变动的，由施工单位在原施工图上加盖"竣工图"标志后，即可作为竣工图。

（2）在施工过程中，虽有一般性的设计变更，但能在原施工图上修改、补充作为竣工图的，可以不再重新绘制，由施工单位在原施工图上绘制修改、补充部分，同时附上设计变更通知单和施工说明，加盖"竣工图"标志后，即可作为竣工图。

（3）结构形式、工艺技术、平面布置乃至项目的改变以及不宜在施工图上修改、补充的，应该重新绘制改变后的竣工图。新的竣工图的绘制单位确定原则是，谁造成项目变动的由谁来负责，如：由于设计原因造成施工的变动由设计单位绘制竣工图，并承担其费用；对于施工原因造成的变动，应由施工单位重新绘制，所需费用由施工单位承担；由其他原因造成的变动，则需建设单位自行绘制，或由其委托设计单位负责绘制，并由施工单位负责在新图上加盖"竣工图"标志，并附以有关记录和说明，其所需费用，由建设单位在项目投资中解决。

（4）一切土建工程，特别是基础、地下建筑物、构筑物、管线、结构、隧道、井巷、大坝、港口及设备安装等隐蔽部位，都得仔细绘制竣工图。竣工图的绘制，在施工过程中就应着手准备，出现场施工人员负责，尤其要重视及时做好隐蔽工程的检验记录，整理好设计变更文件以确保竣工图的质量。

（5）竣工图一定要如实反映投资项目的实际情况，确保图纸量。要求做到规格统一、字迹清楚、图面整洁，不得用易褪色的书写材料书写和绘制。竣工图要经过承担施工的技术负责人审核签字。

大中型项目的竣工图不能少于两套，其中一套移交生产单位保管，一套交有关主管部门或技术档案部门永久保存。关系国计民生的特别重大项目，还要增加一套给国家档案馆保存。小型投资项目，至少要具备一整套，移交生产使用单位保管。

11.3.3 投资项目技术档案的整理和归档管理

11.3.3.1 投资项目技术档案管理的任务

投资项目技术档案，是将记述和反映投资项目的设计施工、技术、科研、管理等活动，具有保存价值的各种技术管理文件资料，按照一定的归档制度，作为真实的历史记录而集中保管起来，这些资料包括建筑设计图纸、说明书、计算书、施工组织设计、照片、图表、竣工图以及总结和交工验收等材料。归档后形成的工程技术档案，是该项目建设活动的产物，又是对该项目工程进行管理、维修、鉴定、改扩建、恢复等工作必不可少的依据。因此，在收集和整理后技术与管理资料必须与建设对象的实物保持一致。

投资项目技术档案管理的任务是：按照一定的原则和要求，系统地收集记述项目建设全过程中具有保存价值的技术文件资料，并按归档制度加以整理，以便竣工验收后完整地移交给有关技术档案管理部门。

11.3.3.2 技术档案的收集、整理与分类

（1）收集。技术档案资料的收集，就是根据归档范围，收集项目在实施过程中形成的具有保存和利用价值的原始记录、图纸、数据、照片、技术文件、成果报告等方面的资料，为及时整理分类、归档集中保管打好基础。工程技术档案资料是在项目建设中自然形成的，而不是由人们随意编制的，因此，技术档案的收集工作就成为投资项目档案管理工作中的首要环节。同时，技术档案资料是随着项目的进展而不断产生和积累的。因此，在项目申请立项时，就应着手开始进行各类资料的收集、积累、整理和审查工作。在项目实施的全过程中，施工单位要收集各个实施阶段的各项工作中形成的文字资料、图纸、图表、计算材料、声像资料等形式的文件、材料。在项目竣工验收时，又要及时做好技术档案的归档、移交和保存工作。由此可见，技术档案的收集工作将贯穿项目建设的全过程，只有充分、认真、细致，才能满足各项要求。对于投资项目来说，主要形成与归档的科技文件材料有：与上级主管机关的往来文件、审批文件；与建设单位、设计单位及有关的协作、供应单位的协议、合同文件；计划任务书；施工组织设计文件；施工过程中形成的主要文件；竣工验收文件；与建设单位移交的文件。

（2）整理。技术档案资料的整理，就是将收集到的各种资料，遵循其自然形成的规律，保持各类文件材料之间的有机联系，以及便于保管和利用的原则，对项目技术档案资料进行系统整理和编目工作。由于在一个投资项目中形成的各类档案数量大、种类多、内容复杂，只有认真加以整理才能体现各类材料之间的有机联系，以便于保管和利用。通过对技术档案资料的整理，可以发现收集归档的文件材料是否完整、准确，便于有计划、有目的地进行收集和补充，有利于不断改进收集归档工作，使技术档案的内容更加充实完整。

技术档案资料的整理，要按照技术档案形成的固有次序，自然地进行分类和排列，而不能人为地、任意地把自然形成的成套档案分散和打乱，或者没有任何根据地把一堆互无关联的档案任意拼凑起来。

项目技术档案资料的整理，还要从技术档案多种多样的制成材料，及其不同特点的要求出发。比如底图、蓝图、胶片、录音带、记录纸等，应分别加以整理，有的还得专门保管。这对于保管和利用档案都是十分重要的。

总之，档案的整理工作是投资项目档案管理工作的中心环节，是一项基础性的工作。

（3）分类。分类即按照投资项目形成的内在联系和系统性，为使档案资料反映项目形成过程的真实面貌，便于保管和利用，而将技术档案按一定的方式分类。技术档案的分类，是技术档案系统整理的第一步工作，正确地分类，是保证系统整理的质量和进行科学编目的基础。首先，分类应符合技术档案本身自然形成的规律，只有在此

基础上选择适当的分类方法才能实现分类的科学性。其次，分类采用的标准应一致。只有标准一致，技术档案划分的类或属类才层次清楚、条理明晰，有利于编目工作的进行，也便于保存和利用。最后，分类层次要简明，不宜过多、过繁。划分类、属类等二至三层，就可以做到眉目清楚，条理明晰，比较适宜；否则，层次过多过繁，易破坏技术档案的自然形成规律，割裂技术文件固有的内在联系，不便于保管和利用。对各类技术档案进行分类后，就可以对其编制目录。应通过一定形式，按照一定要求，总结整理成果，昭示技术档案的内容和它们之间的联系，便于检索。

11.3.3.3　投资项目资料的归档

（1）技术档案的特点。工程技术档案来源于技术资料但不同于技术资料。因此，在收集技术资料和对其归档时首先要将两者区别开来。技术档案与技术资料的差别主要表现在：

①技术资料是项目建设中，为参考目的而收集和复制的技术文件资料（包括图纸、照片、报表、文字材料等），它不是本项目建设活动中自然形成的。而技术档案则是本项目在工程建设中直接产生和自然形成的。

②技术资料主要是通过交流、接受赠送、购买等方式收集或复制的，它对建设项目不具有工作依据和必须遵照执行的性质，只是作为一种参考资料。技术档案则是本项目在实施过程中自然形成的技术文件材料，对投资项目实施起着指导和依据的作用，是本项目建设的直接成果。

做好技术档案的收集和整理工作，还应区分工程技术档案和文书档案。技术档案和文书档案是国家全部档案的有机组成部分，在一个单位内，它们共同记录和反映着本企业工作活动的全貌，但是两者是有区别的。在内容上，技术档案是投资项目技术活动的记录；文书档案则记录和反映着企业党政领导活动和行政管理活动。

（2）投资项目技术档案的内容。投资项目技术档案的内容应包括：

①竣工图和竣工工程项目一览表（竣工工程名称、位置、结构、层次、面积或规格、附有的设备、工具、装置等）；

②图纸会审记录、设计变更和技术核定单；

③材料、构件和设备的质量合格证明；

④隐蔽工程验收记录；

⑤工程质量检查评定和质量事故处理记录；

⑥设备和管线调试、试压、试运转等记录；

⑦永久性水准点的坐标位置，建筑物、构筑物在施工过程中的测量定位记录，沉陷观测及变形观测记录；

⑧主体结构和重要部位的试件、试块、焊接、材料试验、检查记录；

⑨施工单位和设计单位提出的建筑物、构筑物、设备使用注意事项方面的文件；

⑩其他有关该项工程的技术决定。

11.4 项目竣工决算审计

竣工决算审计是投资项目审计的重要环节，加强竣工验收审计监督，对提高竣工决算的质量、正确评价投资效益、总结建设经验及改善投资项目管理具有重大意义。

11.4.1 施工决算审计的目标和内容

竣工决算是竣工验收报告的重要组成部分。而竣工决算审计是投资项目审计的重要环节，主要从目标、内容这些方面阐述。

11.4.1.1 竣工决算审计的目标

竣工决算是竣工验收报告的重要组成部分。竣工决算审计是投资项目审计的重要环节，加强竣工验收审计监督，对提高竣工决算的质量、正确评价投资效益、总结建设经验及改善投资项目管理具有重大意义。

竣工决算审计的目标，归纳起来主要有四个方面：

（1）证明工程竣工决算形式的完整性；

（2）证明竣工决算内容的真实性和可靠性；

（3）证明竣工决算内容的合规性；

（4）分析和评价项目的建设效益和效果。以上四个目标是互相联系互相制约的整体。完整性是真实性和可靠性的前提，如果竣工决算形式上残缺不全，审计就无从下手，根本就谈不上真实性和可靠性。真实性和可靠性又是合规性的前提，竣工决算如果不真实可靠，那么内容就不可能符合法规；而建设效益和效果是竣工决算审计的最高目标，如果没有完整性、真实性、可靠性和合规性，得出的结论肯定是不正确的。

11.4.1.2 竣工决算审计的内容

根据审计署、国家计委颁发的《基本建设项目竣工决算审计试行办法》的通知规定，竣工决算审计主要内容包括：

（1）竣工决算依据。审查决算编制工作有无专门组织，各项清理工作是否全面、彻底，编制依据是否符合国家有关规定，资料是否齐全，手续是否完备，对遗留问题的处理是否合规。

（2）项目建设及概算执行情况。审查项目建设是否按批准的初步设计进行，各单位工程建设是否严格按批准的概算内容执行，有无概算外项目和提高建设标准、扩大建设规模的问题，有无重大质量事故和经济损失。

（3）交付使用财产和在建工程。审查交付使用财产是否真实、完整，是否符合交付条件，移交手续是否齐全、合规；成本核算是否正确，有无挤占成本、提高造价、转移投资问题；核实在建工程投资完成额，查明未能全部建成、及时交付使用的原因。

（4）转出投资、应核销投资及应核销其他支出。审查其列支依据是否充分，手续是否完备，内容是否真实，核算是否合规，有无虚列投资问题。

（5）尾工工程。根据修正总概算和工程形象进度，核实尾工工程的未完工程量，留足投资。防止将新增项目列作尾工项目、增加新的工程内容和自行消化投资包干结余。

（6）结余资金。核实结余资金，重点是库存物资，防止隐瞒、转移、挪用或压低库存物资单价，虚列往来欠款，隐匿结余资金的现象。查明器材积压、债权债务未能及时清理原因，揭示建设管理中存在的问题。

（7）基建收入。基建收入的核算是否真实、完整，有无隐瞒、转移收入问题。是否按国家规定计算成本，足额上交或归还贷款。留成是否按规定交纳"两金"及分配使用。

（8）投资包干结余。根据项目总承包合同核实包干指标，落实包干结余，防止将未完工程的投资作为包干结余参与分配；审查包干结余分配是否合规。

（9）竣工决算报表。审查报表的真实性、完整性、合规性。

（10）投资效益评价。从物资使用、工期、工程质量、新增生产能力、预测投资回收期等方面评价项目效益。

（11）其他专项审计，可视项目特点确定。

11.4.2 竣工决算完整审计

11.4.2.1 竣工决算编制依据的完整性

竣工决算编制依据包括：

①批准的可行性研究报告、初步设计、投资概算、初步设计所附的设备清单；

②各年下达的固定资产投资计划及其调整计划；

③各年建设银行批复的年度财务决算；

④已办理竣工验收的单项工程的竣工验收资料；

⑤多种具有法律效力的设备合同、材料合同和施工合同以及其他合同；

⑥其他经过认定可以作为竣工决算编制依据的文件、材料和数据。

11.4.2.2 大中型投资项目竣工工程概算表的完整性

竣工工程概算表即竣工决算报表见表11-2。项目要求填写完整和正确，不能故意漏遗项目。

11.4.2.3 大中型投资项目竣工财务决算表的完整性

竣工财务决算表（见表11-3），用以反映竣工项目财务状况，其数据来源于历年的年度财务决算与总账有关科目，并且报表口径与年度财务决算报表的口径一致，可以直接汇总填列。

11.4.2.4 大中型项目交付使用财产总表的完整性

交付使用财产有两种表：大中型建设项目交付使用财产总表见表11-4，大中小型项目交付使用财产明细表见表11-5。

11.4.3 竣工决算报表真实性审计

竣工决算报表的真实性审计主要包括两个方面：

（1）竣工工程概况表的真实性审查。包括：

①复核占地面积；

②复核建设时间；

③复核主要完成工作量；

④复核收尾工程工作量；

⑤复核建设成本；

⑥复核主要材料消耗。

（2）竣工财务决算的真实性审查。包括：

①交付使用财产真实性审核；

②库存器材的真实性审核；

③应收应付款审核；

④基建收入审核；

⑤拨借款累计支出审核；

⑥应核销投资支出与应核销其他支出审核。

11.4.4 竣工财务决算合规性审计

竣工财务决算的真实性审查时，已涉及许多合规性审查问题，而实际操作时往往不加区分而一并进行。下面就几个前面未涉及的常见问题加以分析。

11.4.4.1 审查计划外投资的问题

审查发现有计划外投资，应要求建设单位调整竣工决算的交付使用财产成本，如未交纳投资方向调节税，应补交税款，并处以一定数额的罚款。为了调整竣工决算，审计人员应编制计划外工程表。

计算出计划外工程的建筑安装工程投资和设备投资后，审计人员就可以计算计划外工程应分摊的其他费用。建筑安装投资和设备投资加上其他费用即计划外投资总数。审计人员应要求建设单位将已纳入交付使用财产的计划外工程费用，调出交付使用财产成本。

11.4.4.2 审查超概算工程和费用

审计人员应列表（见表11-7）对照概算和实际发生支出。

表 11-7　超概算工程和费用分析表

序号	单项工程费用名称	概算	修正概算	增减额/元	增减比率/%	实际	增减额/元	增减比率/%	原因分析

列表后，审计人员应把分析原因归纳起来，总结说明超概算原因，如勘察设计方面原因、工程管理原因、施工单位原因、外部环境原因（如涨价、摊派、投资未到位、供货不及时等）。

本章小结

1. 竣工验收是建设项目建设周期的最后一个阶段，它是全面考核建设工作、检查工程建设是否符合设计要求和工程质量的重要环节，也是保证工程质量的最后关口，对促进建设项目及时投产、发挥投资效果及总结建设经验起着重要作用。在这样的情况下，就需要相应的标准和组织来具体实施项目的竣工验收。

2. 项目全部完成，经过各单项工程的验收符合设计的要求，并具备竣工图表、竣工决算、工程总结等必要文件资料，由项目（工程）主管部门或建设单位向负责验收的单位提出竣工验收申请报告，按程序验收。

3. 竣工决算审计是投资项目审计的重要环节，加强竣工验收审计监督，对提高竣工决算的质量、正确评价投资效益、总结建设经验及改善投资项目管理具有重大意义。

习题

一、填空题

1. 项目竣工结算的内容包括（   ）、（   ）、（   ）、（   ）四个方面。

2. 项目管理消耗分析指标主要有（   ）、（   ）、（   ）、（   ）。

3. 项目单项分析的内容主要有（   ）、（   ）、（   ）。

4. 项目工程回访的主要种类有（   ）、（   ）、（   ）三种。

5. 项目管理总结的主要内容有（   ）、（   ）、（   ）。

6. 投资项目技术档案管理的任务是，按照一定的原则和要求，系统地收集记述项目建设全过程中具有保存价值的技术文件资料，按归档制度加以整理，（   ）。

二、问答题

1. 项目竣工验收的目的和作用有哪些？

2. 项目竣工验收的范围包含哪些？

3. 项目竣工验收的依据是什么？

4. 项目竣工决算的内容有哪些？

5. 项目竣工图的作用和绘制程序有哪些？

12 | 项目后评价

■本章教学要点

知识要点	掌握程度	相关知识
项目后评价	了解	含义、特性、作用与意义
项目后评价	理解	组织与管理、操作流程
项目后评价	掌握	内容、方法

■关键词

后评价；建设过程；财务效益；国民经济

■导入案例

土地整理项目后评价（略）

资料来源：http://www.docin.com/p-1688155137.html

12.1 项目后评价概述

项目后评价是项目管理的一项重要内容，也是出资人对投资活动进行监管的重要手段。项目后评价反馈的信息，可以反映项目决策与实施过程中的问题与不足，从而吸取经验教训，提高项目决策与建设管理水平。

12.1.1 项目后评价的含义

目前，对项目后评价还没有一个统一、规范的定义。根据世界银行、亚洲开发银行和主要发达国家进行的项目后评价，以及国内开展项目后评价的时间，项目后评价含义可表述为：就是对已经完成的项目或正在实施的项目，就规划目的、执行过程、效益、作用和影响所进行的系统的、客观的分析。对投资活动实践的检查总结，可以确定投资项目或规划是否合理有效，项目主要效益指标是否实现；通过分析评价找出成败的原因，总结经验教训；并通过及时有效的信息反馈，为未来项目的决策和实施运营中出现的问题提出改进建议。

狭义的项目后评价是指项目投资完成之后所进行的评价。把对项目实施过程、结果及其影响进行调查研究和全面系统回顾，与项目决策时确定的目标以及技术、经济、环境、社会指标进行对比，找出差别和变化，分析原因，总结经验，吸取教训，得到启示，提出对策建议，通过信息反馈，改善新一轮投资管理和决策，达到提高投资效益的目的。

广义的项目后评价还包括项目中间评价，或称中间跟踪评价、中期评价，是指从项目开工到竣工验收前所进行的阶段性评价，即在项目实施过程中的某一时点，对建设项目实际状况进行的评价。一般在规模较大、情况较复杂、工期较长的项目，以及主客观条件发生较大变化的情况下采用。中间评价除了总结经验教训以指导下阶段工作外，还应以项目实施过程中出现重大变化因素为着眼点，并以变化因素对项目实施和项目预期目标的影响进行重点评价。

12.1.2 项目后评价的基本特性

与建设项目可行性研究和前评估相比，项目后评价具有以下基本特征：

12.1.2.1 项目后评价内容的全面性

项目后评价既要总结、分析和评价投资决策与实施过程，又要总结分析和评价项目的经营状况；不仅要总结分析和评价项目的经济效益、社会效益，而且要总结、分析和评价经营管理状况，发掘项目的潜力。

12.1.2.2 项目后评价的动态性

项目后评价主要是项目竣工投产1~2年后的全面系统评价，也包括项目建设中某些中期阶段的事中评价或称中间跟踪评价，具有明显的动态性。把建设项目评价纳入项目管理过程，成为管理的组成部分，对建设项目进行阶段性评价，有利于及时了解、改正项目建设过程中出现的问题，减少项目建设后期的麻烦，提高投资效益。

12.1.2.3　项目后评价方法的对比性

只有对比才能找出差异，才能判断决策、实施的正确与否，才能分析和评价成功或失误的程度。对比，是将实际结果与原定目标对比，同口径对比。将已经实施完成的结果或某阶段性结果，与建设项目原批准的可行性报告设定的各项预期指标进行详细对比，找出差异，分析原因，总结经验教训。项目后评价有强烈的对比性。

12.1.2.4　项目后评价依据的现实性

项目后评价是对项目已经完成的现实结果进行分析研究，所依据的数据资料是项目实际发生的真实数据或根据实际情况重新预测的数据。因此，后评价依据的有关资料，数据的采集、提供、取舍都要坚持实事求是的原则，否则将违反后评价的客观性，导致错误的结论。

12.1.2.5　项目后评价结论的反馈性

项目可行性研究和前评价的目的在于为计划部门投资决策提供依据，而项目后评价的目的是为有关部门反馈信息，为今后改进和完善项目管理提供建议。要达到这个目的，只有将后评价的成果和结论进行有效的反馈才能实现。也就是说，没有反馈机制，后评价的目的就无法实现，作用无法发挥，后评价工作本身也就失去了存在的意义。

12.1.3　项目后评价的作用与意义

12.1.3.1　项目后评价的作用

（1）总结项目管理的经验教训，提高项目管理的水平。项目管理是一项极其复杂的活动，它涉及银行、计划、主管部门等，项目能否顺利完成在于这些部门之间的配合与协调工作。通过项目后评价反馈的信息，及时发现和暴露决策过程中存在的问题，吸取经验教训，提高项目决策水平。

（2）为国家投资计划、政策的制定提供依据。项目后评价能够发现宏观投资管理中的不足，从而为国家及时修正不适合经济发展的技术经济政策，修订已经过时的指标参数提供借鉴，合理确定投资规模和投资流向。

（3）为银行部门及时调整信贷政策提供依据。通过开展项目后评价，能及时发现项目建设资金使用中存在的问题，分析研究贷款项目成功或失败的原因，从而为银行部门调整信贷政策、完善信贷管理制度和风险控制措施提供依据。

（4）对企业经营管理进行"诊断"，促使项目运营状态的正常化。项目后评价是在项目运营阶段进行，因而可以分析和研究项目投产初期和达产时期的实际情况，比较实际情况与预测情况的偏离程度，探索产生偏差的原因，提出切实可行的措施，从而促使项目运营状态正常化，提高项目的经济效益和社会效益。

12.1.3.2　项目后评价的意义

（1）确定项目预期目标是否达到，主要效益指标是否实现；查找项目成败的原因，总结经验教训，及时有效反馈信息，提高未来新项目的管理水平。

（2）为项目投入运营中出现的问题提出改进意见和建议，达到提高投资效益的目的。

（3）后评价具有透明性和公开性，能客观、公正地评价项目活动成绩和失误的主客观原因，比较公正地、客观地确定项目决策者、管理者和建设者的工作业绩和存在的问题，从而进一步提高他们的责任心和工作水平。

12.2　项目后评价的内容

项目后评价一般包括目标评价、过程评价、效益评价、影响评价、持续性评价。

12.2.1　项目目标评价

项目目标评价的任务在于评价项目实施中或实施后是否达到项目前期决策中预定的目标，达到预定目标的程度，通过项目实际产生的一些经济、技术指标与项目决策时确定的目标进行比较，分析产生偏差的主客观原因，确定其合理性、明确性和可操作性，提出调整或修改目标和目的的意义和建议。

12.2.2　项目过程评价

项目过程评价是根据项目的结果和作用，对项目的各个环节进行回顾和检查，对项目的实施效率做出评价。过程评价的内容包括项目前期决策、项目准备、项目实施、项目投产运营等。

（1）项目前期决策。回顾与评价的重点是项目策划、立项与决策的正确性；评价项目建设的必要性、可行性、合理性；分析项目目标实现的程度、产生差异或失败的原因。合理性和效率是项目前期决策阶段评价衡量的重要标尺。

（2）项目准备。此阶段评价的重点是各阶段准备工作是否充分，开工前的各项报批手续是否齐全。效率是项目建设准备阶段评价衡量的重要标尺。项目准备包括勘察设计、融资方案、采购招标、合同签订、开工准备。

（3）项目实施。项目实施评价的重点是项目实施活动的合理性和成功度，项目业主的组织能力与管理水平。此阶段项目执行的效率和效益是评价衡量的重要尺度。

（4）项目投产运营。评价的重点是项目由建设实施到交付生产运营转换的稳定、顺畅。项目效益和可持续性是评价衡量的重要标尺。

12.2.3　项目效益评价

项目效益评价是从项目投资者的角度，根据后评估时各年实际发生的投入产出数据，以及这些数据重新预测得出的项目计算期内未来各年将要发生的数据，综合考察项目实际或更接近于实际的财务盈利能力状况，据此判断项目在财务意义上成功与否，并与项目前评估相比较，找出产生重大变化的原因，总结经验教训。项目效益评价包括技术效果评价、财务和经济效益评价、管理效果评价。

12.2.4　项目影响评价

项目影响评价包括经济影响评价、环境影响评价和社会影响评价。其是对项目建成投产后对国家、项目所在地区的经济、社会和环境所产生的实际影响进行的评估，据此判断项目决策宗旨是否实现。

12.2.5　项目持续性评价

项目可持续性评价是对项目在未来运营中实现既定目标以及持续发挥效益的可能性进行预测分析。项目可持续能力要素受市场、资源、财务、技术、环保、管理、政策等多方面影响，在要素分析的基础上，分析项目可持续性发展的主要条件，评价项目可持续能力，提出合理的建议和要求。

12.3　项目后评价的方法与评价指标

12.3.1　项目后评价的方法

项目后评价方法的基础理论是现代系统工程与反馈控制的管理理论。常用方法有逻辑框架法、对比法、调查法、专家打分法等。评价时应注意定量分析与定性分析相结合、静态分析与动态分析相结合、宏观投资效果与微观投资效果分析相结合、对比分析与预测分析相结合。

12.3.1.1　逻辑框架法

逻辑框架法是通过投入、产出、具体目标、宏观目标四个层面对项目进行分析和总结的综合评价方法。它用一张简单的框架表（见表12-1）清晰地分析一个复杂项目的内涵和关系，将几个内容相关，必须同步考虑的动态因素组合起来，按层次分析其内涵，得出项目目标和达到目标所需手段之间的因果逻辑关系，用以明确工作范围和任务，指导、管理和评价一项活动的工作方法。

表12-1　逻辑框架模式

垂直逻辑	水平逻辑			
	预期指标	验证实现指标	验证方法	外部条件
宏观目标	目标与影响	目标指标	监测和监督手段及方法	实现目标的主要条件
具体目标	目的与作用	目的指标	监测和监督手段及方法	实现目的主要条件
产出	产出与结果	产出物定量指标	监测和监督手段及方法	实现产出的主要条件
投入	投入与措施	投入物定量指标	监测和监督手段及方法	落实投入的主要条件

（1）宏观目标。

项目的宏观目标即宏观计划、规划、政策和方针等所指向的目标，一般超越了项目的范畴，是指国家、地区、部门或投资组织的整体目标，包括对国民经济发展、产业结构调整、经济增长方式转变、改善基础设施、环境保护、资源合理利用、节能降耗减排、技术进步、人力资源开发等的作用与影响。宏观目标的确定和指标的选择一般由国家或行业部门选定，与国家发展目标相联系，并符合国家产业政策、行业规划等的要求。

（2）具体目标。

具体目标也叫直接目标，是指项目的直接效果，是项目立项的重要依据，一般应考虑项目为受益目标群体带来的效果，主要包括财务和国民经济效益，环境和社会效益，对行业、地区的作用与影响，对当地人民群众物质文化生活质量的作用与影响。这个层次的目标由项目实施机构和独立的评价机构来确定，目标的实现由项目本身的因素来确定。

（3）产出。

产出是指项目的建设内容或投入的产出物。一般要提供可计量的直接结果，包括形成的固定资产实体、产出物（功能）及其生产规模，或改善机构制度、政策法规等。在分析中应注意，在产出中项目可能会提供的一些服务和就业机会，往往不是产出而是项目的目的或目标。

（4）投入和活动。

投入和活动是指项目的实施过程及内容，主要包括资源和时间等的投入。

上述四个层次即垂直逻辑的四要素，自下而上由三个逻辑关系相连接，相邻的低一级层次和高一级层次之间均构成因果关系。同时在逻辑框架中还存在水平逻辑关系。水平逻辑分析的目的是通过主要验证指标和验证方法来衡量一个项目的资源和成果。与垂直逻辑中的每个层次目标对应，水平逻辑对各层次的结果加以具体说明，由预期指标、验证指标、验证方法和外部条件所构成。

逻辑框架分析方法不仅仅是一个分析程序，更重要的是一种帮助思维的模式，通过明确的总体思维，把与项目运作相关的重要关系集中加以分析，以确定"谁"在为"谁"干"什么""什么时间""为什么"以及"怎么干"。虽然编制逻辑框架是一件比较困难和费时的工作，但是对于项目决策者、管理者和评价者来讲，可以事先明晰项目应该达到的具体目标和实现的宏观目标，以及可以用来鉴别其成果的手段，对项目的成功计划和实施奠定基础。

12.3.1.2　对比法

对比法是项目后评价的主要常用方法，是将项目已经实现的各项指标，与项目决策时所确定的相应指标进行同口径对比，找出差异、分析原因，得出结论和经验教训，提出对策和建议。对比法不仅包括"前后"对比、"有无"对比，还可以与其他项目进行对比，可以与同行业对比、同规模对比、同地区对比等，由此扩展出"横向"对比。

（1）"前后"对比。

前后对比是指将项目实施之前与项目完成之后的相关指标加以对比，以确定项目效益的一种方法。在项目后评价中，指将项目前期的可行性研究和评估预测结论及初步设计确定的技术经济指标，与项目的实施结果及在评价时所做的新的预测指标相对比。这种对比用于揭示计划、决策和实施的质量，是项目目标评价的常用方法。采用"前后"对比法要注意数据口径一致，数据才有可比性，结论才具有可信性。

（2）"有无"对比。

有无对比是将"有"项目时发生的情况与"无"项目时发生的情况进行对比，用以度量"有"项目本身的真实效益、作用及影响，区分项目本身因素的作用和影响与项目以外因素的作用和影响，是项目投资效益评价和影响评价的常用方法，适用于项目实施后的效果与影响含有项目以外因素的效果与影响的项目。

有无对比的关键是要求投入的代价与产出的效果口径一致。也就是说，所度量的效果要真正归因于项目，要分清建设项目的作用和影响与建设项目以外因素的作用和影响。但是，很多项目，特别是大型社会经济项目，实施后的效果不仅仅是项目本身的效果和作业，还有项目以外多种因素的影响，简单的对比不能得出真正项目效果的评价结论。对此类项目的效益进行评价时，重点是要剔除非项目因素，对归因于项目的效果加以正确地定义和度量。由于无项目时可能发生的情况往往无法准确地描述，评价时，理想的做法是在该受益地区之外，找一个类似项目区的"对照区"进行比较。

（3）"横向"对比。

横向对比是将项目实施后实现的结果与同一行业内的类似项目相关指标进行对比，分析项目建设对调整产业结构和行业发展的作用，是项目社会竞争力和可持续性评价的常用方法。

12.3.1.3　调查法

调查法是后评价常用的方法，也是最实用、最有效的后评价方法。调查法分为资料查阅、问卷调查、专家研讨、访谈调查和现场调研法等。

（1）资料查阅法。

资料查阅法又称文献调查法，主要通过查阅有关文献资料获取项目信息。资料查阅法一般和其他调查法配合使用，以求达到相互佐证的目的。

（2）问卷调查法。

问卷调查法是一种以书面提问的方式获取信息的方法，要求所有被调查者按统一的格式回答同样的问题。问卷调查法所获得的信息易于定量、便于对比。问卷一般以表格的形式，在后评价时发送给项目单位相关人员填写。问卷应说明调查的目的和对被调查者的要求、问卷填写的方式，问卷中的问题可以采取开放、封闭和半开放半封闭的形式。

（3）专家研讨法。

后评价是项目建设全过程、多方面的评价，涉及技术、经济与管理等各方面的专业知识，需要多位相关专业的专家参与，最终形成综合性的评价意见。

（4）访谈调查法。

访谈调查法又称访问调查法，就是调查人员与被调查者之间以口头交谈的方式了解项目信息的方法。访谈法可分为个别访谈法和集体访谈法。个别访谈法通常又分为非正式的会话式访谈调查、重点问题访谈调查和标准化访谈调查。集体访谈调查法是一种更省时、更高效的访谈法，通过召集被调查者开会讨论和交流，收集相关信息，但该法对一些涉及保密性的问题不宜在集体访谈中调查。

（5）现场调研法。

现场调研法也称实地调研法，通过调查者深入现场获取所需信息。该法直观性、可靠性强，但获取的信息带有一定的偶然性和表面性，许多信息不能或不宜进行现场参观和考察。所以在实际调查中，现场调研法常和文献调查法、问卷调查法等结合使用。

12.3.1.4　专家打分法

为了将定性的结论定量化，可以通过设计评价指标体系，由专家对项目在各评价指标的表现打分，进行综合评定。

这种方法的优点在于依靠专家在专业领域的能力，能够在缺乏足够统计数据和原始资料的情况下做出定量估计。专家评价的准确程度取决于专家的阅历、经验以及知识的广度和深度，也取决于专家在打分前对项目的了解和认知程度。因此，为减少专家打分偏差，应慎重编制专家的打分表格，谨慎选择评价专家。

12.3.2 项目后评价指标体系

项目后评价指标与可行性研究指标基本相同，构建项目后评价的指标体系，应按项目逻辑框架构建，从项目的投入、产出、具体目标和宏观目标四个层面出发，将各层次的目标进行分解，落实到各项具体指标中。

12.3.2.1 技术评价指标

如设计能力；技术或工艺的合理性、可靠性、先进性、适用性；设备性能；工期、进度、质量等。

12.3.2.2 财务和经济评价指标

（1）项目投资指标：项目总投资、建设投资、预备费、财务费用、资本金比例等；

（2）运营期财务指标：单位产出成本与价格、财务内部收益率、借款偿还期、资产负债率等。

（3）项目经济评价指标：内部收益率、经济净现值等。

12.3.2.3 生态与环境评价指标

物种、植被、水土保持等生态指标；环境容量、环境控制、环境治理与环保投资以及资源合理利用和节能减排指标等。

12.3.2.4 社会效益评价指标

利益相关群体、移民和拆迁、项目区贫困人口、最低生活保障线等。

12.3.2.5 管理效能评价指标

前期工作相关程序、采购招标、施工组织与管理、合同管理、组织机构与规章制度等。

12.3.2.6 项目目标和可持续性评价指标

（1）项目目标评价指标：项目投入、项目产出、项目直接目的、项目宏观影响。

（2）项目可持续性评价指标：财务可持续性指标、环境保护可持续性指标、项目技术科持续性指标、管理可持续性指标、需要的外部政策支持环境和条件。

12.4 项目后评价的组织与管理

虽然项目后评价工作已在我国发展了三十年，但在各部门、各行业、各不同类型的企业中，发展还很不均衡，项目后评价的组织与管理方式也略有差异。

12.4.1 项目后评价工作的组织与管理

12.4.1.1 中央政府投资项目后评价的组织与管理

根据国家发展改革委印发的《中央政府投资项目后评价管理办法》，项目后评价是指在项目竣工验收并投入使用或运营一定时间后，运用规范、科学、系统的评价方法与指标，将项目建成后所达到的实际效果与项目的可行性研究报告、初步设计（含概算）文件及其审批文件的主要内容进行对比分析，找出差距及原因，总结经验教训，提出相应对策建议并反馈到项目参与各方，形成良性项目决策机制。其组织与管理如下：

（1）接受和审查项目自我总结评价报告。

《中央政府投资项目后评价管理办法》要求，项目单位应在项目竣工验收并投入使用或运营一年后两年内，将自我总结评价报告报送国家发展改革委。其中，中央本级项目通过项目行业主管部门报送，同时抄送项目所在地省级发展改革部门；其他项目通过省级发展改革部门报送，同时抄送项目行业主管部门。

项目单位可委托具有相应资质的工程咨询机构编写自我总结评价报告，项目单位对自我总结评价报告及相关附件的真实性负责。

项目单位在提交自我总结评价报告时，应同时提供开展项目后评价所需要的文件及相关资料。包括：项目审批文件，如项目建议书、可行性研究报告、初步设计和概算、特殊情况下的开工报告、规划选址和土地预审报告、环境影响评价报告、安全预评价报告等相关资料以及相关批复文件；项目实施文件，如项目招投标文件、主要合同文本、年度投资计划、概算调整报告、施工图设计会审及变更资料、监理报告、竣工验收报告等相关资料，以及相关的批复文件；其他资料，如项目结算和竣工财务决算报告及资料，项目运行和生产经营情况，财务报表以及其他相关资料，与项目有关的审计报告、稽查报告和统计资料等。

国家发展改革委督促项目单位按时提交项目自我总结评价报告并进行审查。

（2）制订项目后评价年度计划。

国家发展改革委结合项目单位自我总结评价情况，确定需要开展后评价工作的项目，制订项目后评价年度计划，印送有关项目行业主管部门、省级发展改革部门和项目单位。列入后评价年度计划的项目主要从以下项目中选择：

①对行业和地区发展、产业结构调整有重大指导和示范意义的项目；

②对节约资源、保护生态环境、促进社会发展、维护国家安全有重大影响的项目；

③对优化资源配置、调整投资方向、优化重大布局有重要借鉴作用的项目；

④采用新技术、新工艺、新设备、新材料、新型投融资和运营模式，以及其他具有特殊示范意义的项目；

⑤跨地区、跨流域、工期长、投资大、建设条件复杂，以及项目建设过程中发生重大方案调整的项目；

⑥征地拆迁、移民安置规模较大，可能对贫困地区、贫困人口及其他弱势群体影响较大的项目，特别是在项目实施过程中发生过社会稳定事件的；

⑦使用中央预算内投资数额较大且比例较高的项目；

⑧重大社会民生项目；

⑨社会舆论普遍关注的项目。

（3）委托项目后评价任务。

国家发展改革委根据项目后评价年度计划，委托具有相应资质的工程咨询机构承担项目后评价任务。

（4）指导和督促项目后评价工作。

国家发展改革委制定项目后评价编制大纲，指导和规范项目后评价报告的编制工作。委托任务下达后，指导和督促有关方面保障项目后评价工作顺利开展和解决项目后评价中发现的问题。

项目行业主管部门负责加强对项目单位的指导、协调、监督，支持承担项目后评价任务的工程咨询机构做好相关工作。

项目所在地的省级发展改革部门负责组织协调本地区有关单位配合承担项目后评价任务的工程咨询机构做好相关工作。

项目单位做好自我总结评价，并配合承担项目后评价任务的工程咨询机构开展相关工作。

承担项目后评价任务的工程咨询机构在接受委托后，应组建满足专业评价要求的工作组，在现场调查、资料收集和社会访谈的基础上，结合项目自我总结评价报告，对照项目的可行性研究报告、初步设计（概算）文件及其审批文件的相关内容，对项目进行全面系统地分析评价。

（5）建立项目后评价成果反馈与应用机制。

国家发展改革委建立项目后评价信息管理系统和项目后评价成果反馈机制，推广通过项目后评价总结的成功经验和做法。

国家发展改革委应及时将项目后评价成果提供给相关部门、省级发展改革部门和有关机构参考，加强信息沟通。对于通过项目后评价发现的问题，有关部门、地方和项目单位应认真分析原因，提出改进意见，并报送国家发展改革委。项目后评价成果应作为规划制定、项目审批、资金安排、项目管理的重要参考依据。

国家发展改革委会同有关部门，定期以适当方式汇编项目后评价成果，大力推广通过项目后评价总结出来的成功经验和做法，不断提高投资决策水平和政府投资效益。

（6）加强项目后评价执业管理。

承担项目后评价任务的工程咨询机构，应当按照国家发展改革委的委托要求和投资管理相关规定，根据业内应遵循的评价方法、工作流程、质量保证要求和执业行为规范，独立开展项目后评价工作，在规定时限内完成项目后评价任务，提出合格的项目后评价报告。

国家发展改革委委托中国工程咨询协会，定期对有关工程咨询机构和人员承担项目后评价任务的情况进行执业检查，并将检查结果作为工程咨询资质管理及工程咨询成果质量评定的重要依据。

（7）明确项目后评价经费来源。

国家发展改革委委托的项目后评价所需经费，由国家发展改革委支付，取费标准按照《建设项目前期工作咨询收费暂行规定》（计价格〔1999〕1283号）关于编制可行性研究报告的有关规定执行。承担项目后评价任务的工程咨询机构及其人员，不得收取项目单位的任何费用。

项目单位编制自我总结评价报告的费用在投资项目不可预见费中列支。

12.4.1.2 中央企业投资项目后评价的组织与管理

根据国资委印发的《中央企业固定资产投资项目后评价工作指南》，项目后评价既包括项目事后评价，也包括项目中间评价。项目后评价实行分级管理。中央企业作为投资主体，负责本企业项目后评价的组织和管理；项目业主作为项目法人，负责项目竣工验收后进行项目自我总结评价并配合企业具体实施项目后评价。中央企业对项目的自评报告进行评价并得出评价结论，在此基础上选择典型项目，组织开展企业内项目后评价。

（1）中央企业投资项目后评价的主要工作。

制定本企业项目后评价实施细则；对企业投资的重要项目的自我总结评价报告进行分析评价；筛选后评价项目；制订项目后评价计划；安排相对独立的项目后评价；总结投资效果和经验教训，配合完成国资委安排的项目后评价工作等。

（2）项目业主后评价的主要工作。

完成项目自我总结评价报告；在项目内及时反馈评价信息；向项目后评价承担机构提供必要的信息资料；配合项目后评价现场调查以及其他相关事宜。

企业重要项目的业主在项目完工投产后 6~18 个月内必须向主管中央企业上报《项目自我总结评价报告》。

12.4.1.3 地方政府投资项目后评价的组织与管理

省（市）地方政府投资主管部门依据《国务院关于投资体制改革的决定》，结合本地政府投资项目的实际情况，分别制定了投资项目后评价管理办法，对后评价项目的投资规模、项目自我评价总结报告完成时间做出了规定，并明确由省（市）发展改革委负责项目后评价的组织与管理。

12.4.2 项目后评价工作的操作流程

项目后评价应由相应资质的工程咨询机构承担，其实施操作的基本流程如下：

（1）签订委托合同，收集相关资料。

项目评价单位通过投标或接受委托，承揽评价任务后，要与招标方或项目主管单位签订合同或协议，明确双方权利与义务；同时，项目主管单位应将评价要求事项通知被评价项目单位，要求配合现场调查，提供被评价项目的相关文件资料等。

（2）明确项目经理，组织后评价组。

评价单位应及时确定执行该任务的"项目经理"，即落实评价报告执笔人，并具体负责评价工作的组织与联络；根据项目性质和复杂程度确定参评人员，筹建后评价组，并按专业分为若干小组。

（3）制订工作计划，涉及调查方案。

根据项目后评价合同或协议，制订项目后评价工作计划，确定工作时间进度、质量要求、经费预算、专家名单等。涉及调查方案，拟定调查内容、调查对象、调查方式等，用以说明所评价项目的目标、目的、效益和影响；要设计好调查问卷、专家意见与打分表。

（4）聘请相关专家，明确任务分工。

根据项目专业性质与技术特点，聘请部分专家；聘请的专家应是没有参加过被评价项目前期工作、设计工作和建设管理的人员。召开预备会、明确各小组、各专家应完成的具体任务，做到分工明确、责任落实到人。

（5）查阅项目资料，熟悉"自评报告"。

项目后评价人员阅读项目的相关文件资料，包括项目前期文件、实施文件、经营管理资料等；重点阅读"自评报告"。根据已有资料文件，各小组拟定现场座谈提纲及需要重点了解的问题，提出需现场补充、核实的文件资料，并进一步收集国家和行业有关的规定与政策等。

（6）开展现场调查，听取各方反映。

察看现场，了解项目在国民经济发展中的地位和作用等宏观情况；项目建设、设备运行、生产管理、项目效益、可持续发展条件、对周围地区经济发展与生态环境的作用和影响等微观情况，以及项目资料文件中没有记载的"活"情况等。后评价人员听取业主对工程项目的全面介绍，设计、施工与监理等单位的工作汇报；分组进行专业性座谈；查证、核实有关资料档案；对于有重大社会和环境影响的项目，要进行广泛的社会调查，听取项目所在地区人们对项目的反应。

（7）进行目标对比，提出专家意见。

将项目现实结果与项目决策时确定的目标比较，并结合现场调查情况找出差距、发现问题、分析原因；在此基础上，各专家可从项目、企业、行业和宏观层面，总结归纳项目建设的成绩与不足，提出自己的评价意见，并在评价组内进行交流。

（8）交流沟通观点，听取业主意见。

为使评价意见尽量符合项目实际情况，体现客观求实、公正合理的原则，防止产生重大失误，可在现场与项目业主进行一次交流，各评价小组专家从不同专业角度提出个人见解，并听取项目业主意见。

（9）综合分析汇总，形成报告初稿。

在查阅文件和现场调查、获取大量信息资料基础上，依据专家组意见，分析、汇总、提炼，形成后评价报告草稿；将报告草稿反馈给项目业主征求意见，修改后形成报告初稿。

（10）完善报告初稿，提交评价报告。

评价单位生产评价报告初稿后，向委托单位简要通报主要内容，就报告初稿提出的某些重大问题进行讨论，经修改后定稿，并按项目后评价协议或合同，分别报送相关单位。

本章小结

1. 通过项目后评价可以及时反馈信息，调整相关政策、计划、进度、改进或完善在建项目；可以增强项目实施的社会透明度和管理部门的责任心，提高投资管理水平；可以通过经验教训的反馈，修订和完善投资政策和发展规划，提高决策水平，改进未来的投资计划和项目的管理，提高投资效益。

2. 项目后评价的内容，包括项目建设过程评价、效果效益和影响评价、项目目标和可持续性评价。

3. 项目后评价常用方法有逻辑框架法、对比法、调查法、专家打分法等。在评价时应动态分析与静态分析、综合分析与单项分析、宏观分析与微观分析、定量分析与定性分析相结合。

习 题

1. 项目后评价的含义与特性是什么？
2. 项目后评价的主要内容有哪些？
3. 项目后评价的方法和评价指标有哪些？
4. 中央政府投资项目后评价是如何进行组织和管理的？
5. 项目后评价实施操作流程是什么？

参考文献

[1] 戚安邦. 项目管理学 [M]. 天津：南开大学出版社，2003.

[2] 陈建西，刘纯龙. 项目管理学 [M]. 成都：西南财经大学出版社，2005.

[3] 张少杰，李北伟. 项目评估 [M]. 北京：高等教育出版社，2006.

[4] 周惠珍. 投资项目评估 [M]. 大连：东北财经大学出版社，1999.

[5] 李世蓉，邓铁军. 工程建设项目管理 [M]. 武汉：武汉理工大学出版社，2005.

[6] 刘伊生. 建设项目管理 [M]. 北京：清华大学出版社，2004.

[7] 石海兵. 投资项目策划与可行性研究实务 [M]. 北京：中国财政经济出版社，2002.

[8] 简德三. 项目评估与可行性研究 [M]. 上海：上海财经大学出版社，2009.

[9] 苏益. 投资项目评估 [M]. 北京：清华大学出版社，2007.

[10] 王立国. 项目评估理论与实务 [M]. 北京：首都经济贸易大学出版社，2007.

[11] 吴大军. 项目评估 [M]. 大连：东北财经大学出版社，2002.

[12] 路君平. 项目评估与管理 [M]. 北京：中国人民大学出版社，2009.

[13] 宋维佳，王立国，王红岩. 可行性研究与项目评估 [M]. 5版. 大连：东北财经大学出版社，2020.

[14] 王国玉. 投资项目评估学 [M]. 武汉：武汉大学出版社，2000.

[15] 陆书玉. 环境影响评价 [M]. 北京：高等教育出版社，2004.

[16] 蔡艳荣. 环境影响评价 [M]. 北京：中国环境科学出版社，2004.

[17] 钱瑜. 环境影响评价 [M]. 南京：南京大学出版社，2009.

[18] 马太玲. 环境影响评价 [M]. 武汉：华中科技大学出版社，2009.

[19] 《中国工程项目管理知识体系》编委会. 中国工程项目管理知识体系 [M]. 北京：中国建筑工业出版社，2003.

[20] 任宏. 建设项目成本计划与控制 [M]. 北京：高等教育出版社，2004.

[21] 何俊德. 项目评估理论与方法 [M]. 武汉：华中科技大学出版社，2007.

[22] 殷焕武. 项目管理导论 [M]. 北京：机械工业出版社，2008.

[23] 美国项目管理协会. 项目管理知识体系指南 [M]. 王勇，张斌，译. 北京：电子工业出版社，2009.

[24] 牟文，徐玖平. 项目成本管理 [M]. 北京：经济管理出版社，2008.

[25] 纪建悦，许罕多. 现代项目成本管理 [M]. 北京：机械工业出版社，2008.

[26] 戚安邦. 项目成本管理 [M]. 天津：南开大学出版社，2006.

[27] 杨青. 项目质量管理 [M]. 北京：机械工业出版社，2008.

[28] 程元军. 项目质量管理 [M]. 北京：机械工业出版社，2007.

[29] 王祖和. 项目质量管理 [M]. 北京：机械工业出版社，2009.

[30] 霍亚楼. 项目质量管理与 ISO9001 标准 [M]. 北京：对外经济贸易大学出版社，2006.

[31] 李金海. 项目质量管理 [M]. 天津：南开大学出版社，2006.

[32] 李建平. 现代项目进度管理 [M]. 北京：机械工业出版社，2008.

[33] 赖一飞. 项目计划与进度管理 [M]. 武汉：武汉大学出版社，2007.

[34] 马国丰，尤建新，杜学美. 项目进度的制约因素管理 [M]. 北京：清华大学出版社，2007.

[35] 周鹏. 项目验收与后评价 [M]. 北京：机械工业出版社，2007.

[36] 陈文晖. 工程项目后评价 [M]. 北京：中国经济出版社，2009.

[37] 王长峰. 现代项目风险管理 [M]. 北京：机械工业出版社，2008.

[38] 王有志. 现代工程项目风险管理理论与实践 [M]. 北京：中国水利水电出版社，2009.

[39] 郭波，龚时雨，谭云涛，等. 项目风险管理 [M]. 北京：电子工业出版社，2008.

[40] 詹丽，杨昌明，何伟军. 项目风险评价决策：方法与实证 [M]. 成都：西南交通大学出版社，2009.

[41] 刘晓红，徐玖平. 项目风险管理 [M]. 北京：经济科学出版社，2008.

[42] 沈建明. 项目风险管理 [M]. 北京：机械工业出版社，2003.

[43] 中国石油天然气股份有限公司. 油气田开发建设项目后评价 [M]. 北京：石油工业出版社，2005.

[44] 张文洁. 水利建设项目后评价 [M]. 北京：中国水利水电出版社，2008.

[45] 刘思峰，唐学文，米传民. 路桥项目后评价理论与方法 [M]. 北京：科学出版社，2009.

[46] 姚光业. 投资项目后评价机制研究 [M]. 北京：经济科学出版社，2002.

[47] 王建军，王参军. 公路建设项目后评价理论与方法研究 [M]. 北京：人民交通出版社，2005.

[48] 全国招标师职业资格考试辅导教材指导委员会. 招标采购项目管理 [M]. 北

京：中国计划出版社，2015.

［49］任宏. 建设工程管理概论［M］. 武汉：武汉理工大学出版社，2008.

［50］全国咨询工程师（投资）职业资格考试参考教材编写委员会. 工程项目组织与管理［M］. 北京：中国计划出版社，2017.

［51］全国咨询工程师（投资）职业资格考试参考教材编写委员会. 项目决策分析与评价［M］. 北京：中国计划出版社，2017.

［52］成其谦. 投资项目评价［M］. 4 版. 北京：中国人民大学出版社，2016.

［53］全国一级建造师执业资格考试用书编写委员会. 建设工程项目管理［M］. 北京：中国建筑工业出版社，2020.

［54］全国咨询工程师（投资）职业资格考试参考教材编写委员会. 宏观经济政策与发展规划［M］. 北京：中国计划出版社，2017.

［55］卢锐. 佟金萍. 项目管理［M］. 四川：西南交通大学出版社，2016.

附录 | 中央政府投资项目后评价报告编制大纲（试行）

第一部分　项目概况

一、项目基本情况。对项目建设地点、项目业主、项目性质、特点（或功能定位）、项目开工和竣工、投入运营（行）时间进行概要描述。

二、项目决策理由与目标。概述项目决策的依据、背景、理由和预期目标（宏观目标和实施目标）。

三、项目建设内容及规模。项目经批准的建设内容、建设规模（或生产能力），实际建成的建设规模（或生产能力）；项目主要实施过程，并简要说明变化内容及原因；项目经批准的建设周期和实际建设周期。

四、项目投资情况。项目经批准的投资估算、初步设计概算及调整概算、竣工决算。

五、项目资金到位情况。项目经批准的资金来源，资金到位情况，竣工决算资金来源及不同来源资金所占比重。

六、项目运营（行）及效益现状。项目运营（行）现状，生产能力（或系统功能）实现现状，项目财务及经济效益现状，社会效益现状。

七、项目自我总结评价报告情况及主要结论。

八、项目后评价依据、主要内容和基础资料。

第二部分　项目全过程总结与评价

第一章　项目前期决策总结与评价

一、项目建议书主要内容及批复意见

二、可行性研究报告主要内容及批复意见

（一）可行性研究报告主要内容。主要包括项目建设必要性、建设条件、建设规模、主要技术标准和技术方案、建设工期、总投资及资金筹措，以及环境影响评价、经济评价、社会稳定风险评估等专项评价主要结论等内容。

（二）可行性研究报告批复意见。包括项目建设必要性、建设规模及主要建设内容、建设工期、总投资及资金筹措等内容。

（三）可行性研究报告和项目建议书主要变化。对可行性研究报告和项目建议书主要内容进行对比，并对主要变化原因进行简要分析。

三、项目初步设计（含概算）主要内容及批复意见（大型项目应在初步设计前增加总体设计阶段）。主要包括：工程特点、工程规模、主要技术标准、主要技术方案、初步设计批复意见。

四、项目前期决策评价。主要包括项目审批依据是否充分，是否依法履行了审批程序，是否依法附具了土地、环评、规划等相关手续。

第二章　项目建设准备、实施总结与评价

一、项目实施准备

（一）项目实施准备组织管理及其评价。组织形式及机构设置，管理制度的建立，勘察设计、咨询、强审等建设参与方的引入方式及程序，各参与方资质及工作职责情况。

（二）项目施工图设计情况。施工图设计的主要内容，以及施工图设计审查意见执行情况。

（三）各阶段与可行性研究报告相比主要变化及原因分析。根据项目设计完成情况，可以选取包括初步设计（大型项目应在初步设计前增加总体设计阶段）、施工图设计等各设计阶段与可行性研究报告相比的主要变化，并进行主要原因分析。

对比的内容主要包括：工程规模、主要技术标准、主要技术方案及运营管理方案、工程投资、建设工期。

（四）项目勘察设计工作评价。主要包括：勘察设计单位及工作内容，勘察设计单位的资质等级是否符合国家有关规定的评价，勘察设计工作成果内容、深度全面性及合理性评价，以及相关审批程序符合国家及地方有关规定的评价。

（五）征地拆迁工作情况及评价

（六）项目招投标工作情况及评价

（七）项目资金落实情况及其评价。

（八）项目开工程序执行情况。主要包括开工手续落实情况，实际开工时间，存在问题及其评价。

二、项目实施组织与管理

（一）项目管理组织机构（项目法人、指挥部）。

（二）项目的管理模式（法人直管、总承包、代建、BOT 等）。

（三）参与单位的名称及组织机构（设计、施工、监理、其他）。

（四）管理制度的制定及运行情况（管理制度的细目、重要的管理活动、管理活动的绩效）。

（五）对项目组织与管理的评价（针对项目的特点分别对管理主体及组织机构的适宜性、管理有效性、管理模式合理性、管理制度的完备性以及管理效率进行评价）。

三、合同执行与管理

（一）项目合同清单（包括正式合同及其附件并进行合同的分类、分级）。

（二）主要合同的执行情况。

（三）合同重大变更、违约情况及原因。

（四）合同管理的评价。

四、信息管理

（一）信息管理的机制。

（二）信息管理的制度。

（三）信息管理系统的运行情况。

（四）信息管理的评价。

五、控制管理

（一）进度控制管理。

（二）质量控制管理。

（三）投资控制管理。

（四）安全、卫生、环保管理。

六、重大变更设计情况。

七、资金使用管理。

八、工程监理情况。

九、新技术、新工艺、新材料、新设备的运用情况。

十、竣工验收情况。

十一、项目试运营（行）情况

（一）生产准备情况。

（二）试运营（行）情况。

十二、工程档案管理情况。

第三章　项目运营（行）总结与评价

一、项目运营（行）概况

（一）运营（行）期限。项目运营（行）考核期的时间跨度和起始时刻的界定。

（二）运营（行）效果。项目投产（或运营）后，产品的产量、种类和质量（或服务的规模和服务水平）情况及其增长规律。

（三）运营（行）水平。项目投产（或运营）后，各分项目、子系统的运转是否达到预期的设计标准；各子系统、分项目、生产（或服务）各环节间的合作、配合是否和谐、正常。

（四）技术及管理水平。项目在运营（行）期间的表现，反映出项目主体处于什么技术水平和管理水平（世界、国内、行业内）。

（五）产品营销及占有市场情况。描述产品投产后，销售现状、市场认可度及占有市场份额情况。

（六）运营（行）中存在的问题

1. 生产项目的总平面布置、工艺流程及主要生产设施（服务类项目的总体规模、主要子系统的选择、设计和建设）是否存在问题，属什么性质的问题。

2. 项目的配套工程及辅助设施的建设是否必要和适宜。配套工程及辅助设施的建设有无延误，原因是什么，产生什么副作用。

二、项目运营（行）状况评价

（一）项目能力评价。项目是否具备预期功能，达到预定的产量、质量（服务规模、服务水平）。如未达到，差距多大。

（二）运营（行）现状评价。项目投产（或运营）后，产品的产量、种类和质量（或服务的规模和服务水平）与预期存在的差异，产生上述差异的原因分析。

（三）达到预期目标可能性分析。项目投产（或运营）后，产品的产量、种类和质量（或服务的规模和服务水平）增长规律总结，项目可达到预期目标的可能性分析。

第三部分　项目效果和效益评价

第一章　项目技术水平评价

一、项目技术效果评价。主要内容包括：

（一）技术水平。项目的技术前瞻性，是否达到了国内（国际）先进水平。

（二）产业政策。是否符合国家产业政策。

（三）节能环保。节能环保措施是否落实，相关指标是否达标，是否达到国内（国际）先进水平。

（四）设计能力。是否达到了设计能力，运营（行）后是否达到了预期效果。

（五）设备、工艺、功能及辅助配套水平。是否满足运营（行）、生产需要。

（六）设计方案、设备选择是否符合我国国情（包括技术发展方向、技术水平和管理水平）

二、项目技术标准评价。主要内容包括：

（一）采用的技术标准是否满足国家或行业标准的要求。

（二）采用的技术标准是否与可研批复的标准吻合。

（三）工艺技术、设备参数是否先进、合理、适用，符合国情。

（四）对采用的新技术、新工艺、新材料的先进性、经济性、安全性和可靠性进行评价。

（五）工艺流程、运营（行）管理模式等是否满足实际要求。

（六）项目采取的技术措施在本工程的适应性。

三、项目技术方案评价。主要内容包括：

（一）设计指导思想是否先进，是否进行多方案比选后选择了最优方案。

（二）是否符合各阶段批复意见。

（三）技术方案是否经济合理、可操作性强。

（四）设备配备、工艺、功能布局等是否满足运营、生产需求。

（五）辅助配套设施是否齐全。

（六）运营（行）主要技术指标对比。

四、技术创新评价。主要内容包括：

（一）项目的科研、获奖情况。

（二）本项目的技术创新产生的社会经济效益评价。

（三）技术创新在国内、国际的领先水平评价。

（四）分析技术创新的适应性及对工程质量、投资、进度等产生的影响等。

（五）对新技术是否在同行业等相关领域具有可推广性进行评价。

（六）新技术、新工艺、新材料、新设备的使用效果，以及对技术进步的影响。

（七）项目取得的知识产权情况。

（八）项目团队建设及人才培养情况。

五、设备国产化评价（主要适用于轨道交通等国家特定要求项目）。主要内容包括：

（一）所选用的设备国产化率评价，进口设备是否可采用国产设备。

（二）设备采购对工程带来的利弊评价。

（三）国产化设备与国外同类产品的技术经济对比分析。

（四）国产设备对运营、维修保养的影响评价。

第二章　项目财务及经济效益评价

一、竣工决算与可研报告的投资对比分析评价。主要包括：分年度工程建设投资，建设期贷款利息等其他投资。

二、资金筹措与可研报告对比分析评价。主要包括：资本金比例，资本金筹措，贷款资金筹措等。

三、运营（行）收入与可研报告对比分析评价。主要包括：分年度实际收入，以后年度预测收入。

四、项目成本与可研报告对比分析评价。主要包括：分年度运营（行）支出，以后年度预测成本。

五、财务评价与可研报告对比分析评价。主要包括：财务评价参数，评价指标。

六、国民经济评价与可研报告对比分析评价。主要包括：国民经济评价参数，评价指标。

七、其他财务、效益相关分析评价。比如，项目单位财务状况分析与评价。

第三章　项目经营管理评价

一、经营管理机构设置与可研报告对比分析评价。

二、人员配备与可研报告对比分析评价。

三、经营管理目标。

四、运营（行）管理评价。

第四章　项目资源环境效益评价

一、项目环境保护合规性。

二、环保设施设置情况。项目环境保护设施落实环境影响报告书及前期设计情况、差异原因。

三、项目环境保护效果、影响及评价。

四、公众参与调查与评价。

五、项目环境保护措施建议。

六、环境影响评价结论。

七、节能效果评价。项目落实节能评估报告及能评批复意见情况，差异原因，以及项目实际能源利用效率。

第五章　项目社会效益评价

一、利益相关者分析

（一）识别利益相关者。可以分为直接利益相关者和间接利益相关者。

（二）分析利益相关者利益构成。

（三）分析利益相关者的影响力。

（四）项目实际利益相关者与可行性研究对比的差异。

二、社会影响分析

（一）项目对所在地居民收入的影响。

（二）项目对所在地区居民生活水平的生活质量的影响。

（三）项目对所在地区居民就业的影响。

（四）项目对所在地区不同利益相关者的影响。

（五）项目对所在地区弱势群体利益的影响。

（六）项目对所在地区文化、教育、卫生的影响。

（七）项目对当地基础设施、社会服务容量和城市化进程的影响。

（八）项目对所在地区少数民族风俗习惯和宗教的影响。

（九）社会影响后评价结论。

对上述第（一）至（八）部分，分别分析影响范围、影响程度、已经出现的后果与可行性研究对比的差异等。

三、互适应性分析

（一）不同利益相关者的态度。

（二）当地社会组织的态度。

（三）当地社会环境条件。

（四）互适应性后评价结论。

对上述第（一）至（三）部分，分别分析其与项目的适应程度、出现的问题、可行性研究中提出的措施是否发挥作用等。

四、社会稳定风险分析

（一）移民安置问题。

（二）民族矛盾、宗教问题。

（三）弱势群体支持问题。

（四）受损补偿问题。

（五）社会风险后评价结论。

对上述第（一）至（四）部分，分别分析风险的持续时间、已经出现的后果、可行性研究中提出的措施是否发挥作用等。

第四部分　项目目标和可持续性评价

第一章　项目目标评价

一、项目的工程建设目标

二、总体及分系统技术目标

三、总体功能及分系统功能目标

四、投资控制目标

五、经济目标。对经济分析及财务分析主要指标、运营成本、投资效益等是否达到决策目标的评价。

六、项目影响目标。项目实现的社会经济影响、项目对自然资源综合利用和生态环境的影响以及对相关利益群体的影响等是否达到决策目标。

第二章　项目可持续性评价

一、项目的经济效益。主要包括：项目全生命周期的经济效益，项目的间接经济效益

二、项目资源利用情况。

（一）项目建设期资源利用情况

（二）项目运营（行）期资源利用情况。主要包括：项目运营（行）所需资源，项目运营（行）产生的废弃物处理和利用情况，项目报废后资源的再利用情况。

三、项目的可改造性。主要包括：改造的经济可能性和技术可能性。

四、项目环境影响。主要包括：对自然环境的影响，对社会环境的影响，对生态环境的影响。

五、项目科技进步性。主要包括：项目设计的先进性，技术的先进性。

六、项目的可维护性。

第五部分　项目后评价结论和主要经验教训

一、后评价主要内容和结论

（一）过程总结与评价。根据对项目决策、实施、运营阶段的回顾分析，归纳总结评价结论。

（二）效果、目标总结与评价。根据对项目经济效益、外部影响、持续性的回顾分析，归纳总结评价结论。

（三）综合评价。

二、主要经验和教训

按照决策和管理部门所关心问题的重要程度，主要从决策和前期工作评价、建设目标评价、建设实施评价、征地拆迁评价、经济评价、环境影响评价、社会评价、可持续性评价等方面进行评述。

（一）主要经验。

（二）主要教训。

第六部分　对策建议

一、宏观建议。对国家、行业及地方政府的建议。

二、微观建议。对企业及项目的建议。

附表：逻辑框架表和项目成功度评价表

附表：逻辑框架表和项目成功度评价表

附表 1　后评价项目逻辑框架表

项目描述	实施效果（可客观验证的指标）			原因分析		项目可持续能力
	原定指标	实现指标	变化情况	内部原因	外部条件	
项目宏观目标						
项目直接目标						
产出/建设内容						
投入/活动						

附表 2　后评价项目成功度评价表

评定项目指标	项目相关重要性	评定等级
宏观目标和产业政策		
决策及其程序		
布局与规模		
项目目标及市场		
设计与技术装备水平		
资源和建设条件		
资金来源和融资		
项目进度及其控制		
项目质量及其控制		
项目投资及其控制		
项目运营		
机构和管理		
项目财务效益		
项目经济效益和影响		
社会和环境影响		
项目可持续性		
项目总评		

注：1. 项目相关重要性分为：重要、次重要、不重要。

　　2. 评定等级分为：A——成功、B——基本成功、C——部分成功、D——不成功、E——失败。

案例 1　×××供电公司用电培训楼建筑智能化分系统
消防改造可行性研究报告

案例 2　××机电城项目建议书

案例 3　×××市社区生活电子商务可行性研究报告

案例 4　××物流园区项目可行性研究报告